中央高校基本科研
Fundamental Research F

U0518111

政府创新基金支持
科技型中小企业成长研究：
理论与实证

余应敏 著

Government Innovation Fund Support's Effect
on SMEs' Financial Growth:
Theoretical & Empirical Research

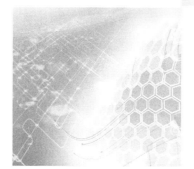

中国财经出版传媒集团

经济科学出版社
Economic Science Press

图书在版编目（CIP）数据

政府创新基金支持科技型中小企业成长研究：理论与实证/
余应敏著. —北京：经济科学出版社，2018.8
ISBN 978 - 7 - 5141 - 9682 - 5

Ⅰ. ①政…　Ⅱ. ①余…　Ⅲ. ①中小企业 - 技术革新 -
基金 - 政策支持 - 研究 - 中国　Ⅳ. ①F279.243

中国版本图书馆 CIP 数据核字（2018）第 198655 号

责任编辑：王　娟　张立莉
责任校对：杨晓莹
责任印制：邱　天

政府创新基金支持科技型中小企业成长研究：理论与实证

余应敏　著

经济科学出版社出版、发行　新华书店经销

社址：北京市海淀区阜成路甲 28 号　邮编：100142

总编部电话：010 - 88191217　发行部电话：010 - 88191522

网址：www. esp. com. cn

电子邮件：esp@ esp. com. cn

天猫网店：经济科学出版社旗舰店

网址：http://jjkxcbs. tmall. com

北京季蜂印刷有限公司印装

710 × 1000　16 开　18.25 印张　310000 字

2018 年 12 月第 1 版　2018 年 12 月第 1 次印刷

ISBN 978 - 7 - 5141 - 9682 - 5　定价：59.00 元

（图书出现印装问题，本社负责调换。电话：010 - 88191510）

（版权所有　侵权必究　打击盗版　举报热线：010 - 88191661

QQ：2242791300　营销中心电话：010 - 88191537

电子邮箱：dbts@ esp. com. cn）

本专著系余应敏主持的 2008 年教育部人文社会科学研究规划面上项目"政府支持与中小企业成长性：基于创新基金财务有效度研究"（批准号：08JA630091）的成果，同时获中央财经大学"211 工程"重点学科建设项目、北京市教育委员会共建项目以及中央财经大学学术著作出版资助。

课题主持人：余应敏
课题组成员：彭红星、张　军、王　伟、张玉玲、
　　　　　　　王　楠、岑雯奕、李　岩、王瑞瑾
课题报告执笔：余应敏、彭红星
课题报告及专著总纂：余应敏

前　　言

从国际比较上看，无论是在发达国家、新兴市场经济国家，还是在发展中国家，都存在着大量的中小企业；各国均把扶持中小企业发展、促进中小企业成长、壮大中小企业体魄作为基本国策。在我国，中小企业在推动城镇化建设、缓解就业压力、扩大政府税源、促进技术创新与区域经济发展等方面，发挥着极其重要不可替代的作用。作为中小企业的主力军与区域创新体系中最活跃、最具效率的元素，科技型中小企业以其强烈的创新意识和专业化服务，活跃在电子信息、光机电一体化、生物医药、环境保护、新能源等高新技术领域，为孵化新兴产业、激活区域经济提供了重要基础，既是建立国家技术创新体系和发展高新技术产业、构建自主创新型国家的重要主体，也是推动产业升级、提高经济综合竞争力的基本力量，更是企业家的摇篮；已成为推动社会经济发展的最迅速、最具活力的生力军。鉴于总体而言，我国人口众多、工业化程度较低，在今后一个相当长的时期内，资源禀赋仍将是物质资本相对稀缺、人力资源相对丰裕；科技型中小企业仍将是我国经济中最具活力的企业群体，大力促进其茁壮成长、推动其科学发展，对于全面建设小康社会、加速现代化进程、彻底解决困扰我国经济体制改革的"三农问题"等，均具有至关重要的意义，从战略角度考虑，将有利于改善民生、促进居民就业、维护社会稳定。

鉴于市场经济条件下，市场机制"无形的手"（invisible-hand）① 在信贷资源配置上常缺乏效率，难以发挥应有的调节作用而出现"市场失灵"，需要政府"有形的手"的积极矫正。科技型中小企业多生长于极高风险的技术领域、也是市场失灵"高发"地带：处于初创幼年期与成长爬坡期的

---

① "看不见的手"（invisible hand）由 18 世纪英国经济学家亚当·斯密（1723～1790），在《国富论》（1776）提出，个人在经济生活中只考虑自己利益，受"看不见的手"驱使，即通过分工和市场的作用，可以达到国家富裕的目的。现多用以形容市场机制充分发挥作用时的价格机制，与政府管制调节的有形之手相对。

科技型企业技术含量虽高，但技术研发甚至小试到中试成功并不能带来立竿见影的效益，风险也更大、商业资本不愿介入，缺少证券市场直接融资的青睐，而欠佳的社会信用环境和"嫌贫爱富"的商业银行使间接融资几无可能，过高的税负使其在市场竞争中常常处于不利地位，资金匮乏更成为阻碍其发展的主要瓶颈，极易出现增长缓慢、积累乏力等症状，其成长需要政府财税政策激励、法律保护和技术扶持，根据笔者（2006）的调查，"降低税负"和"融资支持"被看成政府扶持最为重要的两个方面。

我国政府重视促进中小企业发展、关注科技型中小企业成长，各级政府不乏支持中小企业发展的热忱，出台了不少扶持政策，如2003年发布实施了《中华人民共和国中小企业促进法》（2017年9月1日第十二届全国人民代表大会常务委员会第二十九次会议修订）第十条规定"国家设立中小企业发展基金。国家中小企业发展基金应当遵循政策性导向和市场化运作原则，主要用于引导和带动社会资金支持初创期中小企业，促进创业创新；县级以上地方各级人民政府可以设立中小企业发展基金"，加大了财税政策的扶持力度、加快建立信用担保体系、健全社会化服务体系；财政部先后设立了多项旨在帮助中小企业的专项资金，如：科技型中小企业技术创新基金（1999）、农业科技成果转化资金（2001）、中小企业国际市场开拓资金（2001）、中小企业发展专项资金（2004）；工信部发布了《"十二五"中小企业成长规划》（2010），提出打破市场垄断、破除市场进入障碍，减轻中小企业负担、创建中小企业公共服务平台、增强中小企业创新能力建设工程；2017年7月6日，工信部又印发了《促进中小企业发展规划（2016～2020年)》等。但值得关注的问题是：（1）政府的扶持资金是否发挥了"及时雨"的作用？从财务的角度观察，政府扶持资金如创新基金设立以来的实施效果如何？是否达到了最初的设立目的？是否显著促进了科技型中小企业成长？（2）如何界定和度量中小企业的成长性与政府支持的财务有效度？（3）科技型中小企业创新基金立项前后的长期财务业绩是否具有显著差异？（4）政府的扶持政策如何才能发挥更大的作用？

国内既有研究多从定性的角度探讨政府政策的作用，尚缺乏有说服力的经验证据；而国外的研究主要集中于经济学领域，多将政府支持作为影响中小企业成长的一个因素或变量来考察，也鲜见基于财务角度、专门针对政府支持政策有效度的研究成果。鉴于在政府各类中央财政专项资金中，从设立时间、针对性和规模等因素考量，科技型中小企业技术创新基金最具代表性，因此，为分析验证政府的中小企业扶持政策的有效性，系统研究政府扶持政策对中小企业成长性的促进作用及其机理，本书力求以我国科技型中小企业为研究对象，通过中小板与创业板上市公司中曾获创新基金立项支持的大样本数据、典型案例企业和实地调查典型数据，探究我国社会经济制度背景下政府支持政策的财务有效度，旨在获取创新基金对促进科技型中小企业成长的经验证据，探寻提升政府创新基金政策支持财务有效度的可行途径，为政府完善扶持中小企业发展的相关政策提供决策依据与理论支持。具体研究内容包括：（1）分析借鉴既有研究成果，界定科技型中小企业的成长性与政府支持的财务有效度，构建度量创新基金有效度财务评价模型；（2）基于政府创新基金支持财务有效度视角，考察政府政策扶持对中小企业成长的影响，利用获创新基金立项支持的中小板上市公司的财务业绩表现，考察科技型中小企业成长路线图计划的实施效果；（3）区分不同成长阶段的科技型中小企业，系统考察其财务表现，特别是获得创新基金资助前后的财务业绩比较；（4）鉴于中小企业业绩是多种影响因素综合作用的结果，本书期望通过控制其他因素的影响，区分、筛选企业整体财务业绩与创新基金支持的特定项目财务业绩以及企业成长中其他的重要影响因素及其作用，从财务成长性中剥离出由创新基金所带来的贡献。总体研究思路是，首先，从各种途径（实地调查结果、数据库检索）获取数据。其次，根据理论分析和假设检验，运用基于正态总体的参数检验（t 检验和方差分析）和不依赖分布假设的非参数检验的 Wilcoxon Z 符号秩、Wilcoxon 符号秩和检验、Kruskal – Wallis 检验，考察立项乃至上市前后各样本企业成长指标是否存在显著差异，采取两个研究路径：第一，假设评价指标为来自独立同分布的正态总体，借用配对样本均值的 t 检验分析技术，观察创新基金立项前后各样本企业成长指标的均值是否有显著不同；第二，假设各评价指标不是来自独立同分布的正态总体，则运用非参数检验，考察创新基金立项前后各样本企业成长指标是否存在显著差异。最后，进行相关分析和回归分析、列联表独立性检验等，借以考察创新基金立项企业的成长性，从而评价政府扶持政策的财务有效度。

本书试图以小见大、管中窥豹，基于创新基金研究视角，将之作为政府支持中小企业成长政策的一个典型案例，系统考察我国政府中小企业支持政策的财务有效度，以期抛砖引玉、裨益于相关课题的深入研究和我国愈益重要的科技型中小企业。

目　　录

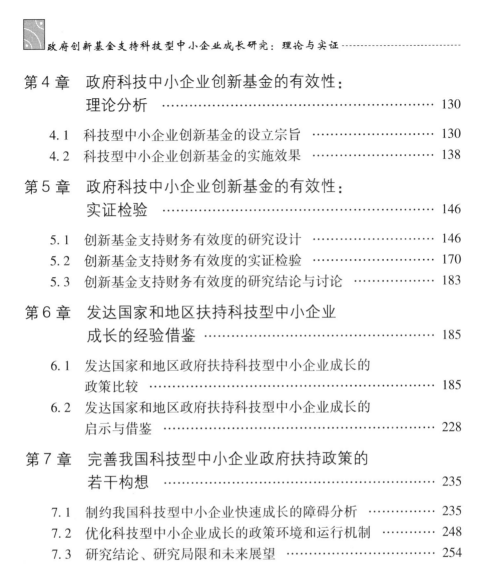

第 1 章

导　言

1.1　选题背景与研究意义

从国际比较上看，无论在发达国家、新兴工业国家，还是在发展中国家，都存在大量的中小企业，中小企业尤其是其中的科技型企业已成为推动各国社会经济发展的最迅速、最具活力的生力军，在经济发展中扮演了十分重要角色。美国前副总统戈尔称中小企业为"美国经济的脊梁"，"过去 15 年内，在美国所新增的 2500 万个就业机会中，大部分是由这些雇用人数不到 500 人的公司所创造的。而自从 1979 年以来，《财富》杂志所列 500 家大型公司的雇佣人数减少了 1/3，达到 1200 万人。从非上市公司的竞争力来看相当牢固"（威廉·L. 麦金森，2002）。日本人称中小企业为"日本经济活力的源泉"，韩国政府提出的口号是"中小企业——经济增长的发动机"。

20 世纪 50 年代，在主要资本主义国家中，虽然大企业和垄断资本仍占统治地位、成为经济生活的主宰，但个体经营、小企业也蓬勃发展、大量存在，构成了当代西方主要资本主义国家国民经济的不可或缺的重要组成部分。1973 年，美国经济学家约翰·肯尼思·加尔布雷思在其名著《经济学和公共目标》中认为，现代美国经济是二重结构而非单一模式，由两大体系构成：一是有组织的大经济（由 1000 家大公司构成）；二是分散的小经济，由当时的 1200 万个小企业主、小商小贩、农场主、个体经营者构成（袁美娟，1999）。到了 20 世纪 60 年代，针对不少国家因盲目追求规模扩张、兴办大公司而带来的一系列严重的社会经济问题，西方学者开始反思企业的适度规模问题①，他们通过实证研究，发现规模经济既可以在大型企业实现、

---

① 经典的西方微观经济学强调，垄断对正常市场竞争和技术进步会产生阻碍作用、对消费者利益也具有消极影响。

也可在中小企业获得，从而提出了依靠市场机制、充分利用本国资源、重视和发展中小企业的理论与主张。20世纪70年代，发达国家的经济逐渐进入萧条期，在巨大的就业压力下，中小企业成了各国政府减压的良好工具；而在发展中国家，中小企业既是实现工业化的重要力量，也是在城市化过程中消化富余农业人口的重要途径；由此中小企业在全球各个角落的国家和地区都得到了普遍的飞速发展；学术界日渐重视中小企业的作用，主要运用实证分析技术、着重探讨中小企业发展过程中遇到的实际管理问题的相关研究日益增多。美国经济学家施蒂格勒（G. J. Stigler）认为，在任何特定的行业里，若某种规模的企业在市场竞争中能生存下来，便可认为此种企业规模就是有效的。新制度经济学①的创始人科斯②（R. H. Coase）和诺斯

① 制度主义学派（institutionalism school）专门研究制度，并将其贯穿于经济思想史始终。按分析的层次和分析的环境以及时间顺序，制度学派可大致分为老制度主义（old institutionalism）和新制度主义（neoinstitutionalism）两大门派。老制度主义的代表人物包括托斯坦·凡勃伦（著有《有闲阶级论》，1964）、维斯雷·米契尔（著有《经济周期论》）、约翰·R. 康芒斯（著有《制度经济学》，1962）、克莱伦斯·阿里斯，他们关于制度及其性质的论述在学说史上被称为美国制度主义；新制度主义强烈批评社会现实和新古典方法，是凡勃伦传统的新发展，他们沿着凡勃伦——艾尔斯传统，提出了一系列引人注目的术语："抗衡力量""丰裕社会""新工业国""二元系统""专家组合""传统智慧""信念解放"等，分析了市场与社会组织制度和权力结构的整合，社会经济组织中抗衡力量的存在和种种表现及国家对协调双方力量的作用，反映了应用政治模式处理解决问题的尝试，其主要代表人物有熊彼特（著有《资本主义、社会主义和民主主义》《经济分析史》等）和加尔布雷斯等；作为制度主义学派的发展，新制度经济学（New Institutional Economics）热衷于考察制度非中性环境中如何实现制度分析与新古典理论的耦合，具体可分为以下几个分支：（1）德姆塞茨、阿尔钦和波斯纳等人，注重考察习惯法和产权；（2）公共选择学派：代表人物有公共选择理论大师布坎南（著有《自由、市场与国家》《民主过程的财政》《同意的计算》等）、利益集团理论的先驱奥尔森（著有《集体行动的逻辑》和《国家兴衰探源》等）、墨勒尔等人侧重于对公共选择过程的研究，其中包括寻租过程及分配联盟（distributive coalition）活动过程；（3）侧重于组织的考察，包括简森和麦克林发展起来的代理理论，由科斯于1937年创立、被奥立弗·威廉姆森广泛运用的交易成本（费用）经济学；（4）来自历史分析学派的诺斯。科斯创立了通过交易成本来研究经济组织制度选择的方法，威廉姆森创建了有限理性的思路来研究经济组织内部的制度变迁，诺斯则在制度变迁和人类心智结构的演变之间建立了十分重要的联系。

② 罗纳德·哈里·科斯（Ronald Harry Coase），1910年12月29日生于伦敦威尔斯登。1929年10进入伦敦经济学院学习；在1931年通过商学士考试，深受普兰特的影响。伦敦大学授予科斯一笔欧奈斯特·卡塞尔爵士旅行奖学金，使科斯在美国度过了1931~1932学年。此间，他引入"交易费用"概念进行经济分析，试图对"为何有企业"作出解释。这成为他于1937年发表的《企业的性质》一文的基础；1934~1935年，任教于利物浦大学；1935年后，科斯在伦敦经济学院任教，被指定讲授《公用事业经济学》。开始对英国公用事业进行一系列历史研究；1939年，第二次世界大战爆发，1940年科斯进政府，先后在森林委员会、中央统计局、战时内阁办公室做统计工作。1946年，回到伦敦经济学院，负责教授《经济学原理》，1951年获伦敦大学理学博士学位，同年移居美国进入布法罗大学任教授至1958年。1959年，进入弗吉尼亚大学经济学系。科斯自1964年以来，担任芝加哥大学教授和《法学与经济学杂志》主编，退休后任该校荣誉经济学教授和高级法学与经济学研究员；在1978年当选为美国方理研究院研究员，1979年，被授予"美国经济学会杰出会员"称号。其杰出贡献是发现并阐明了交易成本和产权在经济组织和制度结构中的重要性及其在经济活动中的作用并因此荣获1991年诺贝尔经济学奖。其主要著作包括：《企业的性质》（1937，11）；《边际成本争论》（1946，8）；《美国广播业：垄断研究》（1950）；《联邦通讯委员会》（1959，3）；《社会成本问题》（1960，10）；《经济学中的灯塔问题》（1975，4）；《企业、市场与法律》（1988）等。

（D. C. North）指出，企业最佳规模位于交易费用与组织费用之和的最小处，大规模生产在降低生产成本的同时增加了交易费用、不一定经济；相反，中小企业可以达到最佳规模。发展经济学的杰出代表英国经济学家舒马赫（E. F. Schumacher，1973）的代表作《小的是美好的》（Small Is Beautiful），在批判传统大工业对自然生态环境的破坏的基础上，探讨未来社会人与自然的和谐、美好，揭露了发达国家资本密集型、资源密集型的大企业组织存在的三方面缺陷，即：（1）专业化、大型化生产所造成的自然资源浪费；（2）经济效率和生产力减损；（3）环境污染与资源枯竭。他认为，小企业对自然环境污染小，就整个社会来讲是高效的；小规模生产无论为数如何多，总不及大规模生产对自然环境的危害；而危险来自不顾后果地大规模应用局部知识（如当前的核能、运输技术、新农业化学物以及无数其他技术的应用）；主张"大众生产而不是大量生产"，利用中间技术、大力发展中小企业。自 20 世纪 90 年代始，在发达资本主义市场经济国家，出现了一种非常普遍的现象：在生产和资本高度集中与大型化的同时，也出现了生产、资本分散化与企业规模小型化的发展趋势。美国学者威廉·A. 布鲁克和大卫·S. 埃文斯（William A. Brock & David S. Evans，1986）以新古典经济学为基础，对小企业在美国经济中所处的地位及其建立、发展和消亡进行了探讨，提出了促进中小企业发展的政策建议；未来学家阿尔温·托夫勒在其《第三次浪潮》中，从科学技术的角度，认为随着工业群体化社会的崩溃，社会生产、交换和消费活动将趋于小型化和多样化；在很多地方，人们逐渐认识到，被过分夸大的经济，其范围毕竟有限，大公司现在纷纷寻找缩小工作范围的方法；未来中小企业将有很大的发展，提出"大中有小才美好"。

伴随着信息技术的普及应用、经济全球化的趋势愈演愈烈，推动了高科技产业的崛起和迅速发展，高新技术产业取代传统产业已成为各国经济快速增长的主要动力与重要源泉；大力发展知识与技术密集型的高新技术产业，对于一国的科技水平与创新能力具有战略性的重要意义。在我国，自改革开放以来，一大批按照"自筹资金、自愿结合、自主经营、自负盈亏"原则设立的科技型中小企业得到蓬勃发展，科技型中小企业在创新机制和创新效率方面具有其他企业无法比拟的优势，具有建设所需资金少、建设周期短、决策机制灵活、管理成本低廉、能够适应市场多样性需求等特点，已成为我国科技成果转化、实现技术创新的重要载体和国民经济增长的重要源泉。作为高新技术产业的主体，科技型中小企业已成为各国经济社会发展的最迅速、最具活力的推动力量，成为社会经济可持续发展的推进器，对经济和就业机会的增长发挥着不可替代的作用。大量科技型中小企业的诞生与发展，在推动科技成果转化和高技术产业的发展，振兴区域经济和培育新的经济增长点等方面正日益发挥着举足轻重的作用。有资料显示，截至 2007 年 6 月底，我国中小企业总数已达 4200 多万户，占全国企业总数的 99.8%，中小企业创造的最终产品和服务的价值占 GDP 的 60% 左右，吸纳了 75% 的城镇就业人口①；提供了 70% 的进出口贸易和 50% 的税收。据国家工商总局发布的《全国小微企业发展报告》显示，截至 2013 年底，全国各类企业总数为 1527.84 万户。其中，小微企业 1169.87 万户，占企业总数的 76.57%。若将 4436.29 万户个体工商户纳入统计，小微企业占比达到 94.15%。这些分布在城乡的小微企业吸纳的就业人数超过 1.5 亿人，提供了 75% 以上的城镇就业机会，提供的最终产品与服务占到 GDP 的 60% 左右，上缴税收占全国企业约 50%；特别是作为中小企业领头羊的仅占总数 3% 的科技型中小企业②已成为技术创新的生力军，在推动科技成果转化、优化升级产业结构方面发挥着不可替代的作用。据统计，我国 65% 的专利、75% 以上的技术创新、80% 以上的新产品开发都是由科技型中小企业完成的③。根据工信部 2016 年印发的《促进中小企业发展规划（2016～2020 年)》，2015 年末，全国工商登记中小企业超过 2000 万家，个体工商户超过 5400 万户，中小企业利税贡献稳步提高。以工业为例，截至 2015 年末，全国规模以上中小工业企业（从 2011 年起，规模以上工业企业起点标准由原来的年主营业务收入 500 万元提高到年主营业务收入 2000 万元）36.5 万家，占规模以上工业企业数量的 97.4%；实现税金 2.5 万亿元，占规模以上工业企业税金总额的 49.2%；完成利润 4.1 万亿元，占规模以上工业企业利润总额的 64.5%；中小企业提供了 80% 以上的城镇就业岗位，成为就业的主渠道。近年来，科技型中小企业无论是在数量上还是在质量上，都已成为国民经济的重要组成部分。据初步统计，科技型中小企业各项主要经济指标每年均以 30%～60% 的速度增长，科技型中小企业已成为我国现代经济体系中不可或缺、最为

---

① 陈乃醒等. 中国中小企业发展报告（2008～2009）［M］. 北京：中国经济出版社，2009：141－142.

② 杨文利. 创新基金十年磨一剑 培育中国新经济发展生力军［J］. 中国高新技术产业导报. 2009（12）14：004.

③ 张丽玮等. 科技型中小企业在技术创新中的作用和对策研究［J］. 科技管理研究，2008（11）：9－10.

活跃而重要的组成部分，是技术创新、进步和产业升级的基本载体与重要驱动力量，成为促进国民经济稳定快速增长的重要支撑和最重要的技术创新源泉，既是促进我国经济发展、提升国际竞争力的重要支柱，也是国民财富最重要的贡献者，担负着发展高科技产业、提高生产力水平的使命。

　　然而，科技型中小企业在成长过程中，由于受到各种外在经济环境及自身存在的经营时间短、风险高、业绩不稳定、资产规模较少等因素的影响，常面临一系列难题的困扰，尤其"融资难"始终是制约其发展的主要障碍。从外部环境看，由于金融市场不发达、银行结构不合理、融资渠道单一等原因，科技型中小企业融资难度普遍较大。另外，社会化服务滞后、信息化建设不完善、市场准入和退出机制不健全等问题也不同程度地制约了其发展。从企业自身发展来看，企业规模小、管理水平低、发展战略不清晰、市场竞争能力不强等原因造成其抗风险能力差，从而导致其总体成长性不高。处于初创幼年期与成长爬坡期的科技型企业技术含量虽高，但所从事的研发活动，通常具有极高的风险性，技术研发甚至中试并不能带来立竿见影的效益、风险也更大，传统的融资方式难以满足其成长发展的资金需要：商业资本不愿介入，缺少证券市场直接融资的青睐，欠佳的社会信用环境和"嫌贫爱富"的商业银行使间接融资几无可能，过高的税负使其在市场竞争中处于不利地位，资金匮乏成为阻碍其发展的主要瓶颈，极易出现增长缓慢、积累乏力等症状；一些处于初创期的科技型中小企业由于缺少启动资金，难以使好项目快速产品化或市场化形成效益；成长中的科技型中小企业由于缺少可供抵押的有形资产而难以获得银行贷款，错过了许多有利的市场机遇。可见，在市场经济条件下，市场机制这只"无形的手"，在信贷资源的配置上常缺乏效率，"市场失灵"使科技型中小企业在市场竞争中处于不利的地位，资金匮乏成为阻碍其发展的主要瓶颈，其成长需要政府的扶持。

　　基于中小企业整体重要性与个体脆弱性的特征，世界各国都相应采取种种措施积极扶持中小企业的发展。各国或地区政府中小企业纷纷建立系统的促进中小企业发展的支持体系，扶持有发展前途的高新技术小企业已成为各国中小企业政策的重点，通过采取财政、金融、技术等多种政策措施，支持和促进本国的科技型中小企业的科技创新活动，普遍把设立中小企业科技创新基金作为一项重要的国家战略。如美国、日本、德国等发达国家，都把发展科技型中小企业作为国家科技政策和高新技术产业发展政策的重要内容，积极创造社会、经济、金融和技术等各方面的条件与政策基础，推动中小企业技术创新，加快其成长和发展，促进其成功。

我国政府重视促进中小企业的发展、关注科技型中小企业的成长，出台了一系列政策，为中小企业发展提供政策支持①。如 2000 年 8 月，国务院办公厅转发国家经贸委《关于鼓励和促进中小企业发展的若干政策意见》；2000 年 10 月，财政部和外经贸部根据国办通知精神，联合制定了《中小企业国际市场开拓资金管理（试行）办法》《关于加强中小企业技术创新服务体系建设的意见》；2003 年发布实施了《中华人民共和国中小企业促进法》，并采取措施，加大了财税政策的扶持力度、加快建立信用担保体系并健全社会化服务体系。财政部先后设立了多项旨在帮助中小企业的专项资金：科技型中小企业技术创新基金（1999 年）、农业科技成果转化资金（2001 年）、中小企业国际市场开拓资金（2001 年）、中小企业发展专项资金（2004 年）。2004 年底，科技部、国家开发银行、深圳证券交易所联手启动了"科技型中小企业成长技术路线图计划"，在集合国家现有政策和资金支持、凝聚多方合力，形成联动协同机制上进行探索，充分发挥各部门的各自优势，以期更有效地为科技型中小企业解决创业辅导、金融支持、市场开发等"瓶颈"问题。财政部、科技部"关于印发《科技型中小企业技术创新基金财务管理暂行办法》的通知"（于 2014 年 04 月 16 日"关于印发《中小企业发展专项资金管理暂行办法》的通知"废止）；2006 年 9 月，财政部会同国家发改委联合颁布《中小企业发展专项资金管理办法》，强调专项资金主要用于中小企业专业化发展、与大企业合作配套。2012 年 12 月 31 日，中共中央、国务院印发《关于深化科技体制改革加快国家创新体系建设的意见》指出，"扩大科技型中小企业创新基金规模，通过贷款贴息、研发资助等方式支持中小企业技术创新活动；建立政府引导资金和社会资本共同支持初创科技型企业发展的风险投资机制，实施科技型中小企业创业投资引导基金及新兴产业创业投资计划，引导创业投资机构投资科技型中小企业"。2014 年 4 月 16 日，财政部、工业和信息化部、科技部和商务部联合发布关于印发《中小企业发展专项资金管理暂行办法》的通知，指出"中小企业发展专项资金（以下简称专项资金），是指中央财政预算安排，用于支持中小企业特别是小微企业科技创新、改善中小企业融资环境、完善中小企业服务体系、加强国际合作等方面的资金"。

---

① 龚秀敏. 建国以来我国中小企业政策回顾与总结 [J]. 特区经济，2009（10）：29 - 32.

2006 年"实施《国家中长期科学和技术发展规划纲要（2006 ~ 2020 年)》的若干配套政策"明确要"发挥财政资金对激励企业自主创新的引导作用；加大对科技型中小企业技术创新基金等的投入力度，鼓励中小企业自主创新"。2009 年国务院出台了《关于进一步促进中小企业发展的若干意见》。(《财政部国家税务总局关于暂免征收部分小微企业增值税和营业税的通知》) 规定，自 2013 年 8 月 1 日起，对增值税小规模纳税人和营业税纳税人中月销售额不超过 2 万元的企业或非企业性单位，暂免征收增值税和营业税；以 1 个季度为纳税期限的，季度销售额或营业额不超过 6 万元的企业或非企业性单位，可暂免征收增值税或营业税。根据国家税务局〔2014〕57 号公告，小规模纳税人月销售额不超过 3 万元（或按季不超过 9 万元）的，免征增值税。

2007 年 3 月 16 日通过、2008 年 1 月 1 日起实施的《中华人民共和国企业所得税法》第二十八条第一款规定：符合条件的小型微利企业，减按 20% 的税率征收企业所得税。(《关于小型微利企业所得税优惠政策有关问题的通知》) 规定，为了进一步支持小型微利企业发展，自 2014 年 1 月 1 日至 2016 年 12 月 31 日，对年应纳税所得额低于 10 万元（含 10 万元）的小型微利企业，其所得减按 50% 计入应纳税所得额，按 20% 的税率缴纳企业所得税。《关于扩大小型微利企业减半征收企业所得税范围有关问题的公告》国家税务总局就落实小型微利企业所得税优惠政策有关问题进一步明确：无论是查账征收还是核定征收企业，符合小型微利企业规定条件的，均可按照规定享受小型微利企业所得税优惠政策；此前，减半计入应税所得的标准是 6 万元，而核定征收的企业是无法享受这项优惠的。财政部、国家税务总局《关于金融机构与小微企业签订借款合同免征印花税的通知》规定，自 2011 年 11 月 1 日起至 2014 年 10 月 31 日止，对金融机构与小型、微型企业签订的借款合同免征印花税。2007 年 12 月 6 日中华人民共和国国务院《中华人民共和国企业所得税法实施条例》规定，小型微利企业，是指从事国家非限制和禁止行业、并符合下列条件的企业：（一）工业企业，年度应纳税所得额不超过 30 万元，从业人数不超过 100 人，资产总额不超过 3000 万元；（二）其他企业，年度应纳税所得额不超过 30 万元，从业人数不超过 80 人，资产总额不超过 1000 万元。国务院 2017 年 4 月 19 日常务会议决定，扩大享受企业所得税优惠的小型微利企业范围：自 2017 年 1 月 1 日至 2019 年 12 月 31 日，将小型微利企业年应纳税所得额上限由 30 万元提高到 50 万元，符合这一条件的小型微利企业所得减半计算应纳税所得额并按 20% 优惠税率缴纳企业所得税。

1997 年亚洲金融风暴后，为扶持我国科技型中小企业的发展、鼓励科技人员创新创业、推动我国高新技术产业发展、确保我国经济引擎具有足够的动力，国务院于 1999 年 5 月批准设立了科技型中小企业技术创新基金（以下简称"创新基金"）。通过贷款贴息、无偿资助和资本金注入等方式专门对产业化初期技术含量高、市场前景好、风险较大、商业性资金进入尚不具备条件的科技型中小企业项目提供资金支持。创新基金被认为是我国最早的、专门扶持中小企业的财政政策资金，是我国政府推动科技与经济的结合，引导全社会关注、支持中小企业技术创新活动的一项重大措施。创新基金以创新和产业化为宗旨，以市场为导向，上联"863""攻关"等国家指令性研究发展计划和科技人员的创新成果，下接"火炬"等高技术产业化指导性计划和商业性创业投资者，突出"雪中送炭"的政策引导作用，重点支持技术创新水平高、风险大、尚处于种子期、商业性资本不愿介入的项目；根据中小企业和项目的不同特点，"创新基金"分别以贷款贴息、无偿资助、资本投入等不同方式给予支持：其中，（1）贷款贴息：对已具有一定水平、规模和效益的创新项目，原则上采取贴息方式支持其使用银行贷款，以扩大生产规模。一般按贷款额年利息的 50% ～ 100% 给予补贴，贴息总额一般不超过 100 万元，个别重大项目最高不超过 200 万元。（2）无偿资助：主要用于中小企业技术创新中产品研究开发及中试阶段的必要补助、科研人员携带科技成果创办企业进行成果转化的补助。资助数额一般不超过 100 万元，个别重大项目最高不超过 200 万元、且企业须有等额以上的自有匹配资金。我国政府希冀通过"创新基金"对中小企业技术创新的资金支持，增强其创新能力，培育一批能参与国际竞争的科技型企业群体。"创新基金"的目标主要有三：一是通过扶持科技型中小企业的发展，创造更多的就业机会，为国家经济结构调整和总量增长做出贡献；二是通过支持高科技成果的转化，鼓励和引导中小企业参与技术创新活动，推动科技与经济的结合，加速高新技术产业的发展；三是通过向中小企业提供资助，带动和吸引地方政府、企业、风险投资机构和金融机构对中小企业的投资，逐步推动建立起符合市场经济规律的新型投资机制，进一步优化科技投资资源，营造有利于科技型中小企业创新和发展的良好环境。"创新基金"原计划每年中央财政拨款 10 亿元；受"非典"影响，2003 年后每年改为拨款 5 亿元，并开始初创期科技型小企业的小额资助试点，旨在帮助破解创业初期企业的融资难题。至 2004 年末，"创新基金"通过无偿资助和贷款贴息等方式，共受理申报项目 20449 项，立项资助 4946 项，资助总金额 33 亿元，平均项目资助强度 66.7 万元；到 2005 年底，累计预算安排资金 44 亿元，立项支持了 7962 个项目。创新基金运行十余年来，已经为两万多家亟需发展资金的初创期或成长期的科技型中小企业提供了宝贵的资金支持，据统计，在深圳中小企业板上市的企业中，有近 30% 获得过"创新基金"的资助，在 2009 年 10 月 23 日正式启动的创业板首批挂牌 28 家企业中，有 11 家企业获得过创新基金的立项支持①。它们是科技型中小企业的典型代表，是我国数量众多的中小企业的排头兵，是大型高科技企业的雏形，它们的成长性如何关乎我国资本市场的发展，关乎创新基金实施的效果，也关乎我国高新技术产业的发展。笔者作为广州市生产力促进中心、广东省经贸委与科技厅、国家科技部"创新基金"的财务经济评审专家，自 1999 年创新基金设立以来，曾先后参与了 300 余家科技型中小企业申报国家科技部"创新基金管理中心"组织的创新基金国家和地方的现场或集中评审，实践业已证明，"创新基金"的建立和运作，已有效地促进了科技型中小企业的人才、技术、资本同市场的结合，然而时至今日，据笔者观察，我国理论界、学术界，尚缺少对"创新基金"扶持效果、效率等的科学而系统的评价。

显而易见，我国政府为促进和扶持科技型中小企业的发展，各级政府不乏支持中小企业发展的热情，已采取了一系列措施，政府的扶持资金试图发挥"及时雨"的作用。然而，问题在于：这些政策的实施效果如何？是否具有显著的经济后果？如何界定和度量中小企业的成长性与政府支持的财务有效度？从财务的角度观察，"创新基金"设立以来的实施效果如何？是否达到了最初的设立目的？创新基金是否显著促进了中小企业成长？科技型中小企业创新基金立项前后的长期财务业绩是否具有显著的差异？换言之，根据古希腊物理学家阿基米德（Archimedes，约前 287 ~ 前 212）在《论平面图形的平衡》一书中提出的"给我一个支点，我便可以撬动地球"的杠杆原理，笔者认为，政府支持恰似一个支点，其能否发挥四两拨千斤的威力呢？国内已有的研究主要从定性的角度探讨政府政策的作用，尚缺乏有说服力的政府支持对中小企业成长有效度的经验证据；而

---

① 资料来源：国家科技部中小企业创新基金管理中心网站 http://innofund. china torch. gov. cn/2/ndbg/201402/513cda06e9224dd4bff09b75268b3de7 shtml 年度报告。

国外的研究则主要集中于经济学领域，并多将政府的支持作为影响中小企业成长的一个因素或变量来考察，也鲜见基于财务角度、专门针对政府支持政策有效度的研究成果。

笔者长期关注中小企业治理、管理与财务报告行为问题，自 1999 年创新基金设立以来，曾先后参与了 300 余家科技型中小企业申报国家科技部"创新基金管理中心"组织的创新基金国家和地方的现场或集中评审，对创新基金的运作有比较全面的理解，积累了较为丰富的实践经验，本书试图以小见大、管中窥豹，拟基于"创新基金"支持的财务有效度视角，考察我国政府支持政策对科技型中小企业的成长性影响，进而检验政府的中小企业支持政策的有效性，力求以各成长阶段的我国科技型中小企业为研究对象，拟通过实证实地调查数据、中小板上市公司中曾获创新基金立项支持典型案例企业和大样本数据分析，研究我国制度背景下政府支持政策的财务有效度，旨在获取"创新基金"对促进科技型中小企业成长的经验证据，探寻提升政府"创新基金"政策支持财务有效度的可行途径，为政府完善扶持中小企业发展的相关政策提供决策依据与理论支持。具体研究内容包括：（1）界定科技型中小企业的成长性与政府支持的财务有效度，构建度量创新基金有效度财务评价模型；通过理论分析界定企业成长的内在驱动因素，确定内在驱动因素与外在财务指标间的映射关系，构建具有针对性的成长性评价指标体系；（2）基于"创新基金"支持财务有效度视角考察政府政策扶持对中小企业成长的影响，利用获"创新基金"立项支持的中小板上市公司的财务业绩表现，考察科技型中小企业成长路线图计划的实施效果；（3）区分不同成长阶段的科技型中小企业，系统考察其财务表现，特别是获得创新基金资助前后的财务业绩比较，基于实证分析测度我国科技型中小企业的成长性；（4）鉴于中小企业业绩是多种影响因素综合作用的结果，本书期望通过控制其他因素的影响，区分企业整体财务业绩与创新基金支持的特定项目财务业绩以及企业成长中其他重要的影响因素及其作用，从财务成长性中剥离出由"创新基金"所带来的贡献。总体研究思路是，首先，从各种途径（如实地调查结果、数据库检索）获取数据的基础上；其次，根据理论分析和假设检验，运用基于正态总体的参数检验（如 t 检验和方差分析）和不依赖分布假设的非参数检验的 Wilcoxon Z 符号秩、Wilcoxon 符号秩和检验、Kruskal - Wallis 检验，考察立项乃至上市前后各样本企业成长指标是否存在显著差异，拟采取两个研究路径：一是假设评价指标为来自独立同分布的正态总体，借用配对样本均值的 t 检验分析技术，观察立项乃至上市前后各样本企业成长指标的均值是否有显著不同；二是假设各评价指标不是来自独立同分布的正态总体，则运用非参数检验，考察立项、上市前后各样本企业成长指标是否存在显著差异；再次，进行相关分析和回归分析、列联表独立性检验等，借以考察创新基金立项企业的成长性，从而评价"创新基金"支持的财务有效度。

本书对于完善中小企业相关政府支持政策、规范中小企业财务报告行为，指导"创新基金"的投资政策与管理的改进，具有重要的理论意义和实践价值。（1）本书拟基于已有的研究成果，科学界定科技型中小企业成长性、构建度量创新基金财务有效度的评价模型，这对于丰富和完善中小企业成长性评价①理论与方法具有重要的理论意义和学术价值。首先，鉴于企业成长与企业成长性是相关而不相同的两个概念，本书认为企业的成长由"企业所拥有资源"与"资源使用效率"两方面决定，融合了"资源基础论"与"能力决定论"，并将企业的"资源"与"能力"具体化为财务指标，有利于完善企业成长理论。其次，本书较好地回答了：第一，为何要有中小企业？科斯的"交易费用理论"和熊彼特的"创新理论"都是很好的解释。第二，为何要扶持中小企业？中小企业的重要作用（整体强势）与其个体弱势的特点能够回答此问题。第三，如何扶持中小企业？解决融资难问题被认为是最佳的途径。第四，应该扶持哪一类中小企业？鉴于中小企业数目众多、良莠不齐，如何挑选有潜力的中小企业进行重点扶持，以点带面、发挥扶持政策示范效用，需要有一个科学的判别标准，而这正是中小企业成长性评价研究所要解决的问题，故此，本书对于完善中小企业理论体系有着重要的理论意义；理论研究旨在指导实践，研究成长性评价本身并不是目的，而最终目的是为了通过评价企业的成长性来发掘企业的成长潜力，从而促进中小企业更好地成长。（2）通过基于"创新基金"支持对于中小企业成长的相关性研究、考察科技型中小企业创新基金立项前后的财务业绩表现、探究我国政府中小企业支持政策的财务有效度、验证政府支持政策的财务后果，本书研究成果，对于相关政府部门完善其中小企业支持政策，具有重大的现实意义。创新基金设立以来，已经为两万多家亟需发展资金的中小企业提供了资金支持，这对于提升中小企业发展能力、促进科技成果转化意义重大。然而，在"创新基

---

① 宋建彪. 中小企业成长性评价：一个亟待研究的课题［J］. 华南金融研究，2004，19（3）：64-68.

金"发放过程中，也有一些学者提出了质疑，认为在申请项目评审过程中存在一系列问题，以至于一些高成长性的企业没有得到资金，从而违背了设立创新基金的初衷，比如陈旭东和胡萍（2005）认为"创新基金"中存在着机会主义行为。本书通过构建科技型中小企业成长性评价模型，期望能够更加合理地对科技型中小企业的成长性进行评价，从而为"创新基金"投向成长性最好且最需要资金支持的企业提供理论依据。这对于完善创新基金的运作管理具有积极的现实意义。（3）通过实地调查和典型案例研究，结合"创新基金"立项支持企业的财务数据以及中小板上市公司数据的大样本实证分析，考察科技型中小企业成长路线图计划的实施效果。作为目前国内唯一以科技型中小企业为政策着力点的中央政府财政专项资金计划，"创新基金"肩负着支持科技型中小企业创新活动、提高企业创新能力和培育科技型中小企业成长的多重任务①。从完善规制和促进政府理性决策的角度，研究"创新基金"对科技型中小企业成长的影响，分析其是否具有预期的设计功效、在科技型中小企业发展与政府扶持政策间寻找一种融合机制，十分必要。

本书试图基于创新基金研究视角，将之作为政府支持中小企业的一个典型案例，系统考察我国政府中小企业支持政策的财务有效度，以期抛砖引玉、裨益于相关课题的深入研究和我国愈益重要的科技型中小企业的战略选择与成长。

1.2 研究内容与研究问题

1.2.1 研究内容与目标

本书以"创新基金"视角研究我国政府科技型中小企业扶持政策的财

---

① 1998 年 7 月国务院提出创新基金的主要目标是促进科技成果转化、支持企业技术创新；1999 年《创新基金出台背景及意义》明确了创新基金的三个主要目标：（1）通过扶持科技型中小企业的发展，对国家经济结构调整和总量增长做出贡献，并以创造更多的就业机会作为回报；（2）通过支持高技术成果的转化，鼓励和引导中小企业参与技术创新活动，推动科技与经济的结合，加速高新技术产业的发展；（3）通过向中小企业提供资助，带动和吸引地方政府、企业、风险投资机构和金融机构对科技型中小企业的投资，并逐步推动建立起符合市场经济客观规律的新型投资机制，从而进一步优化科技投资资源，营造有利于科技型中小企业创新和发展的良好环境。

务有效度。拟通过实地调查、典型案例研究和中小板上市公司中获得过"创新基金"立项支持企业的大样本数据分析，研究中小企业政府支持政策的财务有效度，旨在获取创新基金对促进科技型中小企业成长的经验证据，为政府机构制定与完善扶持中小企业成长的相关政策，提供决策依据和理论支持。具体研究内容包括：

（1）基于中小企业成长因素理论，构造中小企业成长性的财务评价模型。

传统的企业成长理论认为，企业成长主要是企业的规模随着时间而逐渐增大。一般认为，研究成长性的主要思路为：通过研究企业成长的外在指标，如规模、利润和收入等指标的变化，来研究企业内部各种能力对企业成长的影响。

本部分主要从影响企业成长的因素出发，探讨中小企业成长的关键影响因素，通过系统回顾有关企业尤其是中小企业成长的中外研究文献和对相关中小企业成长影响因素理论的全面总结，比较并借鉴中小企业成长研究文献中所用评价方法，构造中小企业成长因素的财务评价模型。

本部分将重点考察的中外文献包括：

①柯尼斯（Konings，1997）为考察企业成长是否受企业生命周期、规模或所有制的影响，所构造的估计企业成长方程：

$$g_{it} = a_0 + a_1 + \ln(ei_{t-2}) + \ln(age_{it}) + a_3 own_i + bz + \mu_{it}$$

其中，g_{it}——企业 i 在时间 t 的成长率（雇员人数增长率）；

e——雇员人数（对数据采取滞后方法以消除内生性问题）；

age——企业年龄；

own——企业所有制性质（虚拟变量）；

z——其他影响企业成长因素构成的向量，包括企业面临竞争对手的数量（范围）、企业联合、产业、国家和时间等虚拟变量。

②丛佩华（1997）在《企业的成长性及其财务评价方法》中所用的方法，运用净资产收益率、主营业务利润率、主营业务收入与利润增长同步率、资本保值增值率、资本周转加速率财务评估指标体系研究企业的成长能力。

③陈晓红等（2005）研究中小上市公司的成长性所用方法。即突变级数法和灰色关联度分析法（Grey Relation Analysis，GRA）。

④郑晓（2005）所采用的主成分分析法。通过影响企业成长性的扩张

能力、稳定能力、盈利能力和技术创新能力 4 种能力指标的线性组合反映科技类上市公司的成长性。

⑤ "创新基金"项目指南中所采用的成长性评价标准。

（2）界定中小企业政府扶持政策的财务有效度，构建 "创新基金" 财务有效度评价模型。

本部分将界定政府中小企业扶持政策财务有效度的含义，通过借用国内外学者上市公司股权融资（包括 IPO 与 SEO）后的长期经营业绩变动的研究方法，构造度量创新基金有效度的财务评价模型。笔者认为，政府中小企业扶持政策是否有效主要表现为，在获得政府资金支持的阳光照耀与雨露滋润下，中小企业是否得到茁壮成长、创新能力等核心竞争力是否有显著提升，是否达到了预期的扶持效果。本部分试图探讨政府在中小企业发展过程中所应扮演的角色以及构建评价该角色的标准，为下一步的实证数据分析与假设检验提供方法论准备。

本部分拟主要考察的研究文献包括：①荆和基尼（Jain and Kini, 1994）研究 1976 ~ 1988 年 2126 家美国上市公司从上市前 1 年到上市后 4 年经营业绩时所使用的方法。②劳伦和里特（Loughran and Ritter, 1997）研究美国证券市场增发新股后上市公司长期公司业绩所用方法。③法码和傅仁池（Farm and French, 1993）研究 1973 ~ 2001 年纽约证交所、美国证交所及纳斯达克证交所的 IPO 后的盈利能力与成长能力时所使用的方法，即 Fama - French 三因素模型法，$R_i - R_f = b_i(R_M - R_f) + s_i SMB + h_i HML$，其中：R 为资产回报，b 为 β 系数。法码和傅仁池认为资产的回报由其所承担的风险所决定，但资产的风险并不像资本资产定价模型（CAPM）描述的仅由相对于市场组合的波动性 Beta 系数描述，还应用与市值规模有关的 SMB 系数（即小市值规模资产组合回报减去大市值规模资产组合回报之差）和 B/M 比率（即股票账面价值与总市值之比）有关的 HML 系数（高低 B/M 资产组合回报之差）来描述。④朱武祥、张帆（2001）以 1994 ~ 1996 年在上海、深圳证券交易所上市的 217 家 A 股公司为样本，比较上市前 1 年到上市后 4 年总资产息税前收益率等业绩指标中位数的变化趋势，分析与业绩指标变化相关因素的研究方法。⑤白仲光、张维（2003）基于中国股票市场中的新股数据，研究我国股票市场中新股上市后的长期回报，采用的构建同类型对比组合比较法。⑥原红旗（2004）利用 1995 ~ 2000 年沪深两市 603 家上市公司的数据，研究大股东的配股行为及其经济后果时，所采用的考虑了流通与非流通股差别后的市净率（MB）度量公司成长性的方法。即：净资产倍率（MB）= $\frac{市场价格 \times 可流通股数 + 每股净资产 \times 非流通股份}{股东权益合计}$；原红旗（2003）为研究配股公司的长期业绩，选择了行业与总资产规模相同的未配股公司的对照组和市场回报率作为衡量业绩变化的两个参照系，并以基于 EBIT 的总资产报酬率（ROA）、净资产收益率（ROE）、主营业务净资产收益率（CROE）和主营业务边际利润率（MP）衡量长期财务业绩，鉴于财务业绩指标不是正态分布，故比较两组公司业绩的中位数，进行 Z 显著性检验；同时采用计算累积超额回报率（CAR）方法和计算超额持有回报率（AHPR）方法进行一次和多次配股组长期回报率业绩的比较。[7]杜沔、王良成（2006）、黄新建、李若山（2007）考查我国上市公司配股融资后的业绩表现及其影响因素时所使用的方法。[8]张炜等（2007）进行中小科技企业创业价值与成长绩效关系实证研究时所采用的方法。他们通过实地调查获取的数据检验科技企业创业价值与成长绩效相关性，采用竞争绩效和潜力绩效两个维度的 8 个项目，补充设计创业企业在近三年的销售利润率、资产负债率、净资产收益率和销售平均增长率等财务指标，按年平均增长率排序选择，以验证创业企业客观财务绩效。

（3）考察科技型中小企业创新基金立项前后的财务业绩表现，实证检验政府创新基金支持的财务有效度。

本部分的总体研究思路是，首先，根据实地调查的回复结果，以及色诺芬（CCER）、WIND 或 CSMAR 数据库检索获取的研究数据，进行描述性统计，筛选出研究样本；其次，根据描述性统计结果，分析确定创新基金立项支持企业的成长性财务评价指标是否为来自独立同分布的正态总体：①假设为来自独立同分布的正态总体，借用配对样本均值的 t 检验分析技术，观察立项乃至上市前后各样本企业成长指标的均值是否有显著不同；②假设各评价指标不是来自独立同分布的正态总体，则借用非参数检验中的两个配对总体的中位数检验以及维尔康辛（Wilcoxon）Z 符号秩（考察总体中位数是否为 0）与维尔康辛（Wilcoxon）符号秩和检验（ranked sum test），检验两个总体是否同分布，考察立项乃至上市前后各样本企业成长指标是否存在显著差异；最后，进行相关分析和回归分析，借以考察创新基金立项企业的成长性，从而评价创新基金支持的财务有效度。

本部分研究内容涉及以下几项工作：

①从科技部创新基金管理中心数据库中检索、取得自1999年以来获得创新基金立项支持的科技型中小企业名录（课题组业已从历年发布的公告中取得了这一数据，其中1999年有1089家、2000年有984家、2001年有860家、2002年有947家、2003年有857家、2004年有1454家、2005年有1552家、2006年有1304家、2007年有1151家），再根据立项企业名录从北京大学色诺芬证券市场统计（CCER）数据库中收集中小板或创业板上市公司的主要相关数据。笔者认为，能够在创新基金支持下获得在证券市场上公开上市交易其股票，即是立项企业具有良好成长性的明证。本部分将进行描述性统计分析以评价立项中小企业的基本成长特征，运用前述评价模型、进行实证数据分析，借以检验"创新基金"支持的财务有效度。

②对相关典型企业进行深入的案例研究。笔者系国家科技部创新基金管理中心、广东省生产力促进中心、广州市科技局在库创新基金财务经济评审专家。经评审的广州地区的企业中已有如广电运通、金发科技、达意隆等多家获创新基金立项企业成功上市。项目组成员深入走访相关企业的总经理、财务负责人和企划部负责人等，亲临现场，进行深度访谈，获取第一手实地调研资料，调查"创新基金"支持企业的真实感受和可能的意见、建议。笔者作为项目主持人带领项目组成员王楠、岑雯奕、李岩，于2008年1月14日~28日赴广州达意隆包装机械股份有限公司（股票名称：达意隆，股票代码：002209）进行调研；带领项目组成员艾立伟、王东、张颖和毛燕飞，曾于2011年8月至10日~18日赴无锡市江苏赛福天钢索股份有限公司（股票代码：603028）等公司进行实地研究。

（4）探讨改进创新基金支持财务有效度的可行路径、策略安排与完善科技型中小企业政府扶持政策的相关建议。

研究理论的目的还在于以理论指导实践。本书期望能对完善中小企业相关政府支持政策、规范中小企业财务报告行为，提供一定的决策依据和理论参考。在本部分，拟基于前述实证数据分析、案例研究和实地调研结果，结合中小企业政府政策财务有效度的国际考察和对发达国家政府扶持中小企业成长的制度安排的系统研究结论，提出提升我国"创新基金"等相关扶持政策有效度的策略建议，探寻可行的改进我国科技型中小企业政策支持系统的有效路径，供相关决策机构参考。

本书的总体目标是研究我国"创新基金"的财务有效度。以我国科技型中小企业为研究对象，通过实地调查、典型案例研究和中小板上市公司中获得过"创新基金"立项企业的大样本数据分析，研究政府支持政策的财务有效度，旨在获取"创新基金"对促进科技型中小企业成长的经验证据，为政府机构完善扶持中小企业成长的相关政策，提供决策依据与理论支持。本书的研究成果，预期也会对科技型中小企业转变经营观念、积极寻求政府支持，促进其快速成长有重要的借鉴价值和指导意义。

具体研究目标包括：第一，界定中小企业的成长性与政府支持的财务有效度，创建中小企业成长因素理论与构造中小企业成长性的财务评价模型；第二，结合中小板上市公司的数据分析，实证考察"创新基金"立项前后的财务业绩表现，验证政府"创新基金"支持的财务有效度；第三，研究提升"创新基金"支持财务有效度的可行路径、策略安排与完善科技型中小企业政府扶持政策的相关建议。

1.2.2　关键的研究问题

本书拟解决的关键问题和期望突破的难题主要包括：

（1）科技型中小企业的成长为何需要政府扶持？从理论上解释政府扶持科技型中小企业的依据何在？政府扶持政策促进科技型中小企业财务成长的内在机理是什么？

（2）如何基于财务的角度，科学评价和度量科技型中小企业的成长性？进而评价和验证政府扶持政策的财务有效度？

（3）发达国家为促进科技型中小企业的发展，都采取了哪些有效激励政策措施？有何启示和借鉴意义？

（4）如何有效改进"创新基金"支持的财务有效度？完善科技型中小企业政府扶持政策的可行路径、策略安排有哪些？

1.2.3　研究方案与框架

本书将始终坚持理论联系实际，紧紧围绕"提出问题—分析问题—解决问题"的研究思路，运用现代管理学理论与方法，立足国际视野、充分把握该领域研究前沿，深入研究我国中小企业政府扶持政策的财务有效度，力争使研究成果能拓宽理论、解释现实、预测发展前景，具有实践指导与参考价值，为政府完善扶持科技型中小企业成长的相关政策建言献策，促进中小企业利益相关者更好地理解政府支持在企业成长过程中所能发挥的关键作用。

本书将按以下内容框架（见图1-1）进行研究：

（1）问题的提出。阐述科技型中小企业对我国经济发展的重要性、在成长发展中存在的主要问题，提出将评价科技型中小企业的成长性作为本书主要内容的背景及意义，总结提炼本书的主要创新点。

（2）理论基础预设。结合《中小企业标准暂行规定》《2010年度科技型中小企业技术创新基金项目申报须知》以及相关研究，厘清科技型中小企业的概念，分析我国科技型中小企业成长的特点；对企业成长理论和生命周期理论进行梳理，分析政府扶持科技型中小企业成长的理论依据。

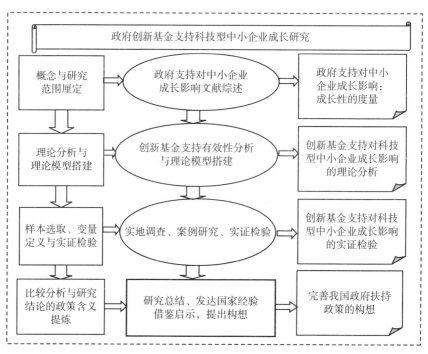

图1-1　本书的研究框架

（3）指标选取与模型构建。根据设定的指标筛选原则选取评价指标，并解释每一项指标的含义，说明其在成长性评价中的作用，引入主成分分析法进行成长性评价理论模型构建。

（4）实证检验分析。首先，选取创业板和中小板上市公司为样本公司，遵循主成分分析法的步骤进行实证分析，得出各样本公司的成长性得分；其次，使用样本企业评价期的实际财务数据进行评价结果检验，并进行可能的优化或完善；最后，将评价对象与参照对象进行对比，以期检验创新基金支持的财务有效度。

（5）研究结论与展望。对本书的研究进行总结，指出本书不足的地方，并展望未来研究的方向。

1.3 研究方法与技术路线

1.3.1 规范与实证思辨

一般而言，"positive"① 与 "normative" 相对应。如 "positive question" 通常指 "不包括任何价值判断的问题"，是关于事物本身 "是什么、怎么样" 的问题；"positive research（实证研究）" 是不包含任何价值判断的、客观的、旨在解决 "是什么（what it is）、怎么样（how about）" 问题，坚持研究时应该超脱或排斥一切主观价值判断、只考虑事物发展变化间关系的规律；"normative" 一词常被译作 "标准的、规范的或正常的"，"normative research（规范研究）" 一般着重回答 "应该是什么（what it ought to be）"，因此往往含有一定的价值判断。实证研究区别于规范研究的三个显著特征为：（1）价值中立；（2）可证伪性；（3）可重复性。规范研究方法是指通过强调演绎方法对理论进行研究，并由此形成规范理论②。"规范会计研究（normative accounting re-

---

① "positive" 一词的基本含义是 "证实的、实在的、存在的、现实的、实际的、有事实根据的、无可怀疑的"，李志文教授认为，把 positive research 翻译成 "实证研究" 不甚确切，positive 有肯定、正面、积极、进取之意。实证研究（empirical research）只是正进性研究的一部分；理论模型的推演是正进性研究不可缺的一部分；在正进性研究中，理论与实证相辅相成，缺一不可。请参看傅利曼（Friedman）1953 年对于正进性研究阐述的经典著作。

② 规范会计理论是一套关于会计 "应该是什么" 的系统知识体系，旨在通过一系列基本会计原则、会计准则的规范要求，从逻辑高度概括或指明最优化的会计实务是什么，进而指导会计实务，实现会计实务的规范化。其研究方法主要是归纳与演绎，两者是密不可分的。

search）"的范式①是：（1）研究、分析大量的会计实务（Accounting Prac-tice），从中概括出良好、理想的会计实务，并作为日后指导会计实务的标准；（2）规范会计研究并不满足于现有的会计惯例，而是试图从逻辑方面指明怎样才算是良好的会计实务；（3）规范会计研究往往以演绎法为主，但是并不排斥使用归纳法，相反往往要从利用归纳法得到少数基本概念出发，演绎出会计的基本原则与方法，再从中推出与之相适应的会计程序与基本方法，用以指导会计实务。在会计学术史上，佩顿（William Paton）、坎宁（Canning）、爱德华兹和贝尔（Edwards and Bell）、穆尼兹和斯普瑞斯（Moonitzs and Sprouse）等是演绎法的典型代表，而井尻雄士（Yuijl-jin）和利特尔顿（Littleton）等则极为推崇归纳法。规范会计理论研究主要以定性的文字描述为主，注重会计理论之间的内在逻辑、忽视对既有会计理论研究成果的检验。实证会计学派的主要代表瓦茨和齐默尔曼认为，"实证一词源于实证经济学，将其研究冠以实证会计研究（positive ac-counting research），是为了区别于业已存在的传统的规范会计研究（Watts and Zimmerman，1990）"。20世纪60年代以来，受经济学尤其是财务学研究方法的影响，以罗切斯特学派为主要代表的一大批精通经济学、财务金融学的会计学者日渐推崇实证会计研究范式，形成了独具特色的实证会计研究方法②，给会计理论研究注入了活力、带来了巨大的震撼③。根据樊刚（1995）、张曙光（1997）、张宇燕（1993）、瓦茨和齐默尔曼（Watts and Zimmerman，1978，1979，1990）以及鲍与布朗（Ball and Brown，1968），实证研究包括两个相互联系的阶段，即理论实证和经验实证。实证会计研究的过程一般是：确立研究课题→寻找相关理论→提出假设或命

---

① 按照韦氏《新世界词典》的解释，范式（paradigm）是"形式，例证"。按照美国传统词典的解释：范式（paradigm is an example that serves as pattern or model.）指"范例，样式作为样本或模式的例子"。艾尔·巴比（2000）指出，托马斯·库恩（Thomas Kuhn，1970）把形成某种科学特色的基本观点，称为这种科学的范式（paradigms）。

② 实证会计研究所采用的实证法是解释和预测客观现象的方法，它主要以确实的证据，反映或检验客观存在的现象，其哲学基础是证伪主义。证伪主义的创立者是英国著名的科学哲学家卡尔·波普尔，其科学方法论的核心是反归纳原理，及建立在反归纳原理基础上的经验证伪原则。

③ 几个具有象征意义的事件是：以美国会计学家鲍和布朗（J. Ball and P. Brown）于1968年在《会计研究杂志》发表的"会计数据的实证评估"一文标志着实证会计研究初露端倪；1976年，美国著名会计学家詹森（Jensen）在斯坦福大学主持会计讲座期间，首先提出应以实证方法从事会计研究；1978年，美国会计学家瓦茨（Watts）和齐默尔曼（Zimmerman）合作发表了"关于决定会计准则的实证理论"一文，1979年，两人又合作发表了"会计理论的供给与需求"一文，是最早关于实证会计研究的论文；1986年，瓦茨和齐默尔曼出版了《实证会计理论》一书，提出了实证会计理论的基本框架。人们以两位教授所在的罗彻斯特大学将实证会计学派称为"罗彻斯特学派"。

题→使假设或命题可操作化→设计研究方案→搜集数据资料→分析数据以检测假设或命题→分析研究。根据瓦茨和齐默尔曼的《实证会计理论》（1986），实证会计理论涵盖如下领域：（1）有效市场假说（EMH）和资本资产计价模型（CAPM）；（2）会计盈余与股票价格的相关性；（3）对竞争性假设的实证检验；（4）对会计信息与破产、风险相关性进行验证；（5）会计收益的时间序列特性；（6）信息披露管制理论；（7）契约理论在会计、审计中的作用；（8）订约程序；（9）报酬方案、债务契约与会计程序。对会计人员及管理人员所运用的会计程序与报酬计划、债务契约进行实证检验；（10）对会计与政治活动、会计政策的选择等的实证性检验。运用契约成本、代理成本、政治成本等概念，进一步论证了契约理论和各种最佳选择的必要性。

　　顺便指出，"实证研究（positive research）"与"经验研究（empirical research）"常被混用。"empirical"的含义是"以经验或观察为依据的、来自经验或观察的、完全根据经验的或经验主义的"，与"theoretical（理论上的、推想的、假设的）"相对应；"empirical research"是以"经验或观察"为基础的研究，指一切以经验事实为依据而进行的研究，既包括具有规范的实证研究过程（即"假设—数据—经验"）的实证研究，也包括不具有规范实证研究过程特征的其他以事实材料说话的经验研究，如社会科学中的描述性、探索性的实地/案例研究等，强调研究证据源于经验数据；与"纯理论推导或分析性研究（theoretical research）"相对应。正如清华大学陈晓教授认为："经验研究（empirical research）"可进一步分为：实验室实验（laboratory experiments）、实地实验研究（field experiments）、案例研究（field studies or case studies）、问卷调查（survey research）、档案研究（archival research），多数情况下的经验会计研究均属此类；而"实证研究（positive research）"又通常只是"档案研究（archival research）"的一个分支①。不过，也有学者认为，"实证研究（positive research）"涵盖了"经验研究（empirical research）"，认为经验研究就是验证性研究，"理论对事物或问题提出解释，但该解释能否成立取决于能否通过检验。经验性或验证性研究的作用在于核实、检验理论"，即给出"是"与"否"的判断，故而，positive research 是可以涵盖 empirical research 的（陈小悦，1997）。刘峰教授（1996）认为，严格区分"经验的

---

① "Positive accounting research" is a subset of "Archival research", it does not include all empirical accounting research. 摘自陈晓教授 2002 年 11 月 13 日在中国人民大学商学院讲座文稿。

（empirical）"、"实证的（positive）"，还是"行为的（behavior）"，意义不大。时至今日，实证会计研究范式和规范会计研究范式已成为当今会计理论研究中的两大主流，两者间存在着互补性。由于事实证明和价值判断往往是关联的，因而规范会计研究不可能排除事实说明、实证会计研究也难以完全摒弃价值判断；此外，"是什么"（事实说明）先于"应该是什么"（价值判断），故实证会计研究是规范会计研究的基础；由于"是什么"总有些捉摸不定、需要借助"应该是什么"加以规定，故规范会计研究同样必不可少。20世纪50年代，马特罗（M. Trow）就曾指出："没有任何一种研究方法应该成为对科学研究进行推论的主宰，占主导地位的方法在发挥自己作用的同时也应该吸收别的方法的长处"。一般而言，规范研究采用演绎法，从一般的概念和原理出发，推导出结论；实证研究采用归纳法，以历史资料为依据，通过假设检验以得出近似正确结论的方法。二者是相辅相成的，两者的结合运用，可把研究引向更加科学的发展方向：实证研究旨在以规范研究结论为前提、验证其正确性，进而解释和预测实务。任何背离此初衷的实证研究，必将是故弄玄虚。

1.3.2　主要的技术路线

总结前人的研究成果，笔者认为，企业成长受多方面因素的共同影响，既有外部因素的作用、又有内部因素的制约，尚不存在一个独立的、普遍适用的成长性评价指标，在兼顾全面性和客观性的同时，却可能使成长因素的筛选和定性因素的量化陷入两难境地。鉴于企业财务是企业生产经营活动的综合反映，企业成长性因素的作用结果最终会直接或间接地反映在财务信息上，为此，本书拟从财务信息角度，通过研究企业成长的外在财务指标，如规模、利润和收入等，分析企业成长性影响因素，建立科技型中小企业财务成长性评价模型；通过对上市公司中曾获创新基金的样本数据进行实证分析，旨在获取创新基金支持对促进科技型中小企业财务成长性影响的经验证据。

本书总体的研究思路与研究视角的选择示意图如图 1 - 2 所示。

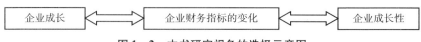

图 1 - 2　本书研究视角的选择示意图

本书依循"理论分析—实证研究—政策总结"的逻辑思路展开，运用分析性理论（analytical theoretical）研究与经验型（empirical）研究相结合的方法。采用的方法包括：

　　实证研究方法（empirical research method）。本书主要运用实证性方法进行研究，运用 wind 等数据库中我国上市公司相关数据，根据各项指标的含义及特征，设计各项指标值的计算公式及需要采集的数据，设计并利用实证分析模型作为政府支持科技型中小企业政策绩效分析与评价的基础与依据，并辅以统计分析等进行分析论证；实现对数据的有效利用，以强化分析的有效性与针对性。

　　规范分析方法（normative research method）。规范方法是本书采用的主要研究方法之一。通过国际与国内相关文献资料检索，参阅有关制度安排，从逻辑角度概括阐明科技型中小企业有关政府扶持的制度框架，对科技型中小企业的政府支持政策主要问题进行系统分析，通过对文献资料的综述，梳理国内外有关科技型中小企业成长评价的理论成果，形成对科技型中小企业的政府支持政策、科技型中小企业成长评价的含义、模式和特征的认识。结合相关的理论成果，研究并建立科学的中小企业成长评价（定量部分）的方法和评价指标体系。

　　比较分析方法（comparable analysis method）。目前，我国有关政府支持科技型中小企业政策效应问题的理论和实践尚在探索，因此，通过对比分析国际、国内科技型中小企业与一般企业的不同特征，探索和分析我国政府支持科技型中小企业政策的绩效问题，进而有助于提出完善我国政府扶持政策的相关建议。在系统归纳国内外关于中小企业成长性研究的基础上，运用相关理论描述科技型中小企业成长的本质特征，应用主成分分析法，构建模型、选择并筛选出重要的科技型中小企业成长性财务评价指标。

　　本书所采用的具体技术路线如图 1 - 3 所示。

　　本书的主要特色包括：

　　（1）与已有研究相比，本书系统地研究中小企业政府扶持政策的有效性，试图采用定量化分析评价模型度量政府扶持政策的财务有效性，着重从财务视角开创性地运用经验证据，检验我国政府为促进科技型中小企业的技术创新相关政策的财务有效度，从而深化了有关政府扶持政策有效性方面的相关研究。传统的企业成长研究一般通过分析企业成长外在指标的变化来研究企业内部各种能力的成长性，本书从财务信息角度、以创新基金为切入点，采用间接分析企业成长性影响因素的方式，在系统分析借鉴

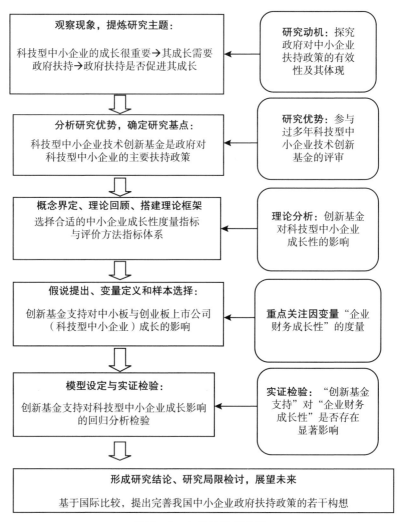

图1-3　本书的技术路线

常用企业成长性评价方法的基础上，构建科技型中小企业成长性财务评价指标体系，最终选用主成分分析法（principal component analysis，PCA）度量受过科技部创新基金立项资助的科技型中小企业的成长性。

（2）紧紧围绕"提出问题—分析问题—解决问题"的研究思路，以评价、检验和提升我国政府中小企业扶持政策有效度为逻辑主线，以特定代表性群体我国科技型中小企业作为研究对象，通过中小板、创业板上市公司中曾获国家科技部创新基金立项支持的大样本数据分析，研究政府支持政策的财务有效度，以期获取创新基金对促进科技型中小企业成长的经验证据，进而依据研究发现，提出为我国相关政府机构完善扶持中小企业发展的相关政策可资借鉴的策略建议。

本书的主要创新点在于：（1）将政府扶持政策与中小企业的成长性结合在一起进行定量化研究，构造度量政府创新基金支持财务有效度的评价模型，进一步深化已有的相关研究；本书以技术创新基金支持项目为切入点，研究科技型中小企业的成长性，将筛选原则分为两类，一类针对单项指标，另一类针对指标体系；这与对以往企业成长性评价主要是为风险投资公司进行风险投资提供依据不同，具有不同的现实意义；（2）结合中小板、创业板上市公司的统计数据分析，实证考察科技型中小企业创新基金立项前后的财务业绩表现，研究政府创新基金支持对促进中小企业成长的财务有效度，考察科技型中小企业成长路线图计划的初步实施效果；旨在获取创新基金支持对促进科技型中小企业成长的经验证据，为政府完善我国相关政策提供决策依据与理论支持；（3）系统研究改进创新基金支持等政府扶持政策财务有效度的可行路径。在以理论为基础，科学构建科技型中小企业财务评价模型之后，通过样本企业立项前后实际综合评价得分结果，验证了创新基金对科技型中小企业成长性的促进作用，同时提出完善创新基金扶持政策的建议。因之，本书的研究结论对于完善中小企业特别是科技型中小企业的相关政府支持政策，具有重要的理论意义和实践参考价值。

第 2 章

国内外相关文献综述

根据对已有文献的检索分析，国内外与本书相关的既有研究文献可大致概括为以下几个方面的研究视角：企业成长性影响因素、中小企业成长可能性、企业成长性评价指标、科技中小企业成长性、政府扶持企业必要性、政府扶持政策的体系和创新基金支持有效性。

2.1 企业成长性影响因素

彭罗斯（E. Penrose，1959）是企业内生成长的先驱，她主张从企业内部寻找推动或限制企业成长的因素，始终以单个企业为研究对象，坚持内生成长的企业成长理论，以"不折不扣的"理论分析企业的成长过程，通过探究企业成长的影响因素和企业成长机制，建立了企业"资源—能力—成长"的分析框架；强调企业拥有的资源状况决定了企业能力的基础，而企业能力则决定了企业成长的速度、方式和界限，企业的管理能力状况与企业多元化成长的可能性高度正相关，决定了企业所有其他资源所能提供的生产性服务的数量与质量，制约着企业的成长性；同时认为产品创新和组织创新均是企业成长的推动因素。

拉瑞·葛瑞纳（Greiner，1972）以企业年龄、企业规模、演变时间、改革时间、行业成长率等标准将企业的发展阶段分为：创业、生存、摆脱束缚、成功发展和起飞五个阶段，认为企业（组织）的成长一般要经历五个阶段，企业必须通过特定的组织结构、战略及行为的变革才能实现阶段的跨越，成长为大企业。

波特（Porter，1980）提出了竞争战略的产业分析理论，认为产业的性质、进入和退出壁垒、产业容量以及供求关系都会对该产业内的企业成长产生重要影响，而基于动态视角的产业演化对企业成长的作用力十分复杂。

麦克米伦等人（Macmillan et al.，1985）通过调查发现，被调查者提及频数最高的因素是敬业精神和洞悉目标市场，二者均为对企业家个人才能的描述。风险企业的管理水平在很大程度上受创业者个人素质和能力的影响，企业的管理水平往往是投资者最关注的因素之一。此外，风险反应能力，市场吸引力，产品长期发展战略等市场风险因素也在该指标体系中有较重要的影响力。

斯托里（Storey，1994）对有关小企业研究文献进行了综述，指出有七个因素是显著的（significance）：企业年龄（firm age）、规模（size）、所处行业（industrial sector）、市场（markets）、法律形式（legal form）、位置（location）、以及所有制（ownership）。在美国、德国、澳大利亚和英国进行的经验研究表明，年龄、规模、位置、法律形式和行业与企业成长相关。斯托里强调，经验研究显示年龄与增长呈负相关，年老的企业的增长率低于年轻企业。企业规模是另一个因素，也是在经济理论中诸多争论的来源（Gibrat，1931）。经验研究已证实：小企业比大企业的增长更快。然而，斯托里指出，埃文斯等（Evans & Hall，1987）最早证明了吉布列法则（Gibrat Law）[①] 不适于美国企业，将决定中小企业成长的因素总结为三种：管理者的素质、中小企业的内在素质和企业业务发展的战略范围；三者对中小企业成长的影响是相互重叠交叉的。在实证研究中，发现中小企业的内在素质是影响中小企业成长的最基本因素，高成长性的中小企业管理者相对年轻，对公司的业务很感兴趣并拥有相关的专业学位；业务战略着重于企业的边际利润和营销活动。

德尔马等人（Delmar et al.，2003）主要分析企业取得高成长性的差异。他们以瑞典 1996 年所有雇员超过 20 人的公司（共 11748 家）为研究对象，分析了其过去十年间（1987～1996）的发展情况；运用多重标准确定了一个高成长性企业的样本（共 1501 家），并采用 19 种不同的企业成长评价标准总结出 7 种既与行业有关、也与企业年龄和规模相关的不同的成长模式。他们认为，高成长性在本质上是多维度的，可通过多种途径达到，与企业的统计特征相关。

---

　　① 吉布列法则（Gibrat Law），也称比例效应法则。1931 年，吉布列（Robert Gibrat）在研究了法国制造业 1920～1921 年的数据后，首次提出了企业规模及其增长间的动态模型——均衡效果法则，即企业的成长是独立于企业初始规模的随机过程。

尼切尔等人（Nichter et al.，2009）考察了影响发展中国家小企业成长性的四大类因素：企业家个体特征（包括学历、工作经验、性别）、企业特征（包括企业年龄、正规与否和融资状况）、相关者因素（包括社会关系网和价值链）、环境因素。比较了发达国家与发展中国家间企业成长性影响因素差异，发现没有太大区别。

沃纳菲尔特等人（Wernerfelt et al.，1988）将企业成长的标志归结为产生了"成长经济"：未利用资源的有效利用；企业成本构成的改善；作为社会组织的心理能量供给的增长和企业间竞争的有效激励。

桑德伯格（Sandberg，1987）提出了一个对中小企业成长绩效进行分析的模型 $[NVP = f(E，IS，S)]$，其中 NVP 为新创建企业绩效，E 为企业家特征，IS 为产业结构，S 为战略，从而将企业战略、环境因素与企业经营者的行为有机结合起来，分析论证了影响中小企业绩效及其成长的关键因素。

伯克姆等人（Barkham et al.，1996）研究了小企业成长的决定因素，通过对 1986～1990 年英国 174 个小公司的所有者和经理的访谈，表明成长与以下几个因素有关：所有者的年轻程度；所有者的职业素质；与其他所有者的合作；与其他公司的合作；盈利的动力；市场研究的使用；与客户直接接触而不是与代理机构接触；集中的产品范围和连续的产品改进。

菲诗曼和拉斐尔罗布（Fishman & Rafael Rob，1997）提出了一个有关企业规模与产业演化均衡模型，证明产业内各企业没有能力随意增加其顾客量。

伦德瓦尔等（Lurduall et al.，2000）通过对肯尼亚不同产业制造业企业技术改进与企业寿命、成长性关系的研究，发现企业的规模而非企业寿命与技术效率存在高度的正相关性，从而提出技术创新对企业成长会产生影响。企业可以通过扩大规模来实现效率改进；如果一个产业内企业的换手率越高，企业的寿命越短，就越有可能限制由规模导致的技术效率的提升。

马腾古斯（Maarten Goos，2000）从产业组织视角研究了劳动需求与企业成长、产业演化的关系。由于不同企业的用工决策存在差别，因此不同产业内的企业用工情况能表明企业规模是存在较大差异的。他在吉布莱特定律的基础上，构建了企业用人行为与企业或产业特征之间关系的模型，分析得出了企业规模、企业年龄和产业类型的差别，能够增加或减少劳动用工需求这一基本结论。

索斯藤等（Thorsten et al.，2002）运用 54 个国家企业层面的调查数据分析了融资、法律和腐败是否对企业成长率产生实质性影响。实证分析表明，上述因素对企业成长的影响在很大程度上取决于企业的规模大小，小企业最易受到影响；企业成长在发展中国家比在发达国家要更多地受融资、法律制度和高腐败率的影响。同时，法律制度对企业成长的影响有一种特殊的运行机制，只有在与企业生存和发展密切相关的法律要素不断得到完善和强化的情况下，企业才能真正得到快速成长。索斯藤等人（2008）发现，金融发展能够促进小企业而不是大企业繁荣发展，不健全的金融体系对于 20 人以下的小企业尤其不利，尽管他们没有考察相关的特殊政策，但仍然认为金融体系运营效率的提高会拥有跨企业分配资源的效果，这对于小企业帮助更大。

纳塔莉亚（Natalia，2002）选取了银行管制与借贷条件放松、公司法与破产法、资本结构、会计准则及市场竞争规则等因素，研究经济管制对企业成长的影响，结果发现，金融发展水平与经济增长、企业成长间存在正相关性；高效率的法制环境既会促进企业成长，也对金融市场的发展产生很大影响；但放松借贷条件并不能有效促进企业成长。

柯尼斯等（J. Konings et al.，2002）考察了处于转型经济中的斯洛文尼亚企业 1994~1998 年以雇员增长数为指标的企业成长与企业存续（寿命）问题，试图找出决定转型经济中企业成长与存续的主要因素。他们构建了一个用于分析转轨经济背景下的企业成长基本模型，将企业绩效视为决定于企业初始规模、所有者性质、企业创新、市场定位、资本集中度、企业融资约束、企业成本和利润率、沉落成本、最小最佳规模和市场结构的函数。研究表明，在第一个 4 年的转型期间，斯洛文尼亚的私有企业及资本集中度相对高的企业成长得最快；小企业比大企业成长快；大企业或原利润率高的中小企业在转型中存续的可能性更大。

海苔恩等人（Ari Hyytinen & Mika Pajarinen，2002）考察了芬兰中小企业成长过程中的外部融资需求问题，指出企业过度成长会加剧其外部融资需求，而有关企业信息的披露程度会影响企业是否按照预期的速度成长；并为企业提供预期的、必要的融资市场选择；纷繁复杂、动荡不定的外部环境会对企业成长构成实质性影响，因为只有那些对外部环境变化反应快捷且应对能力较强的企业才能生存和发展。

博兹卡亚等人（A. Bozkaya et al.，2008）基于比利时 103 家非上市的技术型小企业数据，研究了中小企业的创业初期各阶段的资本结构，发现内源融资（单独个人储蓄，或个人储蓄加上家族和朋友的储蓄）是最初来源，82%的小企业依靠创始人资金设立；之后，商业银行贷款和政府资金成为小企业最重要的资金来源，风险资本家则到了较晚阶段才扮演重要角色，但是一旦申请成功，即可从其获得大部分资金资助。

伦德维尔和巴蒂斯（Lundvall K，Battese GE，1999）提出技术创新会对企业成长产生很大的影响。通过对不同产业中企业技术改进与企业年龄、成长关系的研究，他们认为企业的规模（而不是企业年龄）与技术效率存在高度正相关性。

希特等人（Hitt MA，Ireland RD，Hoskisson RE，2012）的研究认为，不确定性和变化无常等市场竞争新环境在不断改变着竞争基础，技术学习在企业取得竞争胜利方面起着关键作用，因为技术学习与企业发展、维持和开拓动态核心竞争力的能力密切相关。

艾伦和罗宾（Allan Macpherson & Robin Holt，2007）对知识与小企业成长的经验研究进行了系统评述，认为信息网络方便企业间知识的传播和学习，而知识的传播和学习又反过来规定了企业的成长边界和成长轨迹，因此相关企业之间的联系应被看作影响企业成长的一个关键因素。

国外还有许多学者从构成企业成长要素的状况来判断企业成长状况，如规划控制系统（Tushman & Anderson，1986）、技术创新系统（Nelson，1987）、顾客价值、竞争差异化（Barney，1991）、变革响应力（Amit & Schoemaker，1991）、组织学习（Ikujiro Nonaka，1991）、明确的主营领域、资源杠杆（Milind. M. Lele，1992）、内部激励系统（Nordhaug，1993）、关系和网络（Casson Mark，1995）、组织惯例（Stephen P. Robbins，1996）、市场远景（Grant，1996）、延展性（Oliver，1997）、核心技术的产品繁衍（Meyer & Lehnerd，1997）等。对于上市公司来说，企业成长与其资本结构和企业运行信息披露程度密切相关。

罗伯特·伦辛克等人（Lensink R，Steen PV，Sterken E，2005）运用荷兰1097家企业的相关数据考察了企业成长与不确定性之间的关系，研究发现，销售不确定性对不同类型的投资决策都会产生消极的影响，劳动用工环境的变动也会对销售产生消极的影响，销售不确定性与企业成长概率之间存在正相关性。外部市场环境的不确定性也是高科技产业和科技型中小企业的一个重要特点，因为经常技术创新性很强的产品，并不总是能得到市场的认可，市场的变化往往不是企业所能掌握和预测的，从这个意义上来说，外部环境的不确定性对高技术企业的发展有着重要的影响。

科伦坡和格雷利（Colombo MG，Grilli L，2010）对 439 家意大利新建高科技企业（包括制造业和服务业）进行了经验研究，考察了创业团队的人力资源与风险投资对企业成长的影响。研究发现，对于没有风险投资支持的企业，企业潜能与创业者能力相联系的能力基础论可以得到证实，然而，一旦高新企业获得了风险投资，以上关联将不复存在，风险投资将发挥一种指引的职能，而不是守望的职能。

我国学者关于企业成长理论的研究兴起于 20 世纪 90 年代初。

张春霖（1996）认为，现代企业组织的成长过程可从企业规模扩张、资本所有权与经营权分离、内部管理层级制形成三个过程把握。

杨杜（1996）对彭罗斯（Penrose）的企业成长理论加以发展，提出了"经营资源"和"多样化经济"两个新的概念。他认为企业是一个具有多种不同特性资源的集合体，企业成长是在竞争和企业内部未利用资源这两种根本推动力下的不断增长的过程；企业成长过程既是经营资源的蓄积、扩张过程，也是其结构调整和特性革新的过程。从规模与业务范围探讨企业成长理论，深化了彭罗斯的企业成长理论，提出从经营资源的数量、性质、结构和支配主体特征四个侧面来考察企业成长，着重分析了构成企业成长理论核心的规模经济、成长经济和多元化经济，以及它们的结合体——复合经济；认为人、财、物、信息等企业进行经营活动所必需的能力或要素的总体，是企业的生产要素。他认为企业的长期发展过程是一个由原始多元化、小规模生产到专业化大规模生产，再到多元化持续成长的过程。

傅红岩（1998）摆脱对国外理论的引进与评述，转而从某一侧面较为深入地研究企业成长现象，将"环境决定论"作为逻辑前提，强调企业成长所需的竞争环境。

赵晓（1999）从经济学角度对企业成长问题做了进一步研究，其研究突破了彭罗斯分析企业成长的"管理能力"单维分析框架，提出了一个关于企业成长的外部规制结构、内部治理结构以及市场—技术结构的三维分析框架，并就此框架对企业成长史作了一个较为完整的应用型分析，他给出的企业成长三维分析框架明显扩宽了企业成长研究的视野，甚至在一定程度上弥补了国外企业成长理论的某些不足。

蔡宁、陈功道（2001）认为，对中小企业的成长性研究主要有两种思路：一是建立成长阶段模型来研究中小企业的成长过程，通过研究中小企业在不同阶段所具有的主要特征来说明中小企业从一个阶段向另一个阶段发展应具备的条件和驱动因素；但成长阶段模型带有一定的主观性，而中小企业的实际成长过程带有连续性，很难进行阶段划分；即使中小企业的成长具有阶段性，其成长阶段间并不存在必然的因果联系，故而，越来越多的学者更倾向于通过对影响中小企业成长的各种因素进行综合性分析来研究中小企业的成长。

韩福荣、徐艳梅（2002）进行了企业仿生研究，认为成长是企业的最终目标，企业只有保持成长，才能延长寿命。企业成长是量变与质变相结合的成长，是量的增加与质的变革与创新的结合。企业成长是企业进化在一个有限时间段内的具体表现，企业成长是企业进化的隐性形式。

周三多、邹统钎（2002）将企业的成长历程归结为专业化、多元化和归核化三个阶段。

郭国庆（2003）对我国的民营高科技企业的企业特性和民营企业创业发展的全过程及其成长现状进行分析后，总结出了我国民营高科技企业的五种成长模式：（1）专业化成长模式；（2）网络化成长模式；（3）全球化成长模式；（4）联结成长模式；（5）产业成长模式。民营高科技企业在不同的成长阶段需要选择不同的成长模式，其发展依赖于内部成长模式的正确选择和外部环境的优化，民营高科技企业必须结合自身特点和市场前景选择切合企业实际的成长模式或者模式组合，许多成功的民营高科技企业的成长模式都是以上五种成长模式的某一种为主导，或者有机地结合其他四种成长模式。

黎志成、刁兆峰（2003）认为，企业成长取决于企业在未来一段时间内实现量的扩张和质的提高的能力与潜力，决定于企业发展的可能性和发展程度。它不是指有利于企业成长的各个因素即企业成长的促进力，而是指企业成长的促进力（动力）和抑制力（阻力）的合力所可能产生的推动企业发展的能力、能量和发生的作用。企业成长与由促进力和抑制力组成的合力具有同向变动的函数关系。

林汉川等（2004）认为企业的成长性可从质和量两方面来描述：质的成长是企业素质的提高；量的成长意味着企业规模扩大以及企业组织能量上的增加，可从专业化生产、多元化经营、集团化组织和国际化市场四方面衡量。因而，企业成长是量的增长和质的提升的统一，且只有量的增长积累到一定程度，才会带来质的提升；质的提升包括三个方面：（1）企业生产过程的技术与产品创新，如劳动者素质、生产设备的更新和改造、工艺技术的革新等；（2）组织结构、经营制度和管理方法的创新；（3）塑造出更加优秀的企业文化。可见，质的提升意味着企业作为一个整体系统效率的提升和开发能力的增强，实现少投入、多产出，企业实现销售收入与利润能力的增强。而量的成长表现为企业规模的扩大以及企业组织功能在能量上的增长：技术趋于成熟、走向专业化；企业规模增大、市场开拓力度扩大、规模效益。而企业增长指某一指标与上期同比增加，常用增长率表示（吴世农、李常青和余玮，1999）；关注企业某一方面的当期与基期的变化、侧重局部指标量的增长能力。增长性可在一定程度上反映企业的成长性，成长性评价包含主要指标增长性的度量；但成长性并非是某些指标增长率的简单汇总，不少具备高增长率的企业，由于难以实现良好的协同发展或与外部环境不能实现高效持续的信息与产品的交换，成长性不足。一个成长的企业应表现为质与量的同时成长：具备较好的成长潜力（表现为企业竞争力的增强、管理改善）；发展指标向好（表现为企业业绩上升、盈利能力增强）。

李维安（2005）认为追求企业价值最大化是企业生存和发展的内在动力，企业不断成长和壮大是企业孜孜以求的永恒目标，而企业活力评价指标体系的主要内容是成长性评价。主要从企业盈利能力和发展能力两个方面评价企业的成长状况，以财务指标为主。

李柏洲等（2006）认为，企业竞争力是显性的静态的企业成长性，可以用利润总额、销售收入总额、市场占有率等指标来表达。财务的增长能够体系企业为技术开发提供支持的潜力，可用近三年的平均利润增长率和股东权益增长率来表示。

杜运周、任兵、陈忠卫、张玉利（2008）从先动性企业面临更高的合法性约束、以及制度学派认为 ISO 质量认证体系是为获取企业合法性目的出发，用我国情境下大样本检验了中小企业对 ISO 认证的认识，及先动性、合法性与企业成长的关系。研究结果支持了合法化与中小企业成长绩效正相关，也支持了 ISO 认证作为合法性测度指标的合理性。研究发现，合法性在先动性与中小企业成长关系间起部分中介作用，从而整合了创业导向理论与制度合法性理论，揭示了先动性创业导向向企业成长绩效转化的中介过程。

吕一博、苏敬勤（2011）构建了"成长动机—成长能力—成长基础资源—成长机会"四要素的中小企业成长影响因素分析模型，认为企业的成长是通过不确定性的降低获取资源的超额经济租金实现，基于此，提出了从不确定性的来源及企业降低不确定性的途径构建企业成长的影响因素来源分析框架。认为中小企业主要存在三种降低不确定性的途径：（1）以资源聚集所产生的相对规模优势降低经济系统中普遍存在的不确定性；（2）企业家敏锐的洞察力和高效的决策力会降低相对的外生不确定性；（3）企业创新行为会创造出相对内生不确定性的降低。

总之，企业拥有的资源状况决定企业能力，企业能力决定了企业成长的速度、方式和界限，创新能力对企业成长起重要作用，产品创新和组织创新均是企业成长的推动因素（Penrose，1959；汪良军，2007；吕一博等，2008）；企业规模（Blank & Stigler，1957）、管理者素质、企业内在素质和业务发展战略范围是决定中小企业成长的重要因素（Storey，1994；黎志成，2003）；有学者通过调查问卷的方式，验证了所有者年龄和职业素质、合作者状况、产品市场战略等因素会对企业成长产生影响（Barkhma et al.，1996）；企业生命周期、规模或所有制（Konings，1997）、外部融资约束、法律制度等也是影响企业成长的因素（Ari Hyytinen & Mika Pajarinen，2002；Thorsten，2002）；近年来，学者们从更全面、更综合的角度分析企业成长性，包括：企业自身的竞争能力、任务环境、成长资源与机制、创新能力、政府支持管理、产业集群、发展模式等（陈业华等，2010；霍国庆等，2011）。

2.2　中小企业成长可能性

20 世纪 60 年代以来，针对不少国家因盲目追求规模扩张、兴办大公司而带来的一系列严重的社会经济问题，西方学者开始反思企业的适度规模问题，通过实证研究，他们发现"规模经济"不仅可以在大型企业实现，也可在中小企业获得，从而进一步提出了依靠市场机制、充分利用本国资源、重视和发展中小企业的理论和主张。

美国经济学家施蒂格勒（G. J. Stigler，1958）通过大量的实证分析得出结论：某一行业的最佳企业规模通常是一个区间而非一个点，企业长期平均成本曲线是"碟型"而非"U 型"，因此，在任何特定的行业里，若某种规模的企业在市场竞争中能生存下来，便可认为此种企业规模就是有效率的。据此，施蒂格勒提出了经典的"生存法则"，即企业的最佳规模可以在一个相当大的范围内实现，凡是在长期竞争中能够得以生存的规模，都是企业的最佳规模。为此，中小企业同样可达到最佳规模，得以生存、成长和发展。

发展经济学的杰出代表、英国经济学家舒马赫（Schumacher，1973）在其名著《小的是美好的》中，在批判传统大工业对自然生态环境的破坏的基础上，探讨未来社会人与自然的和谐、美好，揭露了发达国家资本密集型、资源密集型的大企业组织存在的三个方面缺陷，即专业化、大型化生产所造成的自然资源浪费，经济效率和生产力减损，以及环境污染与资源枯竭。他认为，小规模企业对自然环境污染小，就整个社会来讲是高效的。主张"大众生产而不是大量生产"，利用中间技术，大力发展中小企业。

未来学家阿尔温·托夫勒①在其《第三次浪潮》中，从科学技术的角度，认为随着工业群体化社会的崩溃，社会生产、交换和消费活动，将趋于小型化和多样化；人们逐渐认识到，被过分夸大的经济，其范围毕竟有限，大公司现在纷纷寻找缩小工作范围的方法；未来中小企业将有很大的发展，提出"大中有小才美好"。

鉴于外源融资是一把双刃剑，虽有助于解决创业者的资金短缺"瓶颈"，却稀释了其所有权与控制权，需要在二者间进行合理权衡。中小企业有时有机会获得外部资金，但因不愿企业控制权被稀释而甘愿放弃融资发展的机会。戴维森（P. Davidsson，1989）运用瑞典中小企业的业主管理者样本，实证分析了中小企业成长过程中"预期经济回报"和"独立增长"两个最重要的因素，发现在企业规模扩张与独立成长相冲突时，所有者更加倾向于保持企业的独立性、不愿控制权被广泛稀释。克雷西（Cressy，1995）、奇滕登（F. Chittenden et al.，1996）、克雷西和奥洛夫松（Cressy & Olofsson，1997）先后分析了"控制厌恶"（control aversion）概念，认为中小企业主的内心是排斥被外部控制的，仅由于成长需要而被迫接受外部投资者的干预，故在接受外源融资之前可能已放弃了许多融资机会。

伯格伦等人（B. Berggren et al.，2000）认为，控制厌恶会影响企业与外部投资者之间的工作关系，他们运用281家雇员人数不超过200人的瑞典中小企业样本数据通过建立非线性的结构方程，分析了技术发展、财务压力、雇员增长率和企业规模等因素对控制厌恶的影响，发现企业投资于新机器和新技术的需求越大、企业财务状况越差、企业雇员数量增加越

---

① 阿尔温·托夫勒. 第三次浪潮［M］. 北京：生活·读书·新知三联书店，1984.

重要、企业规模越大，就越易于克制控制厌恶、就越倾向于使用外部融资；企业越倾向于外部融资，就越有可能从银行获得贷款融资。因而，一些业绩较好的中小企业由于担心控制权丧失，在成长过程中并不完全遵循常规的融资次序，而表现为一种"被截断的形式"，即在任何供给条件下中小企业都有可能拒绝考虑某些特定类型的融资方式。

谢弗等人（D. Schäfer et al.，2006）针对中小企业建立了一个内生资金约束的道德风险模型，预测更高来自父辈遗产的自有资金比率可缓解资金约束、从而提高了企业生存的可能性，并基于德国 1984～2004 年的中小企业数据进行了验证。卡萨尔和福尔摩斯（G. Cassar & S. Holmes，2003）基于澳大利亚中小企业数据进行经验分析，发现资产结构（asset structure）、盈利性和增长性是中小企业融资选择的重要决定因素，最终结论支持了静态权衡（static trade-off）和融资顺序理论。

霍尔等人（Hall et al.，2004）针对中小企业的资本结构，特别提出了有关企业长短期债务的几个假设：（1）利润与长、短期债务均呈负相关；（2）增长率与长期债务负相关，与短期债务正相关；（3）资产结构与长期债务正相关，与短期债务负相关；（4）规模与长期债务正相关，与短期债务负相关；（5）企业年龄与长、短期债务都是负相关的。他们基于比利时、德国、西班牙、爱尔兰、意大利、荷兰、葡萄牙、英国等国 4000 家中小企业（每个国家 500 家企业）的数据进行的经验研究发现，尽管国家间存在一定差异，但上述假设均基本得到研究结论的支持。

很多学者从不同角度来研究企业成长的影响因素，试图揭开影响企业成长决定性因素的真正面纱。从手工业阶段的分工和专业化程度因素到机器大工业阶段的企业规模、企业能力（Penrose，1959），再到知识经济阶段的公司核心能力（Prahalad & Hame，1990）、组织学习（Ikujiro Nonaka，1991；Lucy Firth & Dacid Melor，2000）等，企业成长性的决定因素呈现出在不同时期不断变化的趋势。纵观国外学者们的研究成果，企业成长的因素按范围可分为外部因素和内部因素。外部因素主要有：产业性质和产业演化（Michael E. Porter，1980）、金融制度环境（Beck & Thorsten，2002）、地理环境（Krugman P.，1991；Yujin Hongjo，2004）；内部因素主要有：企业的经营规模（Hart P. E & Oulton N.，1996）、企业年龄（Dune P，1994；Shanmugam，2002）、企业技术创新能力（Nelson，1982）、公司学习能力（Ikujiro Nonaka，1991；Lucy Firth & Dacid Melor，2000）等。显然影响企业成长的因素是纷繁复杂的，难以取得一致。有趣的是，即使对同一个因素而言，是正向还是负向影响企业的成长，学者们的研究也存在分歧。

欧阳峣等人（2009）认为，目前国际学术界关于中小企业融资的研究文献总体上看是比较分散的，尚未形成一个统一的理论体系与分析框架，也缺乏一致的概念基础。总的来看，在 20 世纪 80 年代中期以前，国外关于中小企业融资问题的研究非常少，传统的资本结构理论几乎把所有注意力都投向大公司，政府和社会大众尚未充分认识到中小企业整体重要作用，而大公司的发展较成熟、更加引人注目，其数据相对丰富，为研究者提供了便利；80 年代中期以后，随着美国"新经济"及高新技术产业的兴起，各国政府和社会各界都开始关注中小企业的发展问题，关于中小企业融资研究的文献日渐增多；《小企业管理杂志》（*Journal of Small Business Management*）（1971 年创刊）、《企业风险杂志》（*Journal of Business Venturing*）（1985 年创刊）、《小企业融资杂志》（*Journal of Small Business Finance*）（1989 年创刊）、《小企业经济学》（*Small Business Economics*）（1991 年创刊）、《创业与小企业融资杂志》（*Journal of Entrepreneurial and Small Business Finance*）（1996 年创刊）、《创业融资与企业风险杂志》（*Journal of Entrepreneurial Finance and Business Ventures*）（1996 年创刊）、《风险资本：创业融资国际杂志》（*Venture Capital：An International Journal of Entrepreneurial Finance*）（1999 年创刊）、《企业家与创新管理国际杂志》（*International Journal of Entrepreneurship and Innovation Management*）（2001 年创刊）、《企业家与小企业国际杂志》（*International Journal of Entrepreneurship and Small Business*）（2004 年创刊）等专业性的学术期刊不断涌现。当前的中小企业融资研究大都基于实际企业数据，用计量经济方法来证实或证伪传统融资理论的命题，但国外理论分析和经验考察中所运用的方法、得到的观点、提出的对策建议，值得借鉴。

而国内关于中小企业发展的政策和服务体系的文献，阶段性比较明显，侧重点和活跃程度与政府政策导向密切相关。可划分为：（1）1980 ~ 1988 年。研究重点是中小企业发展政策和服务支持体系，主要探讨采取何种政策才能帮助中小企业找到适合自己发展的道路。（2）1989 ~ 1992 年。研究重点由最初笼统的探讨发展道路转向中小乡镇企业、技术创新机制和维护市场机制方面，将中小企业发展与产业发展结合起来。许多文献倡导为了维护市场机制，维护公平竞争，就必须支持中小企业发展。（3）1993 ~ 1998 年。与政府"抓大放小"政策相呼应，国内研究主要着眼于怎样通过政府支持体系和法律支持体系增强中小企业的活力。对于中小企业发展的政策支持和服务支持体系的研究讨论明显比以前活跃，观点也逐渐走向成熟。主要从科技体系、信贷支持体系、政府职能转变、体制创新等方面提出建立支持我国中小企业发展的服务体系和政策体系的框架。（4）1999年至今，文献研究的细化时期。1999年通过的《宪法修正案》规定："在法律规定范围内，个体经济、私营经济等非公有制经济，是社会主义市场经济的重要组成部分"，实际上赋予了中小企业重要的法律地位。2000年国家经贸委颁布了《关于鼓励和促进中小企业发展的若干政策建议》，特别是2003年1月1日，中国第一部关于中小企业的法律《中华人民共和国中小企业促进法》出台，从立法上支持了中小企业的发展。总体而言，国内研究支持中小企业发展的政策与服务体系的文献，基本是从研究国际经验开始的。（1）随着中国经济的发展，中小企业的重要性越来越受到社会各界的关注，针对中小企业发展的政策支持体系问题逐渐成为学术研究的一个热点。（2）中国中小企业发展支持体系研究文献显著地表现为从国外到国内、从宏观到微观、从理论到实证的演变路径。（3）现有的中小企业发展支持体系研究文献已经出现了专业化的趋势。在研究的分工和专业化达到一定程度之后必然会出现一次较大的整合，将以往的知识结构整合在一起，形成一个新的分析范式、分析框架或分析方法。

鲁德银、蔡根女等（2003）研究了中小企业成长中的企业制度变迁，他们用比较平均数和方差分析的方法分析了湖北省国有中小工业企业制度变迁对中小企业成长的贡献。

鲁德银（2004）分析了中小企业成长的机制，认为中小企业能够成长，在于它独具竞争优势、善于从不完全的和细分的市场中寻找成长机遇，具有规模经济的活力，中小企业通过节约交易费用和组织管理费用而获得发展，借助于技术创新和技术扩散实现成长。

潘镇、鲁明泓（2003）通过对324家中小工业企业的问卷调查和重点企业的访谈，研究了中小企业成长战略选择的决定因素。他们认为赢利能力、财务资源、产品质量水平、人力资源状况、自我研究和发展能力与公共议价能力等资源因素，对企业成长战略的选择会产生重要的影响。

仇保兴（1999）从集群的角度分析了企业间的相互关系对小企业生存与发展的影响，认为小企业集群是一群自主独立又相互关联的小企业依据专业化分工与协作建立起来的组织，结构介于纯市场和层级组织之间，比市场稳定、比层级组织灵活。基于此，小企业间可建立长久的、不一定需要以契约（主要通过信任与承诺）维持的交易合作关系。地方政府应建立：中间产品市场体系、融资网络系统、外销网络、技术创新支持体系、质量调控体系五大支撑体系，有效地扶植小企业的发展。

宋来、常亚青（2008）认为，中小企业成长性是中小企业在持续经营中获得企业价值可持续增长的能力，强调在转型期外部变量与内部变量同样重要，必须考虑到中小企业成长的制度环境、政策环境和市场环境对中小企业成长性的影响。他们从建立企业价值增长决定模型出发，研究和分析了决定中小企业成长性的三个外生变量（包括市场环境、产业环境、风险）和六个内生变量（包括融资成本、技术创新能力、企业家才能、企业制度安排、规模经济潜力、多元化水平）。原因在于：任何企业的成长都会受到内外部因素的影响，从而表现出不同的成长路径与速度；加之，对中小企业成长性的研究主要思路有两种：运用企业生命周期理论、建立企业成长阶段模型，研究中小企业不同成长阶段的主要特征和实现成长所具备的条件；而更多的则是通过对影响中小企业成长性的各种因素进行综合性分析，研究中小企业的成长的决定因素，这是基于中小企业的成长具有连续性、成长阶段间并不存在必然的因果关系的原因。

邬爱其、贾生华等（2003）在对企业生命周期理论和企业成长决定因素理论进行梳理的基础上，介绍了两者融合而成的企业成长阶段决定因素理论，并指出企业成长会呈现典型的阶段性特征，决定成长的主要因素在不同阶段具有不同权重的影响。

徐根兴、陈勇鸣（2005）在《民营企业加速发展期的运行方式》中，对于民营企业加速发展的条件与机遇、资源约束下的生存方式、制度约束下的运行方式、在促进社会和谐中实现健康成长、生命周期与成长管理、换代危机、资本运营的博弈智慧与运作规范、利益分享机制、人才管理等问题进行了系统阐述，为深入研究中小企业发展问题提供了一个良好的研究分析视角。

张炳申等人（2003）认为，将中小企业看作企业成长过程中的阶段性形态，是一个动态的发展过程，在这一过程中，中小企业要经历几次制度'蜕变'，每一次蜕变都要面临生与死的考验，都是一次惊险的'再生'"，故而"死亡率"高。

2.3　企业成长性评价指标

评价是人类的一种认识活动，旨在揭示客观世界的价值[①]。企业评价的早期研究主要是企业经营业绩评价。业绩评价是按照企业目标设计相应的评价指标体系，根据特定的评价标准，采用特定的评价方法，对企业一定经营期间的经营业绩做出客观、公正和准确的综合判断。为了适应企业管理的发展，业绩评价先后出现了四种模式：成本模式、利润模式、价值模式和战略模式。企业成长性评价虽不同于企业绩效评价，但同绩效评价一样，成长性评价也包括评价主体、评价客体、评价目的、评价指标、评价标准、评价方法等评价要素。

目前对于企业成长性评价的研究，主要集中在评价指标体系的设计和评价模型的构造两个方面。

采用单一指标（单变量）评价的代表性文献如表 2 - 1 所示。

表 2 - 1　　　　　采用单一指标（单变量）评价的代表性文献

指标项目	研究对象、结论	文献来源
营业收入增长率	102 家深圳股票交易所中小板上市公司 2007 年度数据；研究公司成长性与盈利能力、现金流量能力、财务杠杆、偿债能力、股本扩张能力、财务风险、资本规模、代理成本的关系	沈海平，吴秋璟. 中小企业成长性影响因素分析——基于中小板上市公司面板数据的实证研究［J］. 金融发展研究，2010.
销售额的变化率		Calvin M Boardman, Jon W Bartley, Richard L Ratliff. Small business growth characteristics American Journal of Small Business. 1981.
净销售额增长率	来自 18 个欧洲国家的 754 家企业 2003 ~ 2007 年的数据；发现 R&D 强度对企业的成长性有显著正向推动作用	Juan V. García - Manjón，M. Elena Romero - Merino Research，development，and firm growth. Empirical evidence from European top R&D spending firms. Research Policy. 2012.

---

① 冯平. 评价论［M］. 北京：东方出版社，1995：31.

指标项目	研究对象、结论	文献来源
营业额增长率和员工数量增长率	1691 家威尔士中小企业；发现不同成长速度的中小企业的盈利能力存在差异	James Foreman-peak，Gerry Makepeace and Brian Morgan. Growth and Profitability of Small and Medium sized Enterprises：Some Welsh Evidence Regional Studies. 2006.
员工数量增长率	研究了不同企业成长率与其规模、年龄等因素的关系；控制企业的规模和年龄变化后，企业的成长率近似表现为一个随机游走过程	Alex Coad and Werner Holzl. Firm growth：empirical analysis The Papers on Economics and Evolution. 2010.
净资产增长率	38 家中小企业板上市公司 2004 年数据；得出了中小企业成长性与公司盈利能力、融资能力和资本结构、核心能力指标、公司治理、公司资本规模、行业变量、地域变量的关系	王怡. 中小企业板上市公司成长性影响因素研究［D］. 西南财经大学硕士论文. 2007.
企业资产的净增长	A statement of enterprise growth would summarize the financial transactions which give effect to the balances recorded in the equity accounts.	R. K Mautz. Accounting for enterprise growth The accounting review.（January 1950），P. 85.
总资产增长率	34 家在深沪市场上市的中小型企业 2001～2004 年数据；企业成长率与企业规模、长期负债率、短期负债率、第一大股东占总股本比例等因素的变动关系	吴业春，王成. 中小企业成长性因素模型的实证研究［J］. 特区经济，2007.
修正的市净率 =（上年末的收市价）/（上年度调整后每股净资产）	123 家沪深证券交易所高科技上市公司 2004 年的年报数据；运用因子分析法找出了影响高科技上市公司成长的各影响因子，进一步分析了各因子对公司成长性的作用	黄江红. 我国高科技上市公司成长性的实证研究［D］. 江苏大学硕士研究生毕业论文. 2006.

　　早期的关于企业成长的研究认为企业成长仅仅是规模的扩大，因此最早的关于企业成长的评价主要是关于规模方面的评价的。企业的规模（Firm size）有很多测定的方法：福特等人（Ford & Slocum et al.，1977）

认为企业规模的测定有两种方法：（1）企业组织的规模（size of organization）；（2）企业组织的领域范围（Organization's domain）。

盖弗等人（Gaver & Gaver，1993）的研究表明，市净率（MB）可以衡量企业未来的增长。该比率越大，表示投资者越看好公司未来的成长机会，其预期报酬率将会比现有权益的必要报酬率高，从而会反映在较高的市价上。

为了考察企业成长率是否受企业生命周期、规模或所有制的影响，柯尼斯（Konings，1997）[5]用如下方程估计企业的成长性：

$g_{it} = a_0 + a_1 + \ln(ei_{t-2}) + \ln(age_{it}) + a_3 own_i + bz + \mu_{it}$。其中，$g_{it}$代表企业 i 在时间 t 的成长率（雇员人数增长率）；e 代表雇员人数；age 代表年龄；own 代表企业所有制性质（虚拟变量）；z 是其他影响企业成长因素构成的向量，包括企业面临竞争对手的数量（范围）、企业联合、产业、国家和时间等虚拟变量；研究中，为避免内生性问题，对雇员人数采取了滞后方法。

金伯利（Kimberly，1976）提出在选择企业成长性评价指标时要考虑样本企业所处的行业（或部门）：评价资本密集型的制造业企业时，资产额是一项理想的指标；而对于劳动密集型的服务业来说，以雇员数为评价指标则更为合理。

库珀（Cooper，1977）认为企业的成长是与社会文化、管理者的个性特征、企业信息网络、资源交换、人口生态及经济的发展状况相联系的，强调管理者的个性特征对企业的成长会产生很大的影响。

汉密尔顿等人（Hamilton et al.，1992）运用 67 家新西兰企业的 11 年数据，分别按照销售收入、每股盈余、分红、资产的时间序列进行 OLS 回归分析得到的斜率系数大小，发现分散经营与企业成长存在显著正相关，但使用了相同样本公司的瓦拉达扬等人（Varadarajan et al.，1987）却未发现此种关系的存在，他们认为造成此种差异的原因可能在于：企业成长的界定标准不同、成长性评价的方法不同。通过考察不同界定标准与评价方法对研究结果差异的影响程度后认为，以销售额增长来度量企业成长性有诸多优势。

国外关于企业成长性的评价，主要是基于美国华尔街企业评价指标体系和日本企业评价指标体系。这两种指标体系是众多指标体系的代表，其权重和标准值的数值是通过大量的调查和实证研究得出的，见表 2 - 2、表 2 - 3。

表 2 - 2　　　　　　　　　美国华尔街企业评价指标体系

评价指标	权数
流动比率	0.25
自有资产对负债比率	0.25
自有资产对固定资产比率	0.25
固定资产周转率	0.1
应收账款周转率	0.1
存货周转率	0.1
自有资本周转率	0.05

资料来源：梁洪海. 多角化成长模式下的中小企业成长性评价［D］. 大连：大连理工大学，2005.

表 2 - 3　　　　　　　　　日本企业评价指标体系

指标属性	指标	权数（1/300）	标准值
稳定性	流动性	20	150
	自有资本率	20	40
权益性	总资本经常利润率	50	10
	销售额经常利润率	50	4
	资本利润率	20	50
周转性	应收账款周转率	10	6
	存货周转率	10	6
	销售额周转率	20	15
成长性	人均销售额增长率	20	15
	经常性利润增长率	20	10
	人均经常利润增长率	20	10
企业活力	董事平均年龄	20	52
	职工平均年龄	20	29

资料来源：梁洪海. 多角化成长模式下的中小企业成长性评价［D］. 大连：大连理工大学，2005.

戴维森等人（Davidsson et al. , 1997）对资产额、雇员人数、市场份额、产出量、利润额和营业收入等可能的成长性评价指标进行了归类，认为营业收入指标操作简便、适用于所有类型的公司、不受行业资本密集度与一体化等因素的影响，是反映企业成长性的最为广泛的指标（Davidsson & Wiklund，2000），但其缺点是易收到通货膨胀与汇率变化的影响。

有学者认为，雇员人数的增长是评价中小型高科技企业成长的更加直接的指标（Churchill and Lewis，1983；Greiner，1972），其缺点是会受到劳动生产率提高、机器和人工替代关系等因素的影响：科技型中小企业和高成长性企业可以在产量和资产大幅度增长的同时，并不增加任何员工。因而，以员工作为指标来衡量企业成长性，尤其是科技型中小企业的成长性，存在很大不合理之处。

里克等人（Rik et al.，1997）在总结了55篇相关文献后归纳了五种常被使用的企业成长性评价指标：市场份额、企业能力、固定资产状况、产量（或销售额）和企业的雇员人数。各自的缺陷是：市场份额与企业能力在很大程度上取决于管理者对企业的期望，带有一定的主观性；固定资产状况主要适用于制造企业等资本密集型企业；以企业的雇员人数来评价中小企业的成长性尚有需商榷之处：在没有充分确认市场的变化之前，企业一般不会轻易地增减雇员；企业也可能通过提高劳动生产率、机器和人工替代关系、采取外包的经营手段等来满足企业成长的需要。

温兹曼等人（Weinzimmer et al.，1998）通过回顾JSBM等十种杂志1981～1992年关于企业成长性评价的相关文献发现，以销售收入、员工数量、总资产规模的增长率度量成长性，尝试多种企业成长性的测算方法，以48个产业的193家美国企业1987～1991年的季度数据，研究公司外部环境、管理层战略等对企业成长性的影响，但因成长性测算方法不同，即便使用相似的样本，不同学者仍然得出了不一致的结论。

德尔玛等人（F Delmar et al.，2003）基于5540家瑞士中小企业数据，以员工数量和销售收入增长绝对值、相对增长率和自然增长率（organic growth）度量成长性，发现中小企业的成长率高低与其自身的年龄、规模和行业分布密切相关。

戈什等人（Ghosh et al.，2001）对1995～1996年新加坡最为成功的中小企业的关键成功因素进行了分析，他们认为成功的6个主要因素是强有力和负责任的管理队伍、强健的有抱负有能力的领导班子、采取适当的战略途径、能够识别和细分市场、能够发展与持续增长的能力和良好的顾客关系。

凯凯迪（Kakati，2003）用聚类分析法对27个经历过科技型中小企业投资成功和失败的创业资本家的投资评价标准进行了研究，发现企业家素质、以资源为基础的能力、竞争战略是企业生存和发展的决定因素；成功的企业家通过发展多种资源为基础的能力来支持多种战略，以推进其产品进入市场；与竞争对手相比，是企业满足客户独特需要的能力而非独特的产品使企业走向成功。

我国学者对企业成长性评价的研究，也主要集中在评价指标体系的设计和评价模型的构造两个方面。大多强调企业的成长过程是一个企业内部系统功能从不成熟走向成熟，企业素质不断提高，企业产品规模和组织规模从小到大不断发展和变化的过程。而中小企业成长性则是中小企业在持续经营中，不断优化企业内外资源配置效率、实现规模增长与效益提高、获得企业价值持续增长的能力（宋来、常亚青，2008）；高成长型企业不仅增长速度大于零，而且增长的加速度也大于零（荆浩、赵希男、从少平，2007）。

丛佩华（1997）认为，企业的成长性是企业在持续经营中，通过其生产要素与生产成果变动速度间的优化而获得的企业价值的增长能力。根据企业成长性的特征及其影响因素，分别按以下指标从不同侧面进行分析评价：净资产收益增长率；主营利润比例；主营收入与主营利润增长同步率；资本保值增值率；利润保留率；资本周转加速率。构建了企业成长性财务评价指标体系：主营利润比例、净资产收益增长率、主营收入与主营利润增长率、利润留成率、资本保值增值率、资本周转加速率。但指标选择未考虑指标间的交互影响，难以进行实证检验，故也就不能验证其实用价值。

惠恩才（1998）认为，上市公司成长性分析不同于业绩评价，不仅依靠历史数据和过去的经营情况，更重要的是应着眼于公司未来可能产生的变化，同时了解行业、市场乃至产品的变化趋势，因此是全方位的、动态的带有前瞻性的分析，为此应从基本因素和财务状况两方面进行上市公司成长性分析。

吴世农、李常青和余玮（1999）在总结国外研究成果的基础上，结合我国上市公司的实际情况，从理论上提出：（1）上市公司成长的真正含义是 ROE 大于资本平均成本和净利润增长；（2）影响成长性的五个关键因素是资产周转率、销售毛利率、负债比率、主营业务收入增长率和期间费用率。通过对 200 个样本进行多元线性回归，根据回归系数与费希尔二类线性判定系数间的关系，得出费希尔成长判定模型的估计结果，然后将上市公司的区分变量值带入判定模型，求出该公司的综合特征值，从而确定该公司是属于成长性公司还是非成长性公司，并运用 F 检验法进行了模型的有效性检验。

原国家经贸委等联合课题组（2000）提出了以企业实际财务指标为直接依据，建立了包括发展状况、获利水平、经济效率、偿债能力和行业成长性 5 大类指标的综合指标体系的专门评估成长型中小企业的方法——GEP 评价方法。运用二维判断法，从时间和空间两个维度同时考察企业的变动状况，充分考虑行业发展状况和企业在行业中所处位置，且使用评估期前三年的连续数据。尚增健（2002）延续了原经贸委联合课题组（2000）的研究，通过对我国中小企业的调查发现，成长型中小企业占全部中小企业的 30.42%。在成长型企业中，真正具有高成长性和渐进成长能力的企业不足 3.32%，96.68% 的企业集中在"缓慢成长"档次；同时发现，中小企业发展到一定水平、保有一定规模更具有稳定成长的优势；不同产业对"稳定成长的规模经营"的要求不同。

中国企业评价协会中小企业发展问题研究课题组（2000）提出了一种以企业实际的财务指标为直接依据专门评估成长型中小企业的方法——GEP 综合评价法。指标包括：（1）发展状况（销售收入增长率、净利润增长率、净资产增长率）；（2）获利水平（内在投资价值、总资产报酬率）；（3）经济效率（销售利润率、工业增加值率、资本收益率）；（4）偿债能力（资产负债率）与融资能力；（5）行业成长性（行业收入增长率）；（6）管理能力；（7）人力资源状况；（8）成长环境；（9）创新能力九类。兼顾了中小企业所处的行业地位与其发展态势，在方法上运用二维判断法来设立规范模型，从定性与定量的角度、时间和空间两个维度研究中小企业的成长性评价问题，从内外部两方面来评价企业成长性，考察企业连续发展的速度和质量。但未提出专门针对科技型中小企业的成长性评价方法，没有考虑指标间相关性的问题、未考虑指标贡献的重叠问题。

王向阳、徐鸿（2001）认为，判断企业成长性的标准应考虑：企业的行业应定位为朝阳或新兴行业；市场开发能力；以技术为支撑，以科研转化能力为动力，强调尖端科技的监管机制；管理的成长性；以主营业务为主，慎用多元化经营；建立完善与有效的融智与激智机制。

范柏乃、沈荣芳和陈德棉（2001）参照以往风险企业成长性评价研究的成果，设计了包括了"管理层素质""员工素质""产品技术特性"和

"市场销售能力"四大类 20 个测量项目（即 20 个评价指标）的中国风险企业成长性评价的问卷，对浙江、上海等地的 30 家风险投资公司和 60 家中小型高科技企业进行了问卷调查，采用定性指标进行主观分析，对问卷进行了信度和效度分析，得出了我国风险企业成长性的分层递阶评价指标体系，但对该评价指标体系缺乏实证检验，没有考虑资产结构、盈利能力、抗风险能力等财务指标。

陈泽聪、吴建芳（2002）采用：（1）盈利能力指标（每股收益、经营净利率、净资产收益率）；（2）偿债能力指标（速动比率、资产负债比率、负债权益比率、股东权益比率）；（3）资产负债管理指标（应收账款周转率、存货周转率）；（4）成长能力指标（主营收入增长率、净利润增长率、股东权益增长率、主营利润增长率、主营业务利润率、总资产增长率）指标，基于沪深股市 61 家小公司 2001 年的年报数据，计算得出反映公司成长性的 8 个综合因子和成长性综合排名。

陆正飞和施瑜（2002）认为，成长性既体现在反映经营成果（盈利能力）的财务指标上，又体现在反映财务状况（资本扩张能力）增长的财务指标上。他们基于投资者视角，探讨国内 A 股市场高科技和高成长上市公司与传统企业的财务评价指标体系的差异，通过问卷调查，得出了两类企业的成长性评价指标体系，运用 60 家样本公司（两类企业各 30 家）1997~2000 年度的财务数据进行了实证分析，验证了两类企业财务评价指标体系差异存在的合理性，认为差异主要源于不同特征导致了价值体现不同；成长性指标是最能体现"双高"企业高成长特征的财务指标；应为不同类型的企业设计相应的财务评价指标体系。

赵天翔和李晓丽（2003）探讨了高新技术创业企业成长性的评价指标和评价方法，认为影响企业成长性的主要因素有两个：资本扩张能力和盈利增长能力。资本扩张能力又下设三个具体的影响指标：总资产增长率、净资产增长率、持续可能增长率；盈利增长能力下设四个具体的影响指标：净利润增长率、销售增长率、主营业务利润增长率、主营业务收入增长率。

汪强（2003）以企业销售收入成长率、利润增长率、产值成长率、资金增长率、资本保值增值率、人员增加率和创汇增长率度量成长性；证明企业经营效率与成长性之间存在相关性。

张祥建、裴峰、徐晋（2004）以 2003 年"中证·亚商上市公司 50 强"为研究样本，从实证角度分析了核心能力与盈利性和成长性的关系。

根据"中证·亚商50强"评价指标体系，核心能力可分为四个子系统，即财务状况、核心业务、经营能力和治理结构，各子系统分别包含不同纬度和评价指标。实证结果表明，公司核心能力及其子系统是其取得较高盈利性和成长性的重要基础。

林汉川等人（2004）分析了我国中小企业成长的机制，认为企业的成长性可从质和量两方面来描述：质的成长是企业素质的提高；量的成长意味着企业规模扩大以及企业组织能量上的增加，可从专业化生产、多元化经营、集团化组织和国际化市场四方面衡量。

宋建彪（2004）探讨了如何建立中小企业成长性评价指标；从研究的可行性和紧迫性出发，讨论建立中小企业个体成长性评价的基本原则与内容体系，认为应当将财务指标和非财务指标相结合。其中，非财务类指标应当从产品技术、管理水平和外部资源三方面设置量化指标。

陈晓红等人（2004）提出了基于突变级数理论的中小企业成长性评价模型，建立了中小企业成长性评价目标体系，将评价指标分为财务指标和一般指标，用主营业务收入增长率、近三年平均每股净资产和每股净利润（每股收益）来反映公司的成长性，据此进行实证分析，对我国82家中小上市公司2003年度的成长性进行了评价和排序。

陈晓红、邹湘娟等人（2005）分别运用突变级数法和灰色关联度分析法（Grey Relation Analysis，GRA）对在2003年12月31日已上市的沪深股市82家中小上市公司的成长性进行了排名，研究了成长性排名与股票年超额回报率的变动关系，采用财务指标：（1）成长能力：主营业务收入增长率、近三年每股净利润平均增长率、近三年每股净资产平均增长率；（2）盈利能力：主营业务毛利率、近三年加权平均净资产收益率；（3）资产营运能力：每股经营性现金流、资产负债率、本期资产周转率。一般类指标：（1）市场预期：净资产倍率利润增长率与市盈率之比；（2）企业规模：资产总额、企业员工总数。通过建立回归模型检验两种方法评价结果的有效性，发现突变级数法不需对评价指标赋以权重，大大减少了人为主观性，使评价结果更加科学准确、有效性较高；但在评价中易出现最终评价值雷同现象。

李维安、张国萍（2005）主张以财务指标为主、从企业盈利能力和发展能力两方面评价企业的成长状况。

清华大学企业研究中心（2005）选取了三年主营业务平均增长率、三年利润平均增长率、三年资产平均增长率、三年资本平均增长率以及销售收入增长率和利润增长率趋势 6 项指标作为上市公司成长性评价的依据。

谢军（2005）分析了上市公司成长性的影响因素，发现企业成长性具有显著的行业特征，即使在考虑了企业规模、资产结构、财务杠杆以及股权结构的影响之后，行业因素仍然对企业成长性具有显著的影响。实证检验结果表明，企业规模对企业成长性具有显著的负面效应，固定资产投资和财务杠杆对企业成长性表现出较显著的积极作用；在股权结构的因素分析中，法人股比例对企业成长性具有最强的积极效应，流通股比例对企业成长性具有最强的消极效应，国家股比例介于两者之间。

郝臣（2006）认为，绩效指标主营业务收入增长率（MIGR）较好地反映了企业的成长性，适用于中小企业。

陈晓红等人（2006）运用 82 家上市公司样本数据，通过建立中小上市公司成长性评价指标体系，分别运用灰色关联度法（GRA）和突变级数法进行中小上市公司成长性评价，并对两种方法的结果进行非参数检验，比较得出两种方法的优劣。认为 GRA 方法优点在于思路清晰，使分析者能够充分利用所得到的信息，主要缺点在于主观性过强；突变级数法的最大优点在于无需对评价指标赋以权重、减少了人为主观性，缺点在于评价中容易出现最终评价值雷同的现象。

李柏洲等（2006）提出企业的成长性可由超过行业内企业平均寿命的持续性指标、以经济业绩与组织革新状况为标准的成长指标和以不断变革反映的成长性状态指标加以衡量，故认为可采用通过以层次分析法和权重的模糊层次综合评价法和熵权法确定权重的主成分投影法的评价结果再次赋权（各取 50%）形成的 β 系数调和法，作为中小企业成长性综合评价方法。

周志丹（2007）选用财务指标（定量）和非财务指标（定性）对 119 家宁波市高新技术企业，采用模糊数学评价方法对其成长性进行了评估。其中，财务指标包括：（1）发展状况：销售收入增长率、净资产增长率、净资产增长率、新产品产值率、出口产品产值占销售产值比重；（2）盈利水平：总资产贡献率、内在投资价值；（3）经济效率：销售净利润率、工资增加值率；（4）偿债能力：资产负债率、速动比率、利息保障倍数；（5）运营能力：应收账款周转率、存货周转率。非财务指标：（1）创新资源：企业管理质量、企业信用；（2）人力资本：管理者能力、员工素质；（3）技术创新：技术水平、工艺设备先进程度度量成长性。

贺远琼、田志龙等（2007）认为，通过问卷很难真实地获得企业关于

ROA、ROE、Tobin's Q 等战略管理领域常用的财务绩效指标信息，故选用销售额增长率、利润额增长率、市场份额增长率等问题来衡量企业经济绩效。

吕淑金（2009）将 BP 神经网络运用于企业成长性评价，运用 BP 神经网络建立中小企业成长性评价模型，利用 BP 网络的自适应、自学习的计算机制，通过网络训练将专家评价的知识、经验分布存储到网络权值中、自动调整权值，以减少人为设置权值的主观性。在指标选取上，运用层次分析法，构建了包括业务成长能力、盈利能力、资金运营能力、规模成长能力 4 大类 10 项指标组成的评价体系。

周志丹（2010）结合宁波市地理位置、经济特点，提出了针对地区特点的成长性评价体系，构建了具有经济发达地区特点、企业外向度较高、并注重社会效益考核和企业信用潜质考核的评估指标体系（NBGEP），从定量评估、定性评估及综合评估等方面构建了系统模型。其中，定量评估采用了二维判断法，定性评估采用了模糊评价法，综合评估模型是在定量指标实际分值与定性指标实际分值的基础上加入了产业调节系数和区域调节系数；运用通过调查问卷获取的 85 家企业的有效数据，测度了企业成长性及相应的名次。

刘金林（2011）参照国内外企业成长性评价研究结果，在筛选创业板上市企业成长性评价指标的基础上，结合我国创业板首批上市的 28 家企业的运营数据，采用因子分析法构建了我国创业板上市企业的成长性评价指标体系，选取 20 个 3 年年均财务指标包括：营业利润率、净资产收益率、成本费用利润率、内在投资价值、利润留存率、流动资产周转率、总资产周转率、资产负债率、流动比率、总资产报酬率、净利润增长率、总资产增长率、净资产增长率、每股经营现金流量、每股公积金、市场占有率、主营业务收入增长率、全员劳动生产率平均值、人力资产收益率、无形资产占比 3 年增长率；从成本获利能力、资金运作与扩张能力、成长潜力等七个方面，对 28 家企业成长性进行了综合性评价。

黄倩（2011）选取了：（1）技术创新能力：技术开发投入比例；（2）盈利能力：营业收入净利率、平均净资产收益率、总资产报酬率；（3）偿债能力：资产负债率、流动比率、速动比率、现金比率；（4）营运能力：总资产周转率、应收账款周转率；（5）发展能力：总资产增长率、净资产增长率、净利润增长率、营业收入增长率等五类指标对 174 家创业板上市公司 2008～2010 年的数据采取因子分析法对各样本公司的成长性进行打分和排名，并分析了成长性影响因素对企业成长的作用。

王芷萱（2012）选取：（1）盈利能力：销售净利率、营业利润率、资产报酬率、净资产收益率；（2）投资报酬状况：每股收益、总资产收益率、资本积累率；（3）发展潜力：总资产增长率、营业收入增长率、营业利润增长率、净利润增长率、净资产收益率增长率；（4）财务安全水平：流动比率、速动比率、资产负债率的倒数；（5）资产运营状况：应收账款周转率、流动资产周转率、总资产周转率指标，基于沪深股市主板上市的高新技术企业（A 股）2008～2010 年的共 669 个样本数据，以因子分析得到的成长性综合指标为因变量，以研发支出强度（研发支出/营业收入）为自变量进行回归分析，发现 R&D 支出与企业成长性间存在正相关关系。

综上所述，早期学者主要选择单一指标评价度量企业成长性，如营业务收入增长率（Calvin，1981；Juan，2012；郝臣，2006；沈海平等，2010）、员工数量增长率（Jozef Konings et al.，2002；Alex Coad，2010）、销售额增长率、利润额增长率、市场份额增长率（贺远琼等，2007）。近年来，学者们研究尝试通过建立财务评价指标体系对企业成长性作出综合评价（Fre′de′ric Delmara et al.，2003；丛佩华，1997；中国企业评价协会中小企业发展问题研究课题组，2000；李维安，2005；张玉明等，2009；鲍新中等，2010；刘金林，2011；朱彦杰，2012），主要应用层次分析法（AHP）（朱和平等，2004）、结构方程（陈业华等，2010）、突变级数法（陈晓红等，2005；鲍新中等，2010）、主成分分析法（郑晓，2005；林莉，2009）、因子分析法（卢相君，2011）等方法。可见：（1）企业成长性评价已经在国内外引起了足够的重视，许多学者都试图建立一套既简单实用又科学合理的评价指标体系；（2）学者们各自的评价对象略有不同，有专门针对中小企业的、有专门针对高新技术企业的、有针对上市公司的、还有的没有指出具体评价对象仅使用了"企业"这一比较笼统概念的；（3）评价方法各有不同，但都无一例外地将评价指标的选取与评价模型的构造作为研究重点；（4）所选用的评价指标非常多，既有定性指标、也有定量指标，既有反映企业内部因素的指标、也有反映企业外部因素的指标。上述研究成果为本书构建科技型中小企业成长性评价模型提供了有益的参考。

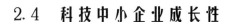

2.4　科技中小企业成长性

从科技型中小企业的成长过程来看，往往是在资产额与雇员人数增长一段时间后才会有营业收入的产生与增长，故丘吉尔和路易斯（Churchill & Lewis，1983）和葛瑞纳（Greiner，1972）认为，雇员人数的增长是评价中小型高科技企业成长更为直接的指标；而彭罗斯（Penrose，1959）和科格特等（Kogut et al.，1992）资源约束论者也从资源禀赋角度论述雇员资源的积累对企业成长性的重要作用。然而，以雇员人数增长度量中小型高科技企业成长性的缺点在于，它会受到劳动生产率提高、机器和人工替代关系等因素的影响。高科技企业和高成长性企业可以在产量、资产大幅增长的同时，并不增加人手，显然，以员工的增长为指标衡量企业尤其是科技型中小企业的成长性，存在诸多不合理之处。西格尔和麦克米兰（Siegel & Macmillan，1985）认为，对科技型中小企业成长的评价有 6 类 27 个影响因素，即企业家的个人素质、企业家的经验、产品和服务的特点、市场的特点、财务特点和企业团队精神。他们选取企业家的领导才能、敬业精神和洞悉目标市场的能力作为衡量企业管理水平的标准。

博塔齐和多西等人（Bottazzi & Dosi et al.，2001）运用聚类分析等统计方法，对全球最大的 500 家新型制药企业的成长过程进行了研究，认为制药产业的长期发展主要是由创新、模仿和不断地开拓新市场驱动的。

周建军和王韬（2002）认为，从财务指标角度评价高技术企业的成长性，应当从表示企业偿债能力评价指标、企业获利能力评价指标、企业运营能力评价指标和企业成长能力评价指标来考虑，但仅进行了理论分析，并未用有关实际数据来验证其评价体系、也未考虑技术创新能力。

赵天翔和李晓丽（2003）主要从投资者角度探讨高新技术创业企业成长性的评价指标和评价方法，他们认为，应根据高新技术创业企业的不同发展阶段的不同特点，采用定性与定量相结合的方法，建立相应的成长性评价指标体系：对高新技术创业企业的种子、初创阶段使用定性指标建立评价体系，并用层次分析法（AHP 法）和专家调查法确定指标权重；对成长，扩张阶段建立定量财务指标体系进行分析评价。

朱和平和王韬（2004）根据创业板市场中小高科技企业和高成长性企业的特点，设计了包括财务潜力、人力资本力量、市场和公共关系能力、技术与创新能力 4 个层面 20 项指标构造的成长性评价体系；对定量指标采用修正后的直线法进行无量纲化处理，再采用德尔菲法量化定性指标，并运用层次分析法（AHP）方法建立有序递阶的多层次复合评价体系；以香港创业板市场 20 家从事软件开发和经营的上市公司为样本企业进行模型检验，取得了较好的效果。朱和平（2005）选用：（1）财务状况与潜力：经济增加值平均值、总资产平均报酬率、总资产周转率、流动资产周转率、资产负债率、现金流动负债比率、净资产增长率、净利润增长率、总资产增长率；（2）人力资本力量：劳动生产率值、管理者基本素质、企业法人结构和管理制度、员工素质；（3）市场和社会关系能力：市场占有率、营业收入增长率、目标市场增长率、营销和社会关系能力；（4）技术和创新能力：产品、技术和市场的垄断性、技术投入比率、新产品销售比例度量成长性，以 20 家香港创业板的上市公司 2000～2003 年数据；运用层次分析法构建企业成长性评价体系，动态指标均取三年期的平均值，验证了所建评价体系的有效性。

陈晓红等（2005）通过建立回归模型检验了突变级数法和灰色关联度分析法（Grey Relation Analysis，GRA）评价上市中小企业成长性结果的有效性。

郑晓（2005）采用主成分分析法，提出了 4 种影响企业成长性的能力指标：扩张能力、稳定能力、盈利能力和技术创新能力，分别选取净利润增长率、主营业务收入增长率、资产增长率、现金流量额和资产负债率，并用其线性组合反映科技类上市公司的成长性。通过对 80 家科技类上市公司 2001～2003 年数据进行分析，发现一半以上非技术创新驱动成长型企业的成长性得分小于 0，他认为我国科技类上市公司整体成长性较差；而技术创新驱动成长型企业成长性较好，且其成长性相对稳定。运用因子分析法得到衡量科技型上市公司成长的 4 个因子，并得到科技类上市公司成长性得分及排名。

马永红（2006，2008）、李柏洲、马永红等人（2006）认为，中小型高科技企业的成长是一个内部和外部因素共同作用的过程，内部因素包括企业竞争力和企业成长潜力，外部因素指企业成长的环境支持力；上述三因素之间的耦合机理，提出企业竞争力是中小型高科技企业成长的重要因素，也是中小型高科技企业外显的成长性，人力资源潜力、技术实现潜力、财务增长潜力是中小型高科技企业成长的基础能力，是构成成长潜力的重要因素；企业成长潜力是中小型高科技企业隐性的和动态的成长性，中小型高科技企业能否顺利成长还取决于其环境支持力。通过选取 8 项能够表征中小型高科技企业成长潜力的指标，结合层次分析法和主成分分析法，得出了样本企业成长性的评价结果。

李柏洲等人（2006）在对中小型高科技企业成长的相关因素进行系统分析的基础上，分别从中小型高科技企业内部的成长潜力、企业竞争力和外部的企业成长环境三个维度构建评价模型，认为企业的成长性可由超过业界企业平均寿命的持续性指标、以经济业绩与组织革新状况为标准（由小变大、由弱变强）的成长指标和以不断变革反映的成长性状态指标三类加以衡量。在研究中，采用了通过层次分析法、模糊层次综合评价法和熵权法确定权重的主成分投影法的评价结果再次赋权（各取50%）形成的 β 系数调和法，作为中小企业成长性综合评价方法。李柏洲等人（2006）提出可采用通过以层次分析法和权重的模糊层次综合评价法和熵权法确定权重的主成分投影法的评价结果再次赋权（各取50%）形成的 β 系数调和法，作为中小企业成长性综合评价方法。

王会芳（2006）认为，中小企业成长的目标是实现持续的规模扩张、由小企业变为大企业，成长的方式以内生成长为主而非并购成长为主，包括四个维度：企业规模增长的速度、企业规模增长的质量、企业规模增长的内部驱动因素和企业面临的外部环境。采用：（1）增长速度（销售收入增长率、总资产增长率、净利润增长率、高新技术产品产值或增加值增长率、高新技术产品销售收入增长率）；（2）增长质量（近年来平均的销售毛利率、销售利润率、销售成本利润率、息税前总资产报酬率）来度量中小企业成长测度指标，系统分析了影响企业成长的因素，建立了中小科技企业成长的评价体系，确定了在应用层次分析法（AHP）不同层次的因素权重。

张炜等人（2007）指出，中小科技企业创业成长过程的实质是创业企业自身价值的成长和新价值的创造过程。他们通过问卷调查获取的数据检验了科技企业创业价值与成长绩效相关性，采用竞争绩效和潜力绩效两个维度的 8 个项目，补充设计了创业企业在近三年的销售利润率、资产负债率、净资产收益率和销售平均增长率等财务指标，按年平均增长率排序选择，以验证创业企业客观财务绩效。研究结果表明，创业价值因素对创业成长绩效具有显著的正效应，而创业孵化环境具有外部催化剂效应。

贺远琼、田志龙等人（2007）选用销售额增长率、利润额增长率、市场份额增长率等来衡量企业的成长绩效。

张俊瑞和李彬（2009）基于财务信息视角，运用二项 Logistic 回归分析，构建了我国高新技术上市公司成长性评价模型并进行评价。

鲍新中、李晓非（2010）认为，高技术企业的成长性问题，是一个对象复杂、要素众多且动态变化的体系，需要进行综合分析；基于突变理论，运用突变级数法对高技术企业成长性系数进行计算，构建了包括财务增长性、盈利能力和资金运用潜力 3 大类 7 项具体指标体系；测度了 21 家样本公司连续十年（1998～2007）的成长性系数，发现高技术企业在一段时期内具有较高的成长性，但是随着时间的推移，成长性系数呈现明显的下降趋势，说明高技术企业从行业成长期向行业成熟期过渡的过程。

李玲（2010）选取了：（1）盈利能力：主营业务净利率、资产回报率、销售利润率以及每股收益；（2）运营能力：劳动效率、每股经营活动现金净流量、资产周转率、应收账款周转率、流动资产周转率、资产现金回收率；（3）成本控制能力：成本费用利润率、成本费用增长率；（4）偿债能力：流动比率、速度比率、现金比率、产权比率、已获利息倍数；（5）市场销售能力：主业鲜明率、销售人员占比、销售费用占收入比；（6）研发能力：研发人员占比、科研技术人员人均创利、无形资产占比、中高学历人员占比；（7）企业规模：总资产、员工人数对 85 家在深交所上市的中小企业 2009 年年度数据，运用因子分析方法，分别中小企业板上市公司成长性综合排名和各分项能力排名。

迟宁、邓学芬等人（2010）随机选取深圳证券交易所中小企业板中的 50 家数据，构建了一套基于技术创新视角的中小科技企业成长性评价指标体系：（1）增长速度：近三年主营业务收入平均增长率、近三年净利润平均增长率；（2）增长质量：应收账款周转率、每股经营性现金流；（3）技术创新能力：研发技术人员占企业总员工的比重、研发经费投入占主营业务的比重、每百人拥有的专利数；（4）市场预期能力：利润增长率与市盈率之比。

张慧丽（2010）选取了：（1）盈利能力增长：净利润 3 年增长率、净资产收益率 3 年增长率、销售净利率 3 年增长率、平均资产报酬率 3 年增长率；（2）规模扩张能力：主营业务收入 3 年增长率、总资产 3 年增长率、净资产 3 年增长率对 31 家 2005 年 12 月 31 日前上市的中小企业板上市公司，通过因子分析计算成长因子的得分，建立回归模型研究中小企业技术创新能力与企业成长之间关系。

可见，尽管有关中小企业成长性及其评价等已引起了学术界的广泛关注、形成了浩瀚的研究文献；然而，国内外有关中小企业成长性及其度量的研究大都将政府扶持政策作为外生变量或控制变量，尚缺乏专门针对政府扶持政策对中小企业成长影响的系统性定量评价研究。

2.5　政府扶持企业必要性

施蒂格利茨等人（J. stiglitz & A. weiss，1992）认为，信息不对称将导致市场资源配置功能的失灵，这必然要求政府为中小企业融资实施信用担保来弥补中小企业信用的不足、实现资源的再配置，使资源配置趋于合理、有效。赫尔曼和施蒂格利茨（T. Hellmann & J. Stiglitz，2000）进一步研究了此问题，从逆向选择的角度分析了信贷市场的配给制度，从而说明政府为中小企业提供融资信用担保的必要性。

卡瑟梅等人（K. Kasemets et al.，2001）认为，中小企业在促进自由竞争、降低失业率和平衡地区发展等各个方面都起着重要作用，但在没有特殊支持系统的情况下是很难生存的。他们分析了爱沙尼亚等波罗的海（Baltic Sea）国家的中小企业支持系统及其主要缺陷，由于波罗的海国家准备加入欧盟，因此其中小企业支持也必须与欧盟的相应系统保持基本一致，两者之间的差异恰好意味着波罗的海国家完善中小企业发展支持体系的主要政策方向。

诺斯等人（D. North et al.，2001）根据伦敦 Lee Valley 地区特定的区域经济背景，从中小企业政策需求的角度来考察政府的创新支持体系，发现中小企业创新融资的困难不仅在于其所有者/管理者的态度，而且与政府政策供给的方式不当有关，并对政府各种政策工具的优劣进行了评价，提出了进一步改进的建议。

公司执行委员会（Corporative Executive Board，2000）通过对中小企业信用评级机制调查，发现中小企业存在会计制度不健全、财务状况不透明、财务变量失真等问题，因此建议信用评分中财务变量的权重不宜过高，应该搜集其他相关资料并提高其权重，使中小企业信用评级更加客观。

费希尔等人（E. Fischer et al.，2003）认为，是否有过出口经验对中小企业的出口业务具有重要影响，因此，政府应该在扶持政策标准上作出更具体的规定，以便针对没有这方面业务经验的中小企业提供相关服务和帮助，加拿大政府对中小企业的出口支持计划需要进一步完善。

根据企业的资源基础理论，中小企业成长期间会越来越多地使用咨询服务来提高自身竞争力，但本尼特和罗布森（R. Bennett & P. Robson，2003）的经验分析并没有支持此种观点，至少在统计检验上是不显著的。

汉森等人（H. Hansen et al.，2004）基于越南中小企业1990～2002年的数据，发现中小企业经营绩效不仅受到企业年龄、企业规模、地理位置、所有权结构、资本密集程度、业务类型等方面的影响，而且受到政府支持的影响，政府在中小企业创立时期给予的信贷资助在20世纪90年代末对中小企业成长有着重要贡献，但是由于一些新企业不再从这种支持中获益，此类政策的重要性开始下降，而法律服务的重要性开始上升。

卡彭蒂尔等人（C. Carpentier et al.，2005b）认为，政府相关部门不应该把中小企业融资"瓶颈"看作一个简单的资金缺乏问题，特别是对于高新技术企业来说，信息不对称、委托代理和道德风险等问题造成了其在融资过程中的间接成本，他们对风险资本充足的加拿大魁北克省高新技术企业进行了实地考察，证实了此种间接融资成本的大量存在，强调政府增加资金供给的政策无法达到预期效果，应该加强对这类企业的专门培训服务或其他支持。

谷艾宛豆等人（K.，Kaivanto et al.，2004、2007）先后讨论了"销售或有要求权抵押融资（sales contingent claim backed finance）"问题，欧洲许多国家都实行了此种融资方式，其主要优势在于企业可以用未来的商品销售作为融资担保，但由于市场不完全等多种原因，中小企业事实上很难得到此种便利，如政府能采取相应措施使中小企业能够充分利用此种工具，将可有力地激发中小企业的创新和成长，因此作者建议政府在高风险行业（高新技术行业）提供此种融资方式资助，以弥补实际的市场不完全（市场失灵）。

斯科科等人（H. Skoko et al.，2006）认为，中小企业对澳大利亚和克罗地亚经济起着重要作用，信息、通信和技术（ICT）① 成为其在全球市场上的竞争力源泉和生存基础，并利用定量比较分析（Qualitative Comparative Analysis，QCA）和布尔代数（Boolean algebra）等方法建立模型，提出了两国中小企业ICT应用的充分必要条件。

南非独立机构非洲增长战略业务合作伙伴（Strategy Business Partner-

① ICT即信息、通信和技术三个英文单词（Information，Communication & Technology）的首字母组合。

ship for Growth in Africa，SBP，2006）研究了南非政府的八个行业中小企业政策对促进该国中小企业成长和就业方面的影响，提出政府应在改革中降低中小企业所负担的制度成本，容许其更宽松地雇用工人、快速成长。

国内学者陈乃醒、胥和平（1995）指出，以中小企业为突破口，加快全面深化我国企业改革的进程是一项战略选择：只有在加快中小企业改革的基础上促进中小企业更快发展，充分发挥中小企业对国民经济的全局性影响，才能处理好经济改革所面临的维持就业与社会稳定、保持经济稳定增长。

孔祥敏（1998）指出，我国在制定产业政策时，资金援助不应局限于大企业，而应以促进不同规模企业间的分工协作、规模经营和深度加工为方向，以大、中、小型企业产业链顺畅发展为前提，引导中小企业向"小而精""小而专"的方向发展，逐步摆脱"小而全""小而散"的传统发展模式；根据国民经济发展规划要求，重点扶持一批有前途的中小企业。

蒋伏心（1999）认为，小企业性质决定了其市场生存力和竞争扩展力弱于大企业，需要政府或社会的支持和保护；科技型小企业因为更大的技术和市场风险，更需要扶持和保护。

陈乃醒（1999，2004）认为，集群化成长是珠三角中小企业发展过程中的一个最为显著的特征，企业只有根植于地方集群化成长，增强中小企业产业化集群过程中的产业协作与关联度，才能保持相对稳定和发展。

林汉川、周晖（2003）通过分析中小企业的行业分布，认为除关系重大国计民生的行业外，中小企业在各行业中都大量存在、且数量占主导地位；在第一产业中，种植业的比重有所下降，但对高新技术及产业化要求越来越高，此乃中小企业进入种植产业的机会；中小企业要进入第二产业内的重型制造业，必须与行业内的大企业结成产品或技术合作关系，利用差异化优势及市场补缺战略进入。中小企业在第三产业如新兴服务业、社会服务业和传统服务业中，大有生存与发展空间。

梁军（2007）认为，中小企业产业集群既可提升整体竞争优势，又可求得市场竞争和规模经济间的有效、合理的均衡，获得最大的生产效率。产业集群要求更注重企业间、企业与外部环境间的战略互动联系，政府应制定政策和发展规划促进企业间的专业化分工与协作，建立集群内部学习链，加快知识在集群内的扩散、促进中小企业创新。

陈心德、邱羚（2010）认为，作为世界各国科技创新体系中重要主体的中小企业，是促进经济增长的重要源泉之一；完善和健全中小企业发展的政策和服务体系，支持和促进中小企业的"主动成长"，既体现了国家的意志、反映了中小企业的迫切愿望，也是坚持以科学发展观统领中小企业健康和持续发展的一个重要举措，具有深远的历史意义和现实意义。

潘勤燕（2012）认为，与大企业相比，科技型中小企业规模小、人才少、管理水平相对较低，使其在成长过程中面临着融资难、销售难、人才引进难、管理创新难等诸多问题，抗风险能力差、随时可能在激烈的市场竞争中被淘汰。政府需要对其发展进行扶持。研究发现，财政、税收、金融和公共服务支持要素是影响科技型中小企业生存和发展的关键因素；单个要素在企业不同生命周期阶段对企业的影响有所差异，财政支持在科技型中小企业种子期对企业发展的影响最大、公共服务支持在科技型中小企业初创期对企业发展的影响最大、金融支持在科技型中小企业成长期对企业发展的影响最大、税收支持在科技型中小企业稳定期对企业发展的影响最大。

余应敏（2015）认为，2008 年全球性金融危机爆发，国际市场始终未能摆脱"二次探底"之忧，我国政府推出的 4 万亿元救市资金大部分被充实到国企，无论石破天惊的宽松货币政策、还是"十大产业振兴规划"、抑或战略性产业规划，都似乎跟中小企业无多大关系。据调查，中小企业占企业总数的 99% 以上、工业产值占 60%，但获得银行贷款仅 14.7%；截至 2008 年 6 月底，广东银监局辖内小企业贷款余额合计 1555.85 亿元，小企业贷款仅占 7.13%。从统计数据看，银行存贷款规模皆有大幅增加，但大多通过票据贴现融资方式从"表内"被移至"表外"、流向政府投资的项目，中小企业所获资金寥寥无几。自 2010 年 1 月起，为治理"4 万亿"政策引致的后遗症、消除其副作用，进行产业结构调整与转型升级，央行日益收紧货币政策（累计 13 次上调存款准备金率、5 次加息），客观上更恶化了中小企业的生存融资环境，持续的信贷紧缩使商业银行将有限的信贷额度向大型企业贷款聚集，使本就捉襟见肘、资金紧促的中小企业面临更大的生存压力。资本的逐利特性从收益低的行业流向高盈利行业本就是资源合理配置的真义，如发生错配，政府有义务发动有形之手加以适当调节。从战略考虑，支持中小企业发展，有利于改善民生、促进就业和社会稳定。中小企业蓬勃发展，社会经济就欣欣向荣，政府就有钱解决好民生问题。

总之，中小企业经营规模较小、管理水平较低、税负相对较高，导致内部资金积累不足，而外部融资渠道过窄，可融资规模十分有限；又由于技术和知识具有公共产品的溢出特性，R&D 活动不可避免地会遇到市场失灵和投资不足问题（Arrow，1962；Tassey，2004），因此，政府有必要对科技型中小企业 R&D 活动给予财政补贴和实施税收等优惠。

2.6　政府扶持政策的体系

黄小花（1997）认为，在金融制度的框架内，如果担保、保险等信用辅助制度发达，就会分散风险。信用辅助制度的建立和推行，分散了给中小企业提供贷款的民间金融机构的风险，从而使这些金融机构乐意为中小企业提供资金支持。我国政府可以组建专门的中小企业金融机构和成立中小企业信贷担保行，实行行之有效的融资保护措施。

陈晓红（2001）认为，要鼓励中小企业的创办，为其提供多方面的优惠条件，简化各种手续；应逐步增加对中小企业特别是高科技产业扶持资金的投入。每年应当新增高科技产业发展专项拨款，实现部分拨款、部分低息有偿使用；专项用于重大高新技术成果商品孵化期和产业化启动的投入；加大优惠政策的力度，将更多资金吸引到风险投资领域；可考虑进一步降低高技术企业所得税率，延长免税年限；对于高新技术企业投入研究开发新产品、新技术的费用，年增长幅度超过一定比例的，可按照实际发生额抵扣一部分。

林毅夫、李永军（2001）认为，中小企业融资难问题不能利用资本市场来解决，唯一的解决方法是大力发展地方性中小金融机构。

管晓永（2002）认为，以政府为融资担保投资主体可以克服资源配置的市场失灵。这是因为，一方面，由于中小企业与大企业相比在信贷市场上往往信用不足，如果仅靠市场"看不见的手"的自发作用，其结果必然造成大企业容易获得资金而发展得更快，中小企业难以获得资金而发展得更慢，从而使本已不公平的竞争态势进一步恶化，形成对中小企业发展的"瓶颈"抑制。另一方面，若通过市场机制下的民间投资为中小企业融资进行担保，则由于风险较大也受到一定的限制。

王学栋（2001）建议，制定鼓励中小企业技术创新的法律规范，如专门的《中小企业技术创新法》；应加强技术创新立法，如高科技风险投资法、技术创新基金法、科研机构法、知识产权保护法等，通过立法，全方位促进中小企业技术创新。

程国婵（2001）认为，政府应在公平税负、平等竞争的原则基础上对中小企业提供适当的税收优惠政策：在企业所得税方面，可采用加速折旧和投资抵免的税收鼓励政策为企业留下研究开发资金，激活企业加大技术投入；在增值税方面，可以减少环保型先进设备和高科技技术设备中所含的增值税，有步骤、有选择地将现行生产型增值税转变为消费型增值税；在关税方面，为提高中小企业出口产品竞争力，应减少出口许可限制和减征关税；对中小企业进口属于国家产业鼓励的设备和技术可进一步降低关税税率。

孙同徽（2002）主张由国家财政拨出专项基金扶持成长性较好的、符合国家产业发展方向的中小企业，对于一些优势项目给予贴息，为新创办的具有高新科技特征的中小企业提供启动资金，讲究资金的使用效率，按照市场经济的原则，择优扶持，充分发挥财政基金扶持的政策导向功能和资金杠杆作用，体现政府的宏观经济意图；通过建立财政担保基金解决中小企业融资难问题，选择税负重的中小企业进行扶持，在充分考察其资信状况的前提下，为其提供贷款担保；以财政补贴激活有潜力的中小企业，促进其成长。

郑之杰（2004）比较了中国和发达国家在中小企业立法上的不同，构造了由基本企业法（如公司法、中小企业促进法、独资企业法等）、特殊企业法（如经纪人法、国有资产法等）和辅助企业法（如破产法、合同法、市场交易法等）组成的中小企业法律体系。

许小青等（2005）主张，通过创建网上信息供需服务平台，建立共性应用软件的推广平台，创建为中小企业提供网上网下相结合的培训、咨询等配套服务平台来打通中小企业发展的信息需求通道，搭建网络信息公共服务平台，形成全新的网上网下相结合的、全方位的中小企业信息化服务体系。

汪玲（2005）主张以政策性担保为主。具体的思路为：国家成立专门负责扶持、促进中小企业发展的行政管理部门；由国家财政出资，组建国家级中小企业信用担保总公司，各省和市级财政出资，同时吸收当地其他成分资金组建中小企业信用担保省级公司和市级公司；将现有中小企业信用担保公司并入全新的中小企业信用担保机构体系中。她认为，坚持以商业性担保为主导的学者主要从两个方面展开论述，一是政策性担保作为行政的产物，它与市场的隔阂是多方面的。二是从资金来源、服务重点、经济性质等方面存在的差异来看，商业性担保机构为中小企业间接融资提供信用担保，可以遏止寻租现象滋生；减轻财政支出负担；淡化政府的非市场行为；化解非对称信息下的逆向选择风险和道德风险。因此，商业性担保为主体的信用担保体系应成为我国中小企业信用担保体系的组织取向。也有学者提出以互助性担保机构为主体的观点。互助性担保机构服务企业范围广，资金来源广泛，获取会员信息的成本低。因此，应以互助性担保机构为主体建立我国的信用担保体系。

刘小川（2006）认为，政府对科技型中小企业的财政补贴，是政府将其占有的一部分资金无偿转移给科技型中小企业进行生产经营活动，以扶持新兴产业群体。既具有短期的需求效应、可增加科技型中小企业的社会需求；也具有长期的供给效应，通过对极具发展前景的科技型中小企业的财政补贴，可扩大未来的社会总供给和改善供给结构，促进国民经济的增长和产业结构的优化。对科技型中小企业可补贴于投资引导、技术引导、信息服务。

彭国莉（2007）主张，为了促进中小企业自主创新，应加强政府信息资源公开的力度，使公众与企业通过网络与政府建立联系，提高政府行政效率，加强政府信息资源的共享，努力缩小各级政府间、地域间、部门与行业间、城乡间的信息环境差异，提高政府为企业提供集成式信息服务的能力。

欧阳峣等人（2009）认为，科技型中小企业主要是以技术开发、转让、咨询、服务和以生产经营技术产品等活动的收益为生存发展的条件，年创利不超过200万元、科技人员在100人以下，并有相应的组织和资金的经济实体。政府可以定期发布技术开发和实施招标项目；指导、帮助与国外科研机构或企业的合作；组建国内外技术需求的信息系统；设立面向中小科技企业的服务机构；制定税收优惠和加速折旧等政策或直接发放财政补贴，合理弥补中小科技企业在国际化过程中的亏损。

李远远等人（2010）认为，国外政府对小企业的支持策略可归结为六个方面，即完备的小企业立法、有力的财政金融政策、专门的政府小企业管理和服务机构、大力扶持小企业科技创新、积极鼓励小企业走国际化道路及取消对小企业的若干限制性条款。为此，发展我国小企业应健全法律法规体系；成立专门的小企业管理机构，为小企业扶持政策的制定和落实提供组织保障；在税收优惠、专项基金、政府采购等创造有利条件，加强小企业金融机构建设和信用体系建设；支持、保障小企业技术创新和国际市场拓展；建立促进我国小企业发展的服务体系。

2.7 政府支持政策有效性

国内外关于政府 R&D 支持政策有效性的文献主要涉及两类：对企业的 R&D 投入变量，如分析政府 R&D 支持对企业 R&D 自主投入的影响；研究政府 R&D 支持对企业创新产出的影响，包括企业的生产率、专利产出和新产品销售收入等创新绩效指标（彭红星，2015）。应该说，政府研发支持对企业研发投入影响及其有效性问题一直是学术界的重要研究课题，早期的研究可以追溯到布兰克和斯蒂格勒（Blank & Stigler，1957）。他们基于 1564 家企业的截面数据进行实证分析发现，政府研发在规模大的企业促进了企业的技术创新。

阿罗（Arrow，1971）发现，政府对企业的研发支持，既可缩小研发投入私人收益和社会平均收益的差距，也会降低企业的研发投入成本、分散或化解企业的研发投资失败风险，最终可促进企业增加研发投入、扩大整个社会研发投资规模。阿罗构建了具有里程碑意义的理论模型促进了相关研究的开展，也为政府支持企业的研发提供了理论基础。此后，学者们围绕政府研发支持问题进行了大量的相关研究，从文献梳理的结果看，大致可分为两个主要观点：一种观点认为政府的研发支持促进了企业增加研发投入，政府研发支持可减轻研发投资压力、降低企业研发风险、创造良好外部研发环境，从而促使企业进一步扩大研发投入，从而作为企业研发投入的必要补充而具有互补效应；另一种观点则认为企业将使用政府的资助来代替自身的投资，政府的研发支持挤出了企业原有的研发投资计划，从而具有替代相应。

伯恩斯坦（Bernstein，1986）基于 1983 年联邦预算法案实施前后的数据研究了加拿大 R&D 税收激励措施的效应，发现每增加 1 美元税收优惠，将带来高于 1 美元的新增 R&D 资本；产出不变时每美元 R&D 税收的减少将增加 0.8 美元的 R&D 支出，产出增加时将产生多于 1 美元的 R&D 支出；税收抵免的激励作用比税收扣除更好。

瓦尔达（Warda，1999）以 11 个国家 1998 年的数据、运用 B 指数①模型对 R&D 所得税优惠激励进行了研究，发现加拿大的激励效果最好，澳大利亚、韩国、法国、美国次之，日本、意大利、墨西哥和英国 R&D 税收激励效果较小，瑞典和德国则观察不到激励作用。

博苏姆（Bosum，2000）以 1988 年西班牙 154 家开展研发活动的企业为样本（其中占 45% 的 75 家企业获得过政府的研发支持），通过构建联立方程模型分析政府研发补贴（R&D subsidies）对企业研发投资行为的影响，发现在控制了内生性后，总体结果显示政府研发补贴促进了企业增加研发投入。

海缇娜等人（A. Hyytinen et al.，2002）介绍了芬兰政府有关机构对中小企业的融资政策，考察了哪些类型的中小企业申请到了政府资助，发现政府对中小企业资助总额在之前 4 年内增长非常快，有 1/3 的中小企业获得了至少一项政府资助，总体上看政府的中小企业资助政策是有效的。

元桥（K. Motohashi，2002）提出，日本政府在 21 世纪对中小企业的政策导向有所转变，从传统的"大力扶持"转变为"促进竞争"，以促进中小企业的不断创新，并基于经验研究对两类政策进行了评价，发现其对新老企业的创新都发挥着重要作用。

拉克（Lach，2002）运用以色列 20 世纪 90 年代的制造业数据研究政府研发补贴支持对企业研发投入的影响，发现政府研发补贴显著促进了小微企业增加自筹研发投资，从而促进了其成长。当政府对企业的研发活动计划进行补贴时，会使企业为获取研发资助范围内项目而放弃原有投资项目，从而会诱导企业改变原有的投资行为。

罗梅恩和阿尔布（H. Romijn & M. Albu，2002）基于英国东南部中小型高新技术企业的经验数据（主要包括电子生产企业和软件开发商），分析了外部网络活动和地域临近性对企业创新绩效的影响，发现地区科研基地（regional science base）在"孵化"高新技术企业的过程中具有关键作用，但科技园（science parks）对此却无明显贡献，另外，和具有互补性的供应商、服务提供商的相互联系也与中小型高新技术企业的创新绩效呈高度相关性，英国政府旨在鼓励中小企业地区网络活动的相关政策没有取

---

① 瓦尔达 B 指数（Warda B - index）由瓦尔达在 1996 年提出，最初用于比较 OECD 国家的研发税收优惠支持强度，后被众多国家所使用成为一个国际公认的 R&D 所得税优惠强度指标，通过披露 B 指数，除用于国际间比较外，还可用于评价一国的税制及微观企业层面研发税收激励效果分析。见：Warda J. Measuring the value of R&D tax provisions [J]. Fiscal Measures to promote R&D and Innovation，1996：9 - 22.

得应有效果。

盖莱克等人（Guellec et al.，2003）基于 17 个 OECD 国家 20 余年的数据，运用 B 指数模型，分析政府直接财政补贴激励（fiscal incentives、direct subsidies）、税收优惠（如允许加速折旧与税收抵免，accelerated depreciation，R&D tax credits）以及政府采购（contracts and regular grants）等政府支持方式对企业研发投入的影响，发现政府对企业的直接研发支持（拨款和资助）对企业自筹的研发投入有积极影响，且政府持续稳定地对企业进行研发资助的效果更好，政府直接财政补贴和研发税收优惠间存在互补效应；而对政府研究机构以及大学研究的资助却挤出了企业研发投入，存在替代效应；税收优惠与企业的 R&D 投资间存在负的弹性（elasticity）系数。

福尔克（Falk R.，2004）研究发现，政府对企业的研发支持可以缓解企业受到的资金约束，从而可有效地促进企业的研发活动。

阿尔瓦拉德霍（M. Albaladejo，2005）对西班牙"玩具谷集群"（Toy Valley cluster）进行了案例研究，证实制度性支持（institutional support）对中小企业创新具有显著影响，在一集群内，玩具协会（The Toys Institute）的企业成员与非协会成员相比，更能够获得相对高的创新与成长性。

泽基尼和温图拉（S. Zeeehini & M. Ventura，2006）评价了意大利政府提供的中小企业担保基金的效率，在受益于基金的中小企业与没受益的中小企业之间进行比较，发现在政府担保与受益中小企业更高负债水平、更低债务成本之间存在因果关系，说明该担保基金的运行是有效率的。

费尔德曼等人（Feldman et al.，2006）研究发现，政府的研发补贴存在外部性（externalities）或知识外溢效应（knowledge spillovers），政府研发补贴的正外部性能够促进企业加大研发投入，但代理问题也会导致政府补贴项目的选择性偏误。

呼辛格（Hussinger，2007）利用欧洲经济研究中心的调查数据，采用一阶差分模型进行实证分析，研究发现政府研发支持与企业研发投入存在替代效应。

冈室（H. Okamuro，2009）认为，学术界缺乏对新生中小企业 R&D 活动的决定因素进行计量分析，基于日本制造业部门新生企业的数据，从企业、产业和地区层面进行经验研究，发现企业规模和可占有性（appropriability）对 R&D 投资及其强度具有显著的正面影响，研究机构和人力资源的地区聚集对 R&D 强度具有显著的正面影响，凸显了地区知识基础对中小企业 R&D 活动的推动作用。

许等人（Hsu et al.，2009）利用中国台湾地区 127 个获政府资助研发项目的 9 年扶持数据，研究发现获得政府支持企业的技术生产率显著优于未获政府支持企业。他们强调政府必须仔细制定资助计划的评价标准（develop evaluation criteria for sponsored programmes），以引导所支持企业的行为。

赫雷拉等人（Herrera et al.，2010）研究了政府研发补贴对中小企业（SMEs）和大型企业的创新投入产出的分布与影响的联合分析，发现尽管规模对企业获得研发补贴的倾向具有积极影响，但大企业并不总是表现出最强的影响；研发补贴政策在增加对企业 R&D 创新的投入是有效的。

切鲁利等人（Cerulli et al.，2012）以意大利经验数据为例研究了政府 R&D 支持对企业 R&D 支出的影响，发现政府 R&D 支持可以促进企业 R&D 投入、且结论具有良好稳健性。

科伦波等人（Colombo et al.，2013）发现，科技型中小企业的投资水平在获得政府 R&D 补贴第二年会明显上升，并且能够降低企业融资约束、企业融资约束水平会下降。

多和金姆（Doh S，Kim B，2014）以技术发展基金作为政府支持的代理变量，运用韩国的数据检验了政府创新补贴支持对中小企业的影响，发现政府的支持政策显著增强了中小企业的专利申请与研究计划项目注册，政府支持对中小企业的创新活动开展有重要的正向影响。

卡扎尼茨克等人（Czarnitzki et al.，2011）以加拿大制造企业为样本、使用非参数匹配方法以控制可能的选择偏差，进行实证研究后发现，政府研发税收抵免（R&D tax credits）显著促进了企业创新产品的产出。

国内研究也多证实了政府 R&D 资助对企业 R&D 投入的激励效应（朱平芳等，2003；解维敏等，2009；杨杨等，2013）。

郝臣（2006）认为，政府扶持中小企业发展资金对于处在发展初期阶段的中小企业来说，无疑是雪中送炭，有利于中小企业渡过资金难关、提升企业的竞争力、发展壮大市场。他以政策环境评估理论为基础，构建了由政府为中小企业办事效率、中小企业税务负担程度、政府扶持中小企业发展资金的支持力度、中小企业融资便利程度和中小企业对当地中小企业服务机构提供服务的满意度 5 个指标组成的中小企业成长政策环境评估指标体系，然后利用该评估指标体系和通过发放调查问卷获得的原始数据，对 23 个省市 309 家中小企业成长政策环境进行评估，并生成中小企业成长政策环境指数。研究发现，政策环境指数平均值为 62.6796，指数区域比较分析结果表明华北地区和东北地区指数平均值较高，而西北地区和西南地区相对较低。根据指数高低进行分组而进行的绩效指标 T 检验不显著，即处于好与较差成长政策环境的中小企业的绩效没有显著差异，表明政策环境在促进中小企业成长方面未很好地发挥其应有作用，中小企业成长的政策环境有待进一步改善。

欧阳峣等人（2009）运用系统论、竞争力观点和社会资本理论研究中小企业发展支持体系，他们认为，我国的政府机构及相关的支持机构在扶持中小企业时，因存在一定的利益冲突而进行博弈，效益差、没有成长潜力的中小企业往往通过不正当的手段挤占了有限的资源，造成了劣币驱逐良币①的现象；故此，要在政策措施的执行和监督上加大力度，真正形成对中小企业发展的合力。政出多门将最终造成扶持效果的耗散，各扶持部门没有一个统一资金安排和使用方案，导致了某些中小企业的寻租②现象，也削弱了中小企业支持政策的效果；建议将有限的资源主要用于构建整体的支持体系而非个体企业，从而产生网络效应和乘数效应。在他们看来，中小企业天然的资金、创新力和市场开拓能力不足等制约因素或问题，可依赖社会资本的作用得到根本解决，充分发挥支持政策的网络效应、系统效应和乘数效应。

解维敏等人（2009）指出，我国上市公司接受政府 R&D 资助较为普遍，西方文献普遍认为 R&D 活动的"市场失灵"是政府 R&D 资助存在的根本原因；政府 R&D 资助有效性问题等关系到国家干预在经济中发挥作用的评估研究，政府 R&D 资助是刺激还是挤出了企业 R&D 投资，亟待提供评价的经验证据。他们以中国证券市场 2003 ~ 2005 年的上市公司为研究对象，对政府 R&D 资助与上市公司 R&D 支出之间的关系进行了实证检验；研究发现其间显著正相关，从而表明政府 R&D 资助刺激了企业的 R&D 支出。

徐伟民等人（2011）采用动态面板数据分析模型，利用 1996 ~ 2004 年上海市 125 个高新技术企业的面板数据，发现政府资助和税收减免政策

---

①　劣币驱逐良币（Bad money drives out good），亦称格雷欣法则（Gresham's Law），由 16 世纪英国伊丽莎白铸币局长托马斯·格雷欣（Thomas Gresham）提出。作为一种金融理论，该法则认为当有两种名义价值相同但实际价值不同的货币在流通时，实际价值高的货币将会被囤积并最终被实际价值低的货币取代成为流通货币。

②　寻租（rent seeking），或称竞租，是为获得、维持垄断地位相应的垄断利润（垄断租金）所从事的一种非生产性寻利活动；政府干预过多被认为是寻租现象产生的根源。

显著提高了上海市高新技术企业专利产出能力，但政府资助和税收减免政策存在一个"门槛效应[①]"。

白俊红等人（2011）应用 1998～2007 年中国大中型工业企业分行业面板数据，采用柯布－道格拉斯生产函数形式的随机模型、基于效率的视角，实证考察了政府 R&D 资助等因素对企业技术创新的影响。研究发现：政府 R&D 资助对提升企业的技术创新效率有显著的正向影响；企业自身 R&D 投入的提高有利于其吸收和利用政府的 R&D 资助，但企业规模和产权类型对政府 R&D 资助效果的影响并不显著。

郭晓丹等人（2011）认为，政府 R&D 补贴除了能够解决企业研发资金缺口问题，还会向外部释放利好信号，从而使获政府 R&D 补贴的企业更易于获得其他渠道（如 PE、银行）的资金支持、产生信号效应，将向社会潜在投资者传递有价值的信息，从而产生有效的投资引导作用。政府 R&D 补贴的核心意义在于运用有限的财政资金起到"四两拨千斤"的作用，在此过程中，市场参与者将政府 R&D 补贴行为本身视为一个信号，向市场传递国家重点发展产业的战略方向和未来政策变动的倾向，从而对企业内外的投资经营行为产生影响，对外部投资者产生认证效应，改进其在信息不对称条件下投资项目决策有效性。

秦雪征等人（2012）利用 2009 年四川德阳地区地震灾后中小型企业调查数据，考察参与国家科技计划对中小型企业创新的影响及其作用机制。利用倾向得分匹配方法（propensity score matching，PSM）控制了参与国家科技项目的内生性后，发现参与科技计划将使企业进行产品创新的概率平均提高 20%，进行方法创新的概率平均提高 24%；结果显示科技计划对企业创新的促进机制主要分为"资金渠道"和"人力资本渠道"，即参与科技计划项目显著提高了企业的研发资金使用效率以及技术与管理人员的边际创新生产率。

王文华等（2014）认为，我国高新技术上市公司普遍存在研发融资约束现象，政府补贴对其的缓解作用可能既得益于政府补贴资金的投入，也

[①] 汉森（Hansen，1996，1999，2000）提出了著名的门槛效应模型（Panel Threshold Model），基本思路是估计出可能存在的拐点值，进行检验并计算出对应的置信区间；相对于线性模型，其优势在于，可更为精确地探究因变量与自变量间的非线性关系。研发投入的门槛效应表现为，只有当一个企业的综合能力达到一定门槛界限时，政府 R&D 资助的效果才能显现；借助门槛效应模型，通过对数据进行自动识别，可较为简便地确定影响政府 R&D 资助效果因素的门槛值。见：Hansen B E. Threshold effects in non-dynamic panels：Estimation，testing，and inference［J］. Journal of econometrics，1999，93（2）：345－368.

得益于政府补贴的信号传递的间接作用，由此减少企业与外部投资者之间的信息不对称、使企业的 R&D 活动更易筹集外部资金，继而缓解研发融资约束。研究发现，我国高新技术上市公司普遍存在研发融资约束现象，且表现出显著的研发投资现金流敏感性特征；政府补贴缓解研发融资的直接效应显著，间接效应（信号传递作用）不显著。

上市公司股权融资（包括 IPO 与配股、SEO 增发）可以理解为股票发行人获得的政府（如中国证监会）支持。有关上市公司股权融资后的经营业绩变动，国内外大量的实证研究表明上市公司股权融资和再融资后经营业绩并没有出现预期的增长，反而出现了显著的下降。荆和基尼（Jain & Kini，1994）对 1976～1988 年 2126 家美国公司从上市前 1 年到上市后 4 年经营业绩进行了实证研究；发现从上市当年开始；业绩显著地低于上市前一年的水平。蔡和洛克伦（Cai and Loughran，1998）对东京股票交易所（TSE）1971～1992 年的 1389 例季节性股票发行后的股票收益和上市公司业绩进行了研究后发现；与美国和英国等成熟证券市场一样；日本季节性股票发行后；从长期看（5 年）公司业绩与没有季节性股票发行的企业相比有显著的下降；而且在发行后的第二年最为明显。奥拉夫埃尔哈特和埃里克诺瓦克（Olaf Ehrhardt and Eric Nowak，2003）运用德国家族制控股的上市公司 IPO 前后的业绩数据进行研究，也得出了类似结论。劳伦和里特（Loughran and Ritter，1997）通过研究了美国证券市场增发新股后的业绩，发现上市公司当年业绩会有实质性的改善，但随后几年公司业绩便下滑到发行前的水平。尹和米勒（Yoon and Miller，2002）通过研究 249 家在 1995～1997 年的实施季节性股票融资的上市公司后发现；此现象在韩国证券市场也存在。菲利普夏皮拉（Philip Shapira，2001）结合对格鲁吉亚州中小企业成长性的分析，研究了美国支持中小企业的政策体系（欧阳峣等，2009）。法玛和傅仁池（2003）研究了 1973～2001 年纽约证交所、美国证交所及纳斯达克证交所的 IPO 公司，发现在上市后公司的盈利能力呈下降趋势，而成长能力则呈上升趋势。

我国学者朱武祥、张帆（2001）以 1994～1996 年在上海、深圳证券交易所上市的 217 家 A 股公司为样本；比较了上市前 1 年到上市后 4 年总资产利息税前收益率等业绩指标中位数的变化趋势，分析了与业绩指标变化相关的因素。研究结果表明：样本企业上市后的总资产利息税前收益率低于上市前，上市当年及以后 4 年中，该收益率整体上呈现逐年下降趋势。

白仲光、张维（2003）基于中国股票市场中的新股数据，研究了我国股票市场中新股上市后的长期回报，采用构建同类型对比组合比较和 Fama - French 三因素模型的方法。研究发现，我国股票市场中的新股上市后在较长期间内具有回报高于市场和同类型对比组合的现象，并且新股超额回报不能用三因素定价模型有效解释；新股上市后的首日回报对其未来的长期市场表现有一定的解释作用。

原红旗（2003、2004）利用 1995～2000 年沪深两市 603 家上市公司的数据，研究了大股东的配股行为及其经济后果。采用考虑了流通与非流通股差别后的市净率（MB）来度量公司成长性，计算公式是：净资产倍率 =（市场价格×可流通股数 + 每股净资产×非流通股数)/股东权益合计，研究发现，大股东配股认购率高的公司和大股东配股认购率低的公司存在显著差异，大股东的配股决策考虑了企业未来的成长性，配股认购率高的公司成长率指标显著高于配股认购率低的公司（高认购组的 MB 平均为5.86，高于低认购组的 5.36，且 T 检验和 Z 检验均在 10% 水平上显著）。从经济后果看，配股认购率高的公司未来会计业绩明显好于配股认购率低的公司的会计业绩。

杜沔、王良成（2006）系统考查了我国上市公司配股融资后的业绩表现及其影响因素。实证研究表明，我国上市公司配股融资后业绩出现显著的下降，和没有配股的公司相比，配股公司的业绩要好于对照公司，但在配股后第 3 年，开始逊色于对照公司，并且，公司配股后业绩的下降幅度大于对照公司；公司的成长性越高，资产规模越大，公司配股后业绩下降得越快。

黄新建、李若山（2007）对 2001 年上海证券交易所实施配股的上市公司在配股前后五年经营业绩的变化进行了实证研究；对配股公司从配股前 1 年（第 –1）到配股后三年共五年的每股收益和净资产收益率的情况进行了实证检验，发现配股公司的经营业绩在配股前 1 年最高，并显著地高于非配股公司；而在配股当年和随后的 3 年，经营业绩明显下降、与非配股公司没有差异，配股公司的经营业绩与股权结构基本无关。

此外，也有部分学者质疑政府支持政策的有效性，他们强调，政府支持中小企业政策的初衷与实际效果之间存在严重的错位现象（Levitsky，1997；陈旭东等，2005）；陈晓、李静（2001）发现，为了在资本市场中争夺资源，地方政府积极参与上市公司的盈余管理，对上市企业进行了大面积的税收优惠和财政补贴，既导致地区间的税务竞争现象，又极大地扭曲了会计信息。朱平芳等人（2003）的研究显示，政府R&D资助对专利产出的影响并不显著。特沙勒比等（Tzelepis et al.，2004）发现，政府补助对推动希腊公司的效率与获利能力没有显著作用。张杰等人（2015）构建理论模型，分析中国情景下政府创新补贴政策对企业私人R&D投入的影响效应以及其中的作用机理，并利用中国科技部的"科技型中小企业技术创新基金"和中国工业企业数据库的合并数据，对理论模型的研究命题加以检验，研究发现：中国情景下政府创新补贴对中小企业私人研发并未表现出显著的效应。邹彩芬等人（2006）发现税收优惠政策对农业上市公司产出并无明显效应，而直接财政补贴政策的副作用是显著增加了企业的偿债能力。顾颖、房路生（2006）认为，我国政府支持中小企业政策的初衷与实际效果之间存在严重的错位现象。法西奥等人（Faccio et al.，2006）认为，有政治关联的处于财务困境公司更可能利用政治关联获取政府救助（government bailouts），"寻租行为"降低了政府救助资金的使用效率。伯格斯托姆（Bergström，2000）和潘越等（2009）发现，政府补助能影响中小企业的成长（其对生产效率的影响缺乏证据支持），且只会在当年对企业带来正面效应，资金使用效率低下。唐清泉、罗党论（2007）认为，作为政府干预市场的一种很直接的手段，政府补贴在维护社会目标方面起着很大的作用，而且此种作用在上市公司是当地国有企业时显得更为明显；从补贴效果来看，政府补贴没有增强上市公司的经济效益，但却有助于上市公司社会效益的发挥，政府补贴特定企业并不利于形成公平的市场竞争环境、无助于提高企业竞争能力和长期经营业绩。安同良等人（2009）认为，我国作为技术追赶型国家，政府惯常将R&D补贴作为激励企业进行自主创新的关键政策手段，但事实是企业经常发送虚假的"创新类型"信号以获取政府R&D补贴。为此，他们建立了一个企业与R&D补贴政策制定者之间的动态不对称信息博弈模型，力图刻画企业获取R&D补贴的策略性行为及R&D补贴的激励效应。研究发现，当二者间存在信息不对称，且用于原始创新的专用性人力资本价格过于低廉时，原始创新补贴将产生"逆向"激励作用。余明桂等人（2010）研究发现，与地方政府建立政治联系的民营企业确实能够获得更多的财政补贴；而且，在制度环境越差的地区，政治联系的这种补贴获取效应越强；与地方政府建立政治联系的民营企业获得的财政补贴与企业绩效及社会绩效负相关，而无政治联系的民营企业获得的财政补贴与企业绩效及社会绩效正相关。他们认为，地方政府基于政治联系的财政补贴支出会扭曲整个社会稀缺资源的有效配置，降低社会的整体福利水平。吴翌琳等人（2013）认为财政补贴与税收支持政策的协同性较差，创新政策支持必须跨越"门槛"之后，才能达到预期效果。

还有学者通过理论分析认为不同补贴方式也会产生不同的效果：事前补贴相对事后补贴效果会更差（杜跃平等，2005）；直接补贴和间接补贴的效果也会有所不同（Guellec & Bruno 2000；David，2006；唐清泉等，2008）；强调政府 R&D 研发支持的效率不确定：高松等人（2011）认为，在不同阶段的企业生命周期中政府直接资助金额与科技型中小企业所需要的资金额之间缺口存在很大差异，导致政府资助效应对处于不同企业生命周期企业存在较大差异；任国良等人（2013）认为，一个地区有权对区域内企业进行 R&D 补贴的部门可能有企业局、工商管理局、发改委、中小企业局、生产力促进委员会、经发局等，部门之间的 R&D 政策、规定、暂行办法或条例等名目繁多，但往往存在许多漏洞，况且政策之间经常存在很大的冲突，更不能期望它们达到协同优化的效果。

2.8　创新基金支持有效性

科技部创新基金管理中心（2000）、孙瑞华（2005）、郝臣（2006）、张炜等（2007）从不同角度研究了政府创新基金支持对中小企业成长性的促进作用。

科技部创新基金管理中心（2000）进行的问卷调查显示，创新基金的实施取得了良好的效果：促进了高新技术成果的培育和转化（有92.4%的企业认为），提高了企业持续创新能力，增强了企业凝聚力（92.4%），提高了产品的市场竞争力（81.8%）和管理水平（80.3%），同时对于缓解企业资金短缺有较大帮助（76.5%），对于吸引银行贷款和外来资本的投入，为科技型中小企业的技术创新真正起到了"及时雨"和"促进剂"的作用。

赵光荣等人（2004）认为，创新基金属雪中送炭、促进发展，让科技型中小企业插上腾飞的翅膀。蔡忆宁（2004）强调，创新基金以电子信息、新材料、生物技术与新药、环保与新能源等较为适宜科技型中小企业发展的高新技术新兴产业为重点，以高新园区、特色产业基地、大学科技园、科技企业孵化器等为载体，在科技和经济较为发达的江苏让中小企业如虎添翼。

胡萍（2005）通过问卷调查对浙江省创新基金立项企业的创新基金实施效果进行了研究，认为创新基金的制度安排基本保证了创新基金目标的实现。

李祖平（2005）认为，创新基金不仅快速拉动了经济的发展、增加了就业，更为民营科技型中小企业注入了活力，带来了新生，创新基金并非一般的现金流支持，它输入企业的是具有激活功能、造血功能的"干细胞"，完全超越了一般意义上的雪中送炭和救人急难。

孙瑞华（2005）指出，自 1999 年设立以来，创新基金一直致力于扶持科技型中小企业的创立和发展。深交所中小企业板 2004 年 6 月 25 日开盘，在最初的 20 家上市企业中，受过创新基金立项资助支持的有 10 家。据初步统计，在已完成验收的 1690 个项目中，创新基金共资助 9.1 亿元，资助后，企业的销售收入达到 269.2 亿元、增长了 14 倍，上缴税金增长了 18.5 倍；创新基金的项目验收合格率在 80% 左右。中国创新基金的建议者美籍华人萧镜如博士表示，同美国政府的中小企业创新研究计划比较，创新基金支持项目的成功率高，已取得的效果要好于美国政府的同类计划。创新基金应是雪中送炭而非锦上添花，如此高的成功率可能意味着，作为支持种子期和初创期企业的政策型引导资金创新基金实际承担的风险还不够。

胡兰（2006）认为创新基金是培育科技型中小企业的希望工程，使中小企业足不出户就能获得专家们最直接、最权威的指导，给科技型中小企业的成长带来了希望。

邓彦（2007）认为，从创新基金对科技型中小企业扶植和资助的实际效果看，处于初创期的科技型中小企业，创新基金几十万元的小额资助，对中小企业实施技术改造、走科技创新之路起到了巨大的作用。但对于发展到一定规模的中小企业，特别是那些需要投入大量资金实施科技创新的重点科技型中小企业，创新基金扶植和资助占整个项目投资的比例，最高年度不超过 9.32%、最低年度仅为 1.95%，其对重点科技型中小企业资金扶植和支持的规模、力度还远远不够。

岳宝宏等人（2007）认为，创新基金已成为我国政府支持科技型中小企业发展的主渠道，但其现有单纯财政资金的支持模式仍一直延续至今，应开拓资金的投入方式，结合技术创新企业资金需求的特点和不同阶段选择不同的投资方式，并进行资金拨付方式的改革。

余应敏（2008）利用从科技主管部门数据库中获取的广州地区 1999 ~ 2004 年 76 家创新基金立项企业的财务数据（有效样本 72 个），采用 logistic 回归分析，考察创新基金项目的"立项与否"是否与申请企业所呈报的财务数据相关。研究结果表明，影响"立项与否"的关键财务因素涉及：预测企业的年均净利润、新增计划投资合计、预测的项目净现值、项目内部收益率预测值和项目净利润预测值等指标。其中，创新基金的申请企业可行性研究报告中所预计的项目财务内部收益率对能否获得立项的影响最为显著。初步的研究结论证实了科技型中小企业创新基金项目的财务预测数据对是否获得立项具有显著影响。

梁寒冰等人（2009）通过分析现有的创新基金的管理办法和运作方式，针对以政府资金为投入主体、以联合细则为存在依据，偏重资金运作的稳定性、强调申领资金的程序性的现状，分析其运行中出现的额度较小、动力不足、受益面窄等缺陷，提出构建"参与多元化、运作市场化、政策系统化、管理法制化"的创新基金运作模式，以推动科技型中小企业持续、健康、快速发展。

王瑞瑾（2010）试图验证政府创新基金对科技型中小企业成长的促进作用、获取创新基金对促进科技型中小企业成长的经验证据。研究发现，样本企业具备较高的资产增长率、净利润增长率、流动比率以及净资产收益率，具有良好的成长性；而现金流能力一直偏弱，可能是由于企业正处于扩张期所需资金较多、创新基金资助金额本身较小以及创新基金本应具有的引导社会资金注入的作用没有得到充分发挥所导致。为此，应推动与鼓励社会资金对科技型中小企业的投入、加大创新基金的投入总量、前移资金支持的技术阶段、完善法律规范和平衡地域性矛盾。

陈宁、余旭（2010）认为，创新基金运行十多年来，培育了一批具有创新能力的中小企业，促进了科技成果的转化和产业化，缓解了科技型中小企业的资金困境，拓宽了高层次人才的就业渠道，有力地配合了西部大开发战略和东北振兴战略。但也存在资金来源单一、规模较小，对项目的前瞻性考虑不足，资助方式过于注重无偿资助，资助时间较短，对传统领域缺乏支持，创新基地量多质差等问题。为更好地发挥创新基金的推动作用，要着力扩大基金来源，增加基金规模，将资助方式由无偿变为有偿，延长资助时间，拓宽创新基金的覆盖面，加强对资助项目的立项评估和结项后的评估。

陈雅玲（2012）运用创新理论、中小企业融资理论和效率评价方法，以历年创新基金项目为研究对象，通过对技术创新的动力因素和创新过程中的资金需求特点进行分析，阐述政府扶持科技型中小企业的必要性和扶持侧重点；根据创新基金政策性效果和引导性效果的实现推出其在区域创新系统中的运作机制，分析了创新基金对科技型中小企业技术创新的推动作用。

梅建明等人（2012）在建立创新基金输出输入指标体系的基础上，以中部 D 市 W 区支持的 40 家中小企业为样本、利用 DEA/PCA 综合分析方法和多元线性回归模型，核算项目实施的投入产出能力及绩效水平，分析决定创新基金运行效率的因素。发现大部分科技创新基金支持项目运行效率有待提高；影响科技创新基金效率的主要因素是科研经费的投入、新增就业人员数和研发人员数。

陈聪、李纪珍（2013）分析了中关村国家自主创新示范区的 494 家企业申请创新基金项目的立项情况及其获得基金前后所获专利数量的变化情况，利用相关数据进行 OLS 回归分析和 PSM 检验分析，评价创新基金的实施效果。研究发现，创新基金资助对企业创新成果增长有较显著的促进作用，且企业获得创新基金的时间越长，该促进效果越明显；创新基金支持数额对企业创新成果增长的影响并不显著，说明创新基金资助有助于企业资质的认证、通过释放信号为企业缓解由信息不对称引发的融资困难。

王芝文等人（2013）认为，创新基金在促进中小企业技术创新、优化创新创业环境、引导带动地方和社会资金、推动我国高新技术产业发展等方面发挥了重要促进作用。国家创新基金已成为众多科技型中小企业获得国家科技计划支持的重要渠道，其成功实施，既为江苏省一大批技术含量高、创新性强、市场前景好的科技成果快速商品化和项目承担企业发展、壮大提供了条件，也为江苏省多家企业境内外上市、参与国际市场竞争，在更高层次上寻求发展奠定了基础。

张卫星等人（2013）基于波特的价值链模型以及科技型中小企业的特点，分析了科技型中小企业的价值链，并以价值链和利益相关者作为理论基础分析了创新基金的作用机理，得出创新基金的价值体现为资金杠杆、社会资本杠杆和带动效应，通过对每种价值进行细化形成完整的国家创新基金的价值测度指标体系，同时结合 115 份有效的调查问卷，对国家创新基金的价值测度进行了实证研究，他们认为，创新基金的真谛在于使企业获得了国家信用，有效地放大其杠杆作用是实现创新基金价值最大化的关键。

张杰等人（2015）利用创新基金和中国工业企业数据库的合并数进行了研究，发现在我国，知识产权保护制度的完善程度，会影响到政府创新补贴政策对中小企业研发的作用效应；知识产权保护制度完善程度越弱的地区政府创新补贴政策越能促进企业私人研发的提升，贷款贴息类型的政府创新补贴政策对企业研发造成了显著挤入效应，而无偿资助等类型的政府创新补贴政策却未产生如此的挤入效应。

郭研等人（2015）检验了创新基金对企业创新产出的影响，以及筛选机制的变化对创新基金效果的作用。发现获创新基金资助的企业比未获创新基金资助的相似企业，在专利数量、新产品产值和出口方面有更好的表现，且此效果在2005年筛选机制从集权到分权的改变后显著增强，此影响在不同地区有很强的差异性：经济和制度越发达的地区，创新基金的效果和筛选机制的作用越明显。郭研等人（2016）发现，创新基金存在事前的选择效应和事后对企业全要素生产率的促进效应，其筛选机制由集中到分权决策的变化提供了自然试验的机会，对创新基金的效应产生了显著的影响；在经济越不发达的地区，创新基金的作用越显著，从而说明了在市场失灵的情况下政府干预的必要性。

2.9　相关文献的简要评述

总体而言，国内外学术界已普遍认同政府支持中小企业进行技术研发的必要性，学者们大多认同，政府对中小企业的R&D扶持政策是有效的，但意见仍不统一、远未达成共识，分歧很大：学者们大都认为，政府支持在中小企业技术创新过程中起重要作用，政府通过制定各种扶持政策，创造中小企业技术创新的良好外部环境，引导中小企业进行技术创新，有利于提升中小企业的竞争力、发展壮大市场（Scott，1984；Duguet，2004；V. Chandler，2004；A. Briozzo et al.，2012；科技部创新基金管理中心，2000；孙瑞华，2005；郝臣，2006；肖居孝等，2007；余应敏，2008；那小红，2011；袁红林等，2012；郭研等，2015、2016）；国内外关于政府支持对于促进中小企业成长有效度的相关研究尚不够深入、系统。

国外已有越来越多的研究文献注意到政府R&D支持对象选择的偏误问题，但国外的研究文献主要集中于经济学与管理学领域，且主要将政府支持作为影响中小企业成长诸多因素中的一个变量来加以研究，缺乏能全面、综合考虑政府 R&D 支持因素的文献。在政府研发支持有效性方面，既有文献主要集中于考察政府支持对企业 R&D 支出、创新产出和技术效率的影响，且研究结论极其不一致。国内针对政府 R&D 支持有效性（特别是针对创新基金等国家层面支持政策有效性）研究，可能囿于数据搜集上的困难抑或缺少必要的数据库资源，国内学者大多进行单纯性的理论分析，对政府 R&D 支持科技型中小企业的研究仍不够全面、科学，缺少从财务视角较为细致、深入地探讨政府 R&D 支持有效性及其机理的文献。尽管已有越来越多的学者尝试进行专门针对政府支持对中小企业成长性影响的实证研究、已积累了一定有价值的学术文献，但相当于此课题的重要性而言仍显极其不足够，大多数研究仍处于初步研究层次、缺乏科学而系统的理论指导和规范科学的实证检验，很多研究结论仍显过于草率与分散，不成体系，尚不足以形成支持政府制定和完善其决策的经验证据，现有实证研究重点关注政府研发支持对企业 R&D 投入的影响，但是大多使用 R&D 投入、专利数据来反映创新绩效，研发投入只能作为一种手段、过程，而非政府支持的终极目标。有鉴于此，有必要在比较科技型中小企业研发投入产出的基础上，从财务视角系统考察政府 R&D 支持的有效性。研究政府 R&D 补贴实施效果的文献多是从企业 R&D 投入（程华，2008；王俊，2010）、新产品产出（卢方元等，2008；李泓桥等，2012）等角度反映政府补贴的效率，目前国内学者仅对中小企业是否获得政府 R&D 补贴设置虚拟变量，既有的研究大多通过数学模型推导和数据模拟等从理论层面分析不同补贴方式和补贴金额对企业业绩的影响，学界仍缺少关于政府 R&D 支持对中小企业财务成长方面的经验数据，专门针对中小企业、基于财务视角考量政府 R&D 支持效果的文献尚不多见，特别是对于政府科技型中小企业支持政策的效率仍未有定论。

本书试图以小见大、管中窥豹，基于创新基金研究视角，将之作为政府支持中小企业的一个典型案例，系统考察我国政府中小企业支持政策的财务有效度，以期抛砖引玉、裨益于相关课题的深入研究、裨益于我国愈益重要的科技型中小企业。

第 3 章

相关概念与理论基础

3.1 相关概念与主要术语

3.1.1 企业成长与企业成长性

3.1.1.1 企业成长

"成长"一词英文译作 growth，本来是指生物有机体由小到大、由弱到强、由低变高的过程；企业的存续也会经历类似的过程，就有学者把"成长"引入经济学中。英国经济学家马歇尔（Alfred Marshall）在其《经济学原理》（1890）中最早将此概念用于描述企业。鉴于企业的生长同人的成长一样、也有生命周期，人们越来越多地使用"成长"一词来描述企业的发展变化。自企业成长理论诞生以来，学者们对于"企业成长"赋予了多种不同的含义，以致每当一种新的企业成长理论出现，都伴随着对"企业成长"一词新的理解：在古典经济学中，经济学家们并未专门界定"企业成长"，只是将其简单地等同于"企业规模的扩张"。一般认为，这与当时现代企业制度（公司制）尚未建立、企业的主要形式正由工场手工业演变为工厂有关。新古典经济学中也未对"企业成长"进行专门的界定，只是将"企业成长"看作"企业调整产量达到最优规模水平的过程"，抑或是"从非最优规模走向最优规模的过程"，对"企业成长"的理解仍未突破"企业规模扩张"的界限。新制度经济学对"企业成长"赋予了新的内涵，强调"企业成长"既表现为企业规模的扩张、也表现为企业功能的扩展，认为"企业成长"即为"企业边界扩大的过程"，为了节约交易费用，企业将一些以前通过市场进行的交易纳入企业内部来进行、通过前向一体化或者后向一体化，企业组织便替代了市场机制的一些功能，从而获得"成长"。

时至今日，人们对"企业成长"本质的认识已趋于一致，普遍认为"企业成长"是量的成长与质的成长相结合的过程。其中，量的成长主要包括销售额的增加、市场份额的提升、盈利增长、资产额和人员规模（员工数量）扩张等（Delmar，1998；Weinzimmer，Nystrom & Freeman，1998），质的成长是指促成企业制度、管理机制、组织结构、管理能力和产品性能等方面的发展创新（企业升级）。

本书认为，"企业成长"可被定义为：在一定时期内，在特定的市场环境中，企业为了实现自身价值，通过研发、采购、生产、营销等一系列活动与外界进行各种交易从而促使规模不断扩张、功能不断完善、竞争能力由弱变强的过程；企业可以通过开拓新市场、开发新产品、设立新机构（或部门）等方式来实现成长。成长本身并非企业经营的最终目的，但是持续的成长有助于企业实现获取利润、分散风险、提高地位甚至垄断市场的目标；从理论上讲，只要经营得当，企业的成长可以是个永无止境的过程。

3.1.1.2　企业成长性

企业成长与企业成长性是两个既相互联系又相互区别的概念。虽然学者们对企业成长的理解已趋于一致，但对企业成长性却有着许多不同的理解。丛佩华（1997）认为企业的成长性是指企业在持续经营中，通过其生产要素与生产成果变动速度间的优化而获得的企业价值的增长能力；惠恩才（1998）将企业成长性定义为公司在自身的发展过程中，其所在的产业和行业受国家政策扶持，具有发展性，产品前景广阔，公司规模呈逐年扩张、经营效益不断增长的趋势；原国家经贸委等机构（2001）提出成长型中小企业是指在较长时期（如 5 年以上）内具有持续挖掘未利用资源的能力，不同程度地表现出整体扩张的态势，未来发展预期良好的中小企业；王向阳等人（2001）认为成长型企业是指目前尚处在创业阶段，但由于自身的某些优势（如行业领先、技术垄断和管理高效等）而可能在将来迸发出潜力的，具有可持续发展能力、能得到高投资回报的创业企业；尚增健（2002）认为企业的成长性是企业具有不断挖掘未利用资源从而持续不断地实现潜在的价值生产能力，是人们依据企业现有的发展状况和其他内部、外部客观因素所做出的对该企业的一种未来发展预期；赵天翔（2003）认为企业的成长性是指一个企业在一定时期内实现总体目标（主要指生产经营成果，一般运用商品销售收入、利润来表达）及其增长的情况。

综上所述，本书认为，"企业成长性"是企业所拥有的一种能够促使企业在未来持续快速发展的潜在能力：若一家企业的成长性好，则该企业在未来一段时间内就能够实现较快的成长。准确认识企业成长性，需要把握三个要点：（1）以企业持续经营为前提，换言之，如一家企业面临着随时倒闭的风险便无成长性可言；（2）考虑时间跨度；（3）把握企业成长性应全面、综合。

3.1.2 中小企业与科技型中小企业

3.1.1.1 中小企业

众所周知，世间万事万物，大与小的概念从来都是相对的：只能在具体的相互比较中存在，即存在一定的相关范围。所谓中小企业（small and medium-sized enterprises，SMEs or small and medium-sized business，SMBs），也是相对于大企业而言的，通常是指经营规模小、在所处行业中不占主导地位、对行的影响较小的企业。在不少国家如英国、澳大利亚和中国等，通常又将其进一步分为中型企业、小型企业和微型企业，通称中小企业；但在美国的日常用语和经济文献中，很少采用"中型企业"的称呼，而只将企业划分为大、小企业。大、中、小企业本身是一种相对较为模糊的规模（size）概念，在不同时期、不同国家有不同的界定，难以形成国际上统一的通用标准，即便在同一国家内部、在一国经济发展的不同阶段、不同的产业部门、不同行业，也会有不同的界定标准，如仅美国国会对小企业即曾经提出过近 700 种标准（Watson，1995）。正因为如此，对中小企业的界定乃是一个相当复杂的问题。正如 1985 年美国觉顿出版社出版的《当代商业》指出："有关小企业的任何概念都依赖于同其他企业的比较。在确定小企业时，常采用销售额、雇员人数、资产额、净资产、市场份额以及同竞争对手的关系等为标准。在给小企业下定义时，人们愿意采用多少种方法就会有多少种方法"。从世界各国的实践看，衡量企业规模的主要是企业雇员人数（employee）、资产（assets）和销售收入额（营业额，turnover）。顾江（2001）认为，企业规模是指企业生产系统的大小，如固定资产存量与增量、职工人数、生产能力产量等。企业规模可以用生产要素规模和生产能力规模等绝对指标来度量或定义；生产要素规模是指企业经济活动过程中所拥有或能够调动的生产要素的数量与质量的总和，包括资本规模、劳动力数量与质量、就业人数、新增价值、产品数量与价值、利润、总资产、净货币价值、新增资本投资额以及土地占用等，其中使用最多的是就业人数和销售额。不过，用绝对指标衡量企业规模的大小，存在以下缺陷：（1）所确定的企业规模标准会随时间的推移而不断变化，而且，一个企业的规模只有与其他企业的规模相比较时（通常是在同一行业中进行比较），才能确定其真实含义；（2）企业的实际规模与行业差别有关，企业实际规模会随行业的不同而不同；（3）企业规模标准在不同的国家有不同的理解。有鉴于此，设定企业的规模标准时应考虑：一是尽可能使用一套标准，使之适用于不同的目的和用途；二是设定企业的规模标准应基本能够适用于所有行业或领域的企业；三是不同行业可以采用相同的指标、以便相互比较，但每个行业的指标大小既可以因行业不同而异；也可以选择不同的指标，以充分反映不同行业的特点；四是能体现行业内部的竞争程度，充分反映企业在行业中的竞争地位。

概括而言，各国对中小企业界定采用了三种不同的方式：一是采用企业的经济特征和控制方式加以界定的定性方式，如美国经济发展委员会（Committee for Economic Development，CED）对小企业的定性规定即是此方式的典型代表；二是采用若干数量指标衡量企业规模的大小的定量方式，如日本对中小企业的定义即属此类；三是定性与定量相结合的方式，如德国对中小企业进行定性定义（qualitative definition）的基础上，分别具体行业制定定量标准，另外，美国《小企业法》中的规定和欧盟中小企业定义中的建议等也采用的是此种方式。目前，几个主要经济体代表性的中小企业界定标准见表3-1。从世界各国的实际划分标准来看，一般从"质"和"量"两个方面进行把握。"质"的界定方法主要是通过对企业所有权、经营权等经济形态的主观区分；而定量标准即用"量"来界定中小企业，就是采用某种数量标准来划分企业的界限；在此类指标中，企业一定时期的雇员人数、资产总额、销售收入最具代表性。

表3-1　　　　　美、日、欧盟及中国台湾地区中小企业界定标准一览表

国家（地区）	中小企业界定标准
美国	雇工人数不超过 500 人
日本	制造业等：从业人员 300 人以下或资本 3 亿日元以下 批发业：从业人员 100 人以下或资本 1 亿日元以下 零售业：从业人员 50 人以下或资本 5000 万日元以下 服务业：从业人员 100 人以下或资本 5000 万日元以下
欧盟	中型企业：职工人数在 250 人以下，或营业额不超过 5000 万欧元，或资产总额不超过 4300 万欧元 小型企业：职工人数在 50 人以下，或营业额不超过 1000 万欧元，或资产总额不超过 1000 万欧元
中国台湾	制造业：经常雇员人数在 200 人以下或资本在 8000 万元新台币以下 矿业与石土开采业：经常雇员人数在 200 人以下或资本在 8000 万新台币以下 服务业：经常雇员人数在 50 人以下或资本在 1 亿元新台币以下

资料来源：林汉川.中国中小企业创新与持续发展 [M].上海：上海财经大学出版社，2006：150；欧盟委员会 2003 年第 1422 号通知。

顺便指出，欧盟委员会（European Commission）于 2003 年采纳、并于 2005 年 1 月 1 日启用了一份新的建议，适用于欧盟所有有关中小企业的政策文件、项目规划以及施政方针；邀请各成员国，并联合欧洲投资银行（EIB）以及欧洲投资基金（EIF），共同推进新标准的广泛应用。新界定标准在两个方面进行了改进：增设了对微型企业（micro enterprise）的界定；对 1996 年所公布的财务指标的临界值进行了调整，即在保持雇员人数的临界值不变的情况下，调高了年营业额/年度资产负债总额（曾驭然，2007），如表 3-2 所示。

表3-2　　　　　　　　欧盟委员会 2005 中小微企业界定标准

企业规模	雇员人数	年营业额	年度资产负债总额
中型企业	小于 250 人	小于或等于 5 千万欧元（1996 年为 4 千万欧元）	小于或等于 4 千 3 百万欧元（1996 年为 2 千 7 百万欧元）
小型企业	小于 50 人	小于或等于 1 千万欧元（1996 年为 7 百万欧元）	小于或等于 1 千万欧元（1996 年为 5 百万欧元）
微型企业	小于 10 人	小于或等于 2 百万欧元（属初次界定）	小于或等于 2 百万欧元（属初次界定）

具体而言，各国常用的定量标准（quantitative definition）主要有：雇员或从业人数、总资产或固定资产规模、销售额或营业额、资本额等。定量标准又可进一步归纳为人员数量和价值指标两类。（1）从业人员等人员数量能直接反映企业规模大小。劳动力（雇员或从业人数等）作为生产的三要素之一，生产一定数量产品所需投入的劳动力数量往往代表当时社会的生产力水平，在生产同类产品的企业之间，可以用从业人员的多少反映企业规模的大小。从业人员指标的使用，能使政府实施中小企业扶持政策时获得更大的弹性空间；另外，从业人数的多少可以与一个国家的经济发展状况相适应，也可以与各行业相适应，各国政府都把就业率作为衡量经济是否景气的一个重要标志，雇员或从业人数指标是政府或社会各界了解社会就业状况的重要指标。从业人员、业主人数的优点是该指标易于取得[①]、便于比较、简明容易理解，不受物价波动的影响，同时，它不像资产、销售额、营业额、资本额等需要具备相关专业知识或经验才能想象出企业实际规模的大小（杨松令，2004），因此，从业人员是量化企业规模大小的最常用、最简便、最易操作又最能说明问题的一个标准，是各国较多采用的划分中小企业的定量指标之一（但长期以来却为我国所忽视），并常用于经济统计和调查研究；缺点是从业人数难以确切地反映企业的真实规模，尤其是在不同行业的企业之间缺乏相似性，对小单位有估计过高或低估其成长潜力的可能。应当指出的是，企业的雇员人数通常是不包括企业所有者和其实际上在企业工作的直系亲属的。（2）可以间接反映企业规模的价值指标如注册资本、资产总额、营业额、利润额等，其中运用注册资本和营业额的优点是均为企业愿意公开的数据、数据可随时获得，缺点是不能对生产状况提供清晰图像；而选用企业资产总额和利润额的优点是能较好地显示企业经济活动状况、并易于比较，资产额还能反映企业的运行质量，缺点是获得数据困难、多数企业不愿提供。（3）生产能力指标（产能指标）如固定资产规模等只反映企业的潜在生产能力、生产手段的状况，难以确切地反映中小企业生产经营与管理的内在规定性，易使人们的注意力过分集中于企业生产装备水平或可能的效率上，而对设备效率的实际发挥却无从了解、不得而知或漠不关心，故不宜作为中小企业的定量

---

　　① 无论是否出于自愿，一个企业单位的雇员或从业人数是一项极易取得的指标，这既可通过企业认购的养老保险或其他劳动保险中轻易得到，也可通过企业编报的现金流量表中"支付给职工以及为职工支付的其他现金"项目较为准确地获取；此外，还可从企业披露的各种消息中推断出来。

标准。显而易见，定量方式的最大优点是数据容易获得，便于灵活运用，在法律法规及政策中更具有可操作性，因此多数国家对中小企业的界定采用单一的定量指标。当然，对于定量标准的选用，如果说不分行业、针对所有行业都采用单一的从业人数或营业额定量指标，很难确切地将大企业与小企业区别开来，如在高新技术产业的生物工程技术产业或信息技术产业，少量的人员就能创造巨额营业额或利润，而在商贸服务业往往聘用很多员工，但营业额却不高，因而，在定量界定（quantitative definition）中小企业时，应将从业人数和营业额两个指标结合起来运用。

各国对中小企业标准的定性规定（qualitative definition），主要强调：是否独立所有和独立经营、市场占有率是否具有控制地位、对市场价格是否有影响、是否有决策自由以及业主是否直接管理、是否向外通过发行证券筹资等；主要是从企业所有权、经营权的归属、企业的融资方式以及企业所处行业中的地位等方面加以描述。不过，"活动范围有限""所有权集中""独立决策""自主经营"和"业主直接管理"几乎涵盖了所有定性标准，但最核心的只有三点：独立所有，自主经营和较小的市场份额。"独立所有"是多数定性定义的必要条件，但各国间亦有细微差别。如美国、德国都强调独立所有。美国认为，只要业主持有50%以上的股权，就可"看作"独立所有，而不管企业是否上市；德国则认为，上市企业不是独立所有，不属中小企业；"自主经营"是指业主本人控制自己的企业，但各国把握此标准的方法不一，如英国强调所有者（经营者）必须不受外部支配，以色列则强调业主亲自承担全部或大部分管理职能；"较小市场份额"的表达有直接和间接两种方式，如加拿大直接规定为"在其经营领域不占垄断地位"，意在防止垄断、鼓励竞争；德国则通过"不能以资本市场融资"和"对企业进行个人或家族管理"两个条件作了间接表达（林汉川、魏中奇，2000）。与定量方式比较，采用定性的方式的优势在于，能抓住中小企业的本质特征，从而更具稳定性和概括力，表现在：只要符合定性标准中的基本特征，就可较为准确地作出某企业是否属于中小企业的判断。但在实际应用中，单纯的定性标准因缺乏具体的数量界限，往往不如定量标准简明、易于操作；因而采用定性标准的国家，大多同时兼用定量标准。

在我国对中小企业的界定标准中，最具代表性的当属2003年2月19日为贯彻实施《中华人民共和国中小企业促进法》（2017年9月1日第十二届全国人民代表大会常务委员会第二十九次会议修订，以下简称《促进法》）由工业和信息化部、国家统计局、国家发展和改革委员会、财政部

联合发布的《中小企业划型标准规定》中的界定标准。根据《促进法》
（2017）规定，中小企业是指在中华人民共和国境内依法设立的，人员规
模、经营规模相对较小的企业，包括中型企业、小型企业和微型企业。根
据工业和信息化部、国家统计局、国家发展和改革委员会、财政部 2011
年 6 月 18 日联合印发的《中小企业划型标准规定》，中小微型企业在工业
中是指从业人员 1000 人以下或营业收入 40000 万元以下的企业，其中，
从业人员 300 人及以上，且营业收入 20000 万元及以上的为中型企业；从
业人员 20 人及以上，且营业收入 300 万元及以上的为小型企业；从业人
员 20 人以下或营业收入 300 万元以下的为微型企业；在信息传输业中是
指从业人员 2000 人以下或营业收入 10000 万元以下的企业，在软件和信
息技术服务业中是指从业人员 300 人以下或营业收入 10000 万元以下的企
业，在科学研究和技术服务业中是指从业人员 300 人以下的企业。中小企
业划分为中型、小型、微型三种类型，具体标准根据企业从业人员、营业
收入、资产总额等指标，结合行业特点制定；适用的行业包括：农、林、
牧、渔业，工业（包括采矿业，制造业，电力、热力、燃气及水生产和供
应业），建筑业，批发业，零售业，交通运输业（不含铁路运输业），仓
储业，邮政业，住宿业，餐饮业，信息传输业（包括电信、互联网和相关
服务），软件和信息技术服务业，房地产开发经营，物业管理，租赁和商
务服务业，其他未列明行业（包括科学研究和技术服务业，水利、环境和
公共设施管理业，居民服务、修理和其他服务业，社会工作，文化、体育
和娱乐业等）。具体标准见表 3 – 3：

表 3 – 3 　　　　　　　　我国中小企业划型标准规定

行业类型	具体定量界定标准		
	职工人数	销售额	资产总额
工业	1000 人以下	40000 万元以下	40000 万元以下
建筑业	—	80000 万元以下	80000 万元以下
零售	300 人以下	20000 万元以下	
批发	200 人以下	40000 万元以下	
仓储业	200 人以下	30000 万元以下	
交通运输、邮政	1000 人以下	30000 万元以下	
住宿和餐饮业	300 人以下	10000 万元以下	

资料来源：工信部：《关于印发中小企业划型标准规定的通知》，2011 年 6 月 18 日发布。

由此可见，我国的中小企业划分基本上还是采用国际上的通用方法。吕国胜（2000）认为，在确定中小企业的概念中，一个重要的原则是相对性原则。表现在三个方面：（1）地域相对性。经济规模大小不同的国家（或地区）对中小企业规模的界定标准是不同的。从业人数是各国（或地区）界定中小企业规模普遍选用的标准，在丹麦，从业人数200人以上的企业是大企业；在法国和意大利，中小企业从业人数的上限是500人。（2）行业相对性。无论采用何种标准，中小企业的实际规模总与行业差别有关，故中小企业的规模标准应能充分反映各行业的特点。（3）时间的相对性。中小企业概念在时间上是相对的，随着经济的发展及社会变化会不断地调整，虽然确定一个企业的大小规模总是可以用就业人数、收入（营业额）、产值等一些较为客观的数据来实现，但这些标准会随着时间的推移而相应变化。故此，设定中小企业的规模标准应考虑以下几个因素：一是尽可能使用一套标准，使之适用于不同的目的和用途，不宜采用一事一个标准；二是应基本能够适用于所有行业或领域的中小企业；三是不同行业可以采用相同的指标，以便于相互比较，但每个行业的指标大小既可以因行业不同而不同；也可以选用不同的指标，以充分反映不同行业的特点；四是能够体现行业内部的竞争。刘伟东、陈凤杰（2002）认为，"客观把握中小企业的本质特征和发展的规律性既是研究中小企业问题的前提，也是各级有关部门扶持与政策支援中小企业发展的出发点。由于中小企业的范围相当广，不同类型的企业、不同发展阶段的企业都具有不同的特征。因此，只有掌握了中小企业发展的客观规律性，才能做到'有的放矢'地解决中小企业存在的问题"。

本书认为，可以借鉴德国政府等西方发达市场国家的做法，在对中小企业进行定性界定的基础上，分行业制定相应的中小企业定量标准。鉴于我国人口众多、劳动力资源在我国异常丰裕的现实，笔者认为，在界定中小企业定量的规模标准时，要重视"就业人数"这一定量指标的运用，不仅如此，还应"从高"制定中小企业的人数划分标准。基于此，对于就业人数在300人以下的高新技术企业应界定为中小企业，其他类型一般的企业只要其就业人数在500人以下，便应认定为中小企业。

中小企业的基本特征可以概括为：

（1）面广量大。即便在垄断程度最高的西方发达国家，中小企业在其企业总数中仍占90%以上；虽然在部分国家曾出现过中小企业数量和比重减少、下降的趋势，但中小企业在各国仍保持着数量最多、比重最大的优势。日本是世界上中小企业最多的国家，第二次世界大战后日本中小企业比重一直呈上升态势。1954 年，日本有中小企业 328.2 万家，1986 年增加了 1 倍，达到 644.8 万家，1993 年又达到 654.2 万家，中小企业占比始终超过 99%；欧美各国中小企业在绝对数量虽少于日本，但中小企业在全部企业数中仍占相当重大的比重。据 1988 年日本中小企业厅发表的《中小企业白皮书》统计，制造业中小企业的比重，日本为 99.1%，美国为 96.2%，英国为 95.7%，意大利为 99%，加拿大为 97%，原联邦德国为 90.7%；零售业中小企业的比重，日本为 99.6%，美国为 97.7%，英国为 99.2%，原联邦德国为 99.3%。现代化大企业非但不可能消灭中小企业，反而使其有增多的趋势；科学技术进步，既会导致生产的集中和大型化，也会导致生产的分散和小型化趋势，两种趋势同时发展、并不矛盾：在科技迅速发展的条件下，即使大企业的实力不断增强，也不可能把包罗万象的社会分工完全包揽下来，广大中小企业特别是那些以新技术为武器的科技型中小企业，属社会分工中不可或缺的一个细胞，仍能担负起大企业无法取代的经济、技术和社会职能，在国民经济结构中占有重要地位（袁美娟，1999）。

（2）股权结构单一，业主直接经营管理企业。中小企业的所有权常集中于个别人或少数几个人手中，成为极富特色的业主经理管理模式。此特征有两种后果：其一，所有者同时是经营者的模式，可以缩短代理链条、降低代理成本，企业的经营者通常拥有企业的剩余索取权①和剩余控制权，使得现代企业制度的两权分离所产生的代理问题几乎不存在，不会产生两权分离条件下所普遍存在的因信息不对称所带来的经理人"逆向选择"和"道德风险"、或者大规模企业内部常出现的由于资本与劳动的利益摩擦使企业效益低下等问题；其二，往往不能从证券市场直接筹集经营所需的优质资本。

（3）经营灵活、生命力顽强。中小企业所需资金和技术门槛较低，从

---

① 剩余索取权是相对于合同收益权而言的，它是指企业收入在扣除所有的固定的合同支付（原材料成本、固定人工费、利息等）后，对其余额（利润）的要求权，由于企业的剩余通常是不确定的，故企业的剩余索取者一般也是企业的风险承担者；剩余控制权指在契约中没有特别规定的活动的决策权。在治理结构层次上，剩余索取权主要表现为在收益分配优先序列上的"最后的索取者"；控制权主要表现为"投票权（vote rights）"（见：彭璧玉，现代企业管理新论［M］. 北京：经济科学出版社 2001，P. 4）。由于所有权与经营权相分离，易产生企业由"受所有者控制"转变为"受经营者控制"的"内部人控制"现象，公司经理等内部人就可以通过行使拥有的企业资产使用的剩余控制权来掠夺小股东和债权人的财富，损害外部所有者的利益。此时应通过公司治理结构的安排与调整，削弱、抑制或控制内部人控制现象（余应敏，2003）。

业人员少，投入少、见效快、可选项目多、市场进入易，设备简单、经营手段灵活多变，适应性强。与大型企业相比，中小企业受资产专用性和沉落成本的影响较小，从而机会成本较小、投资的风险较低、较为灵活机动，正所谓"船小好掉头"，可以根据市场变化及时地调整产品结构、改变生产方向、经营策略甚至转行，开业容易、便于投产经营，虽然因资信等级较低、与外部资金提供者间信息不对称严重等原因导致其筹资困难，但因其占用资金少、周转速度快，更易于适应复杂多变的外部环境；同时，由于中小企业组织结构简单，在处理生产管理、市场营销与人员安排上，比起层级繁多、结构复杂、机构庞大的大企业来说，更易于简化决策程序、使决策更迅速。

（4）竞争力较弱，受市场和外部冲击的影响较大，活动的时空范围有限。中小企业尤其是制造型中小企业受生产规模与资本积累等诸方面的限制，劳动生产率往往较低、生产成本较高，可选的融资方式单一、筹资成本较高，在市场上的竞争力往往较弱；加之，产品与技术多属于模仿性质，由于缺乏相关信息，所模仿的产品技术多数处于生命周期的"成熟期"或"衰退期"阶段，市场竞争激烈、难度大，往往难以同资金实力雄厚、技术成熟、营销网络完善的大企业相抗衡；因资金实力不足，往往导致设备技术不足、难以吸引高端技术人员加盟而缺乏独立研发能力，使得不少传统中小企业在激烈的市场竞争中多处于劣势，寿命往往较短，倒闭的可能性和频率较高，极易夭折而存活率较低。据日本学者研究，日本的中小企业的平均寿命不足10年。

（5）产出规模小、在市场上不占统治地位。中小企业虽在数量上占有绝对优势，但在规模、资金、技术和市场占有率等方面与大企业相差悬殊。一方面，中小企业往往缺乏足够的资本积累，创业资本和运营资本相对匮乏，且因为资信等级不高，筹资比较困难、渠道较少，故生产的规模和资本的有机构成一般不高，产品标准化程度低、品种单一、技术含量与附加值低；另一方面，中小企业规模在同行业中相对较小，市场占有份额不大、不掌握国家的经济命脉，在国民经济中不能像大企业那样起决定性主导作用。这一特点迫使中小企业在激烈的市场竞争中要扬长避短，充分发挥自身优势，不断寻求并牢牢把握生存和发展的机会。

（6）组织形式多样。在我国，中小企业普遍采取个人独资、合伙、股份合作制和有限责任公司形式。20世纪90年代以来，中小企业以企业内部少数股东集中持股的股份合作制逐步转变为普遍采用公司制形式。1992

年，我国私营企业中的个人独资、合伙企业和有限公司的户数分别占 55.3%、32.0% 和 12.7%；到了 1999 年上述比重分别变为 43.14%、10.14% 和 39.95%，股份有限公司占 5.8%。① 个人独资和合伙企业的比重逐渐下降，而有限公司和股份有限公司组织形式则呈上升趋势。

许多学者认为，同大型企业相比，中小企业更愿意采用各种新措施、新设备、新技术，更积极从事技术革新，不断加快技术进步，这也是中小企业极具活力和潜力优势之所在。根据罗红波、戎殿新（2001）的研究，中小企业的优势在于：（1）规模小、好管理，应变能力强，是一种灵活的、更具独立性的资源配置形式。小企业的指挥系统，从老板到合伙人和雇员，关系简单、直接，能使管理者即刻了解到内部效率不高的环节，从而及时加以解决。企业主和其供应商之间，特别是企业主和其客户之间的密切关系，使企业能够迅速应对外部条件的变化；对于消费越来越个性化，小企业有很强的适应能力。虽然小企业的效率较低，但成本也低，同 250 人以上的企业相比，微型企业的生产成本相当于其 52%。（2）尽管有争议，中小企业专业区②仍可取得规模经济效益。它对经济的周期性波动和工业政策的摇摆，发挥了抑制作用。其最大优势之一在于高度专业化。一般而言，企业规模越大，协调成本也就越高。当中小企业专业区内交易成本低于大企业内部的协调成本时，小企业的优势就会大于大企业。中小企业专业区发挥着降低交易成本的作用，从本质上说，就使区内小企业获得了外部规模经济效益。专业区可以从整体上获得内部规模经济效益，而每家小企业则可以获得外部规模经济效益。区内企业之间的了解、信任、和谐关系以及约定俗成的规制和集体价值观念，发挥着降低交易成本的作用。从业人员流动较容易，一旦某家小企业陷入危机，其雇员很容易在另外的小企业找到工作；最能干、最有抱负的工人自己开办小企业的门槛低、机会多；对于陷于危机的企业主来说，他所蒙受的损失只不过是家庭财富中的一小部分。有学者指出，集中在某个专业区的小企业群，在总体上可以达到一家大型企业所能达到的效率水平。（3）小企业有利于经济和社会的同步发展。中小企业的另一个最大优势，就是在当地社会有很深的

① 转引自新浪财经《私营企业再上台阶　要闯三关》，见 http：//finance.sina.com.cn，2000 年 7 月 7 日国研网。

② "中小企业区"，实际是阿尔弗雷德·马歇尔（A. Marshall）所称的"工业区（Distretto Industriale）"。贝卡蒂尼（G. Becattini）教授将其借用于指代意大利工业化过程中普遍存在的工业化体系现象，也译作"工业小区""企业集群""柔性专业化体系"或"交易分析体系"（罗红波，2004）。

根基。大企业生产率的提高只取决于投资与技术进步，故而与当地社会的联系很淡薄。中小企业是当今扩大就业的主要领域。在 1998～2000 年，与大企业的形势相反，其就业出现正增长，幅度为 5%～6%。（4）就意大利而言，中小企业的产品往往既是一种使用价值，又是一种文化，而特色文化的优势是不可替代的。意大利著名中小企业学家、佛罗伦萨大学贝卡蒂尼（G. Becattini）教授指出，"在意大利，小企业本身也是一种文化"。（5）必须进行具体分析，不可一概而论。小规模企业虽然同属一类，但运作质量、经营水平、经济效益千差万别。意大利著名社会学家西洛斯·拉比尼（1975）指出，小企业同样是经济进步的产物。"如果说经济进步自身造成了很多重要工业的集中，那么，它同时也造成了五花八门众多小企业的出现"。（6）中小企业委托代理链条层次少①，可以在一定程度上避免代理人的机会主义行为带来的效率损失；（7）中小企业同最终的消费者较为接近，对市场需求的变化能表现出极大的灵活性和适应能力，能够较为迅捷地转产、实现产品结构化调整，在专业化和服务上能最大限度地满足消费者个性化的市场需求②。

笔者认为，任何事物都具有两面性，只有从正反两个方面加以观察，才能更全面地理解和认识事物。毋庸讳言，中小企业也有其固有的缺陷③。根据罗红波、戎殿新（2001），对中小企业提出的质疑主要包括：（1）从根本上说，只有大企业才是资本与科学技术相结合的最佳载体。大企业规

---

① 随着企业规模扩张的不断发展，大企业存在着复杂的多重委托代理关系，易引致效率损失。大企业纵向一体化的科层结构使得管理层次太多，一方面增加了交易成本和组织成本，另一方面使委托代理关系的链条加长、委托人多元化和代理人的多层次性，增加了代理成本和信息成本。由于委托代理关系本身存在着四个方面的利益冲突：（1）所有者与经营者的利益目标函数不完全一致，易引发委托人与代理人目标、动机不一致的矛盾；（2）所有者与经营者的风险意识不一致，直接影响着企业委托代理的效果；（3）所有者与经营者能够获取的有关企业经营的信息不对称，加大了所有者对经营者监督与约束的难度；（4）委托代理合同的达成与实际执行的过程不可能完全一致。作为一种契约关系，委托代理关系不可能通过粗线条的法律法规使委托人与代理人双方订约内容面面俱到。由于契约的内容与实际执行过程的不完全一致性，可能产生委托人对代理人的约束失控。委托代理关系中由于责权利以及信息的非对称性、利益函数的偏差，难免出现代理人在经营活动中的机会主义行为，如采取各种手段追求自身利益最大化而损害委托人利益的问题。诸如行为短期化，不考虑企业的长远发展；增加成本支出，侵蚀企业利润；盲目扩大规模，以提高个人在同行中的地位；过分的在职消费，增加非生产性开支；另立账户，转移资金，侵吞所有者资产；虚盈实亏等等。代理成本膨胀，控制成本上升既影响着委托代理的效率，又影响着企业利润。而在中小企业，由于业主往往就是经营者，委托代理链条简单，基本不存在上述问题。

② 续建宜. 德国中小企业概论［J］. 南开经济研究，1995（6）：63.

③ 有能力的私人公司经理享有诸多的灵活性（见 Cornell&Shapiro，1988 以及 Finegan，1991）；当然他们也的确面临着诸多挑战，此外，对成长中的年轻公司提供融资支持需要创造性思维（Posner，1992）。

模巨大，具备多样化经营条件，其实验室和分部可提供多种机会，以推动生产组织和分配组织的科学化，并不断取得新的进步，这就是所谓"技术边界"。据此，在企业规模结构中，小企业只能充当拾遗补阙的角色，只能处于"从属地位"。（2）小企业很少采取公司制形式。应当说，企业组织形式没有绝对的优劣之分，任何形式的企业都可以创造出高效率。但是，对有些行业来说，在现在的经济运行环境下，公司制企业具有更强的适应性。意大利对制造业企业的抽样调查结果表明，几乎90%的企业是直接由居民自然人控制的，只有10%的企业属于公司制企业。（3）效率低、国际竞争力差。在意大利工业体系中，小企业这一块是非常脆弱、非常边缘化的部分。从微型企业（9人以下）到大型企业，生产效率和盈利率具有递增趋势。微型企业的劳动生产率仅仅相当于雇员250人以上的企业的44.3%，其利润率仅相当于后者的55.4%（意大利国家统计局，2002）。意大利银行在其2002年度报告中指出，20世纪80年代末到90年代中期，大型企业生产效率的年均增长率为3.9%，而小型企业只有2.3%。在制造业中，出口企业的职工人数占该行业职工人数的55%，企业规模越大，比例就越高；在微型企业中，出口企业的职工人数只占14%；出口在其营业额中的比重很低；在木材家具、施工机械部门，中小企业并不占优势。（4）缺乏研究开发能力，甚至应用新技术也有障碍。只有少数企业在研究与开发上愿花钱、花得起钱，雇员不到100人的企业大多如此；在人才培训上的投资更少；在专业区内，企业之间的竞争与合作关系通常建立在传统文化以及彼此信任与个人声望的基础上，电子化管理将使原有基础受到破坏，甚至瓦解。（5）资金短缺、融资渠道单一。与其贡献形成巨大反差的是，资金短缺一直是困扰各国中小企业发展的突出问题；尤其在经济衰退期，中小企业往往要面临比大企业更大的资金压力，一方面是因为，此时贷款利率高、贷款条件苛刻，另一方面也是更重要的，大企业往往出于自我保护的需要，推迟对中小企业货款的支付或采用票据结算，使中小企业的主要货款（因大企业往往是中小企业的主要客户）不能及时收回，从而把中小企业推向愈益困难的境地。据调查，我国80%的中小企业认为，缺乏融资途径是制约其发展的最主要因素（余应敏，2006）；中小企业85%的原始资本来自发起人、家族或亲戚朋友；主要依赖内源融资、自身的经营积累与拆借支持其开办与扩张；因贷款手续繁琐、获取商业贷款的几率不大、商业银行的作用不大。中小企业缺乏吸引外部资金的能力和进行股权融资的机会，在正常条件下，中小企业并不能借助金融工具壮大自己，原因在于，一是小企业对信贷、特别是短期信贷过分依赖；二是存在着对银行的"多头依靠"，不能与一家银行形成稳定而良好的银企关系，也就难以通过此种关系获得足够的信息与支持；三是小企业能利用的创新金融工具与服务很少。（6）难以应对经济全球化和管理科学化的挑战。有学者指出，中小企业的所有权不易转让、所有者大多也是企业的管理者，存在固有的竞争劣势：一方面，股权不能上市流通、变现，意味着中小企业现有所有者既不能将个人财富进行分散化投资，也难以吸引和补偿那些非本家族的职业经理人，经营管理者的文化程度普遍不高（我国企业经营管理者的文化程度如表3－4所示）、家族治理现象严重，导致出现管理技能人才和熟练技术工人缺乏、缺少获取高新技术的能力、缺乏训练有素的市场营销和开拓能力等诸多困难，易被迅速发展的新兴工业或某些重返夕阳产业的先进工业所淘汰。（7）买方条件下的不公平竞争使小企业极易夭折或死亡。在高度发达的市场经济国家，市场是一种极其稀缺的资源，中小企业在与大型企业争夺市场的竞争中，往往处于劣势地位：大企业凭借其雄厚的资金实力和大量的广告投入以及巨额的市场开拓费用，使得其在市场营销中始终具有优势，中小企业只能在夹缝中求得生存，死亡率总是很高。因此，企业规模小并非一种选择，而是种种束缚和制约造成的必然结果。

表3－4　　　　　　　　我国企业经营管理者的文化程度　　　　　　　单位：%

学历结构	总体	企业所有制性质						企业规模	
		国有	集体	私营	股份制	外商投资	港澳台投资	大型	中小型
初中及以下	2.9	0.6	3.9	8.2	3.0	3.4	3.3	1.4	3.8
高中或中专	15.3	7.4	25.7	34.1	13.8	13.4	18.5	6.12	0.2
大专	40.2	39.7	48.2	43.1	39.2	31.5	40.7	32.6	43.6
本科	34.3	45.2	18.6	9.9	34.8	40.1	31.0	50.6	36.1
研究生	7.3	7.1	3.6	4.7	9.2	11.6	6.5	9.3	6.3

资料来源：中国企业家调查系统"迎接知识经济挑战：世纪之交的中国企业经营者"［J］.管理世界，1999（4）。

3.1.2.2　科技型中小企业

"科技型中小企业"作为一个复合概念，是企业的科技性与企业规模特性的结合，"科技"说明了企业的经营范围，"中小"界定了企业的经营规模。美国将科技型中小企业定义为创新型小企业，通过创新的产品而生存并成长起来。根据 2002 年 6 月 29 日通过的《中华人民共和国中小企业促进法》，科技型中小企业指主要由科研人员领办或者创办，主要从事高新技术产品的研制、开发、生产和服务的中小企业。相对于成熟的高新技术企业①而言，科技型中小企业在规模上存在一定差距，但又有别于一般传统意义上的中小企业。发达国家普遍采用的科技型中小企业界定方法是在标准产业分类法与产业统计基础上，用研究与开发经费投入占工业总销售额收入的比值（研发投入强度）和专业科技人员占总就业人数的比值（科技人员密度），作为综合指标来进行科技型中小企业的划分；通常把两项密度指标两倍于全国制造业平均值的产业部门界定为高技术产业。

　　我国政府层面对科技型中小企业进行界定的主要有：科学技术部、财政部《关于科技型中小企业技术创新基金的暂行规定》《国家高新技术产业开发区高新技术企业认定条件和办法》《国家高新技术产业开发区外高新技术企业认定条件和办法》和《关于国家高新技术产业开发区外高新技术企业认定工作有关执行规定的通知》等，主要从科技人员比重、研发投入强度、高科技产品比重以及经济效益等方面对科技型中小企业进行界定。

---

　　①　目前，发达国家和一些国际组织界定的高新技术企业基于国际标准产业分类法、产业统计，采用（1）研究与开发费用占企业销售额的比重，即研发（Research & Development，R&D）强度，表示产品和技术变化的加速程度及产业的技术含量。（2）研究与开发科技人员占职工总人数的比重，即科技人员密度两个指标。只要其组合或其中一个指标两倍于全国制造业平均值，即可界定为高新技术企业。在我国，根据 2007 年 3 月 16 日十届人大五次会议通过的《中华人民共和国企业所得税法》及其实施条例规定的高新技术企业为：（1）研究开发费用占销售收入不低于规定比例；（2）科技人员占企业职工总数不低于规定比例。同时，高新技术产品（服务）属于《国家重点支持的高新技术领域》规定的范围和产品（服务）收入占企业总收入不低于规定比例。2008 年，经国务院批准，国家科技部、财政部、税务总局联合公布了《高新技术企业认定管理办法》，规定高新技术企业必须具备：（1）在中国境内（不包括港、澳、台地区）注册一年以上的居民企业；（2）在《国家重点支持的高新技术领域》内持续进行研究开发与技术成果转化，形成企业核心自主知识产权，并以此为基础开展经营活动；（3）近 3 年内通过自主研发、受让、受赠、并购等方式，或通过 5 年以上的独占许可方式，对其主要产品（服务）的核心技术拥有自主知识产权；（4）具有大学专科以上学历的科技人员占企业当年职工总数的 30% 以上，研发人员占企业当年职工总数的 10% 以上；（5）企业为获得科学技术（不包括人文、社会科学）新知识，创造性运用科学技术新知识，或实质性改进技术、产品（服务）而持续进行了研究开发活动，且近 3 个会计年度的研究开发费用总额占销售收入总额的比例符合如下要求：①最近一年销售收入小于 5000 万元的企业，比例不低于 6%；②最近一年销售收入在 5000 万元至 20000 万元的企业，比例不低于 4%；③最近一年销售收入在 20000 万元以上的企业，比例不低于 3%；（6）高新技术产品（服务）收入占企业当年总收入的 60% 以上；（7）企业研究开发组织管理水平、科技成果转化能力、自主知识产权数量、销售与总资产成长性等指标符合《高新技术企业认定管理工作指引》的要求。

1999 年由科技部、财政部联合发布的《关于科技型中小企业技术创新基金的暂行规定》中界定的"科技型中小企业"为：（1）企业已在所在地工商行政管理机关依法登记注册，具备企业法人资格，具有健全的财务管理制度；（2）企业应当主要从事高新技术产品的研制、开发、生产和服务业务，企业负责人应当具有较强的创新意识、较高的市场开拓能力和经营管理水平；（3）职工人数原则上不超过 500 人；（4）具有大专以上学历的科技人员占职工总数的比例不低于 30%①；（5）企业每年用于高新技术产品研究开发的经费不低于销售额的 3%；（6）直接从事研究开发的科技人员应占职工总数的 10% 以上；（7）对于已有主导产品并将逐步形成批量和已形成规模化生产的企业，必须有良好的经营业绩。《科技型中小企业技术创新基金申请须知》（2007 年版）对承担"创新基金"支持项目的企业提出的条件中，将每年用于高新技术产品研究开发的经费从不低于销售额的 3% 提高到不低于销售额的 5%，并且增加了"持续创新的意识"要求。根据我国科技部与财政部联合发布的 2010 年度《科技型中小企业技术创新基金项目申报须知》中，设定的科技型中小企业标准为：（1）具备独立企业法人资格的中小企业；（2）主要从事高新技术产品的研究、开发、生产或服务业务，且申报的项目必须在其企业法人营业执照规定的经营范围内；（3）管理团队有较强的市场开拓能力和较高的经营管理水平，并有持续创新的意识；（4）具有大专以上学历的科技人员占职工总数的比例 30% 以上，直接从事研究开发的科技人员占职工总数的比例 10% 以上；（5）有良好的经营业绩，资产负债率合理；每年用于技术产品研究开发的经费不低于当年营业收入的 5%（当年注册的新办企业不受此限）；（6）有健全的财务管理制度和合格的财务管理人员；（7）企业须由中方控股，但由具有外国身份的留学人员个人控股的企业除外，须提供留学身份证明。

《天津市科技型中小企业认定管理办法》（2011）规定的"科技型中小企业"是指拥有一定科技人员，掌握自主知识产权、专有技术或先进知识，通过科技投入开展创新活动，提供产品或服务的中小企业；按照"成长路线图"，科技型中小企业分为初创期、成长期、壮大期三个阶段，在科技型中小企业认定工作中，对于处于不同发展阶段（工商新注册的除外）的企业，必须满足的基本指标包括：（1）企业中具有大专以上学历

---

① 经省级以上人民政府科技主管部门认定的高新技术企业进行技术创新项目的规模化生产，其企业人数和科技人员所占比例条件可适当放宽。

的人员占职工总数的比例不低于20%；（2）企业科技经费支出额占企业主营业务收入的比例不低于2%；（3）企业经由其知识产权、专有技术或先进知识产生的收入占企业主营业务收入不低于20%；科技小巨人企业是指年销售收入在1亿元以上，拥有具有自主知识产权的科技成果、技术和产品，在行业内居于全国前列，具有较高成长性的科技型中小企业。

此外，国内外学者对于科技型企业采用的认定标准也不尽相同。戴曼斯库（Dimancesc）提出了认定科技型企业的两大标准：企业中要有40%~60%具有专业学位的工程科研人员；用于研发的再投入一般应占到销售收入的5%~15%。《科学美国人》杂志（Scientific American，SciAm）将"高技术企业"定义为"需要不断进行高水平创新的企业，其市场可能在一夜之间发生变化；这类企业一般需有10%以上的高级工程师和科学家，至于从事最边缘技术的企业则要有15%以上的工程师和科学家"。我国学者秦辉、傅梅兰（2005）认为，科技型企业是一种知识、技术和人才密集型，并以追求创新为其核心的企业实体。陆立军等人（2004）认为，科技型企业是高技术在企业价值活动（即企业内部为了将投入的各种资源成功地转化为产出而进行的各种活动）中充分渗透和作用的企业，并将科技型企业的定义为那些研制、开发、生产、销售高技术产品或大规模运用高技术的企业，它不同于一般企业的本质特点是，在为社会提供产品或劳务的过程中涉及到的基于新兴科学知识的技术含量比较高。石定环（1999）指出，科技型中小企业是由科技人员领办或创办，实行自筹资金、自愿组合、自主经营、自负盈亏，主要从事科技成果产业化以及技术开发、技术转让、技术咨询、技术服务活动的企业。因而，科技型中小企业可被定义为：以科技人员为主体，由科技人员领办和创办，以追求创新为其核心，以实现科技成果商品化为主要内容，以市场为导向，实行自筹资金、自主经营、自负盈亏、自我发展、自我约束，主要从事高新技术及其产品的研制、开发、生产、销售和服务的知识密集型中小企业。科技型中小企业具有灵活的研发机制和经营机制、快速的市场适应能力，是整个中小企业群体中最具活力最有潜质的企业。简言之，科技型中小企业是以创新为使命与生存手段的中小企业。袁建明（2000）认为，科技型中小企业具有高新技术开发、高风险、高投资、高成长、高收益"五高"特征的企业。赵玉林等人（2000）认为科技型中小企业具有以下特征：（1）建设周期短，公司体制多样化、复杂化；（2）经营者经验不足，创新活动难以有准确的市场定位；（3）资金不足，融资渠道不畅；（4）决策机制灵活，创新能

力较强，能够适应市场多样性需要。

本书主要采用我国科技部、财政部有关科技型中小企业的认定标准。依照科技部和财政部规定，"创新基金"支持的项目企业应具备以下条件：必须从事高新技术产品的研究、开发、生产和服务业务；领导班子有较强的市场开拓能力和较高的经营管理水平，并有持续创新的意识；职工人数不超过500人；具有大专以上学历的科技人员占职工总数的比例不低于30%，直接从事研究开发的科技人员占职工总数的比例不低于10%。北京市科委颁发的"民营科技企业认定办法"中规定：大专以上学历或具有中级以上职称的科技人员占企业职工总数的20%以上，生产型企业每年用于研究开发的经费占年销售收入的3%以上，新技术产品销售收入和技术性收入两项之和与当年总收入之比不低于45%等。笔者认为，既然科技型中小企业是"科技型企业"和"中小企业"企业的集合体，其特点就应该涵盖这两种企业共有的特征，但其特点也更加复杂、不完全等同于这两类企业特点的交集。与传统中小企业相比，科技型中小企业的特殊性突出地表现在以下几个方面：

一是技术的科研投入比重大。技术创新是科技型中小企业的灵魂，而研发投入是企业进行技术创新的保障。通过检索发现，不管是国家层面的技术创新基金，还是地方层面的类似扶持政策，在项目的申请须知中都对科研投入的比重有明确要求[1]。可见，科研投入比重高是科技型中小企业能够成为科技型企业的重要特征。一般而言，企业在研究开发、试点与产业化阶段的投入比例约为1：10：100，在科技成果的产业化过程中，需要投入大量的人力、物力和财力。与传统企业的生产经营活动不同，科技型中小企业主要是技术开发、智力资本的投入，科技含量高、投入大，具有大专以上学历的科技人员占职工总数的比例在30%以上，直接从事研究开发的科技人员占职工总数的比例超过10%；研发投入形成的资产在企业总资产的比重远高于传统企业。

二是技术的科技创新效率高。科技型中小企业主要从事高新技术及其产品的研制、开发、生产、销售和服务，产品技术含量高、附加值高，决定了不断创新是其成长的首要特征。科技型中小企业创新效率高主要由于两个原因：第一，科技型中小企业的规模通常较小、管理层级及人数少，个人从创新中获得的收益相对较高，而在大企业中，参与分享创新成果的

---

[1] 国家层面及多数省份为5%，部分省份为3%。

人数众多，同样的付出难以获得同等的回报，科技型中小企业的科研人员更有创新动力；第二，科技型中小企业经营体制灵活，科技研发人员不必像在大企业那样需要经过层层批准之后才能将创新思路或新想法付诸实施，客观上提高了科研人员的工作效率。

三是多属知识、技术和人才密集型。当今世界科技发展日新月异，新技术、新概念、新创意层出不穷，高科技产品更新换代的频率也越来越快。科技型中小企业为了在激烈的市场竞争中保持技术领先优势，必须在产品技术含量上下功夫，以满足客户的多样化需求：既要根据人们的需求快速开发出全新的产品，更应注重在原有产品的基础上增加新功能，从而引导或改变人们的消费习惯，从而使科技型中小企业的产品打上技术含量高的烙印。

四是成长发展速度普遍较快。科技型中小企业大多由技术人员创办或领办，最核心的资源是技术而非资金，大多数科技型中小企业在设立初期规模较小但技术含量普遍较高，技术资源的异质性能够保证科技型中小企业拥有区别于其他传统中小企业的核心竞争力，可为其带来逐年扩大的市场份额与源源不断的营业收入，收入的增长会壮大其资本实力，从而可保证科技型中小企业的研发投入。科技型中小企业凭借其技术优势，创新产品迅速占领市场、扩大销售收入，可以实现迅速扩张，如能及时地解决成长中所遇到的问题，一旦形成了此种良性循环，科技型中小企业便可迅速茁壮成长为高素质的大型科技型中小企业。

五是经营风险与收益波动性较大。科技型中小企业所从事的是以科学技术的新发明、新创造为基础的技术商品化活动，往往是高新技术产业或新兴行业发展的开拓者，在成长过程中，其经营、发展前景不明朗、存在着大量的不确定性；同时，作为技术、知识密集型中小企业，高科技产品是大量科技及管理人员智慧的结晶，其附加值大，易形成技术上的优势，甚至可带来一定时期的市场垄断、取得超额利润，从而可获得极高的回报。当然，尽管成功的创新能够为企业带来超额的收益，而失败的尝试则会将企业拖向破产的边缘：技术创新本身就是一件风险极高的活动，即便技术上成功了，如果管理、营销、财务等能力跟不上，企业仍然可能陷入困境。在科技型中小企业由小到大的成长过程中，面临着组织结构变革、集权与分权矛盾、员工凝聚力下降、财务风险加大等各方面的挑战，经营失败的案例比比皆是。

六是具有技术与管理创新体制的优势。在我国国有经济布局进行战略性调整之后，多为民营企业的科技型中小企业已成为经济生活中新的亮点，应该说这与其体制优势分不开：创新动力强，科技型中小企业最能感受竞争的压力，也最具有创新动力；风险意识强，科技型中小企业非常注重风险的规避、防范和分散；便于形成激励机制，科技型中小企业要能不断在技术和管理上创新，需要有一套鼓励创新的内在激励机制，激励企业的经营管理者和科技人员去创新。一般而言，科技型中小企业最便于形成此种机制。如在科技型中小企业中流行的经营管理层和主要科技人员的股票期权（期股）制度等激励机制，在其他中小企业中实施起来要困难得多。

基于以上分析，本书认为科技型中小企业具有"三高"特性：（1）高成长性，鉴于科技型中小企业的产品多为技术含量高的高新技术产品，具有新颖性和高技术特性，如运营良好，便能迅速地占领市场、实现企业的快速成长。（2）高风险性。知识、技术、资本、人才密集；研究开发投入强度高，大多具有较强的研究开发能力；主要从事技术开发、技术转让、技术咨询、技术服务和科技成果生产转化、销售经营等活动；高投入、高风险、高收益并存，为科技成果的转化者、高科技产业的探路者、企业家的培训者、高收入就业岗位的创造者、经济持续增长的推动者和建设创新型国家的重要支柱。（3）高灵活性。科技型中小企业具有管理更加便利、灵活，能很快地将新技术、新发明通过开发形成新产品，故活跃于科技进步的最前沿。据调查，我国科技型中小企业的经济技术活动主要集中在通信、电子信息、生物工程、新医药、新材料、新能源及环保等领域，已初步走出了一条以拥有自主知识产权的科技成果转化为主的发展道路。

3.2　中小企业成长相关理论

3.2.1　早期的企业成长理论

企业成长理论随着实践的发展经历了一个漫长的变迁过程，许多学者或流派都对企业成长进行了精彩的论述。为行文方便，本书将古典经济学、新古典经济学以及新制度经济学关于企业成长的论述统称为早期企业成长理论。早期企业成长理论主要认为企业成长（firm growth）是企业的规模随着时间而逐渐增大。

3.2.1.1　古典经济学的企业成长理论

古典经济学用分工和规模经济利益来解释企业成长问题。亚当·斯密（Adam Smith，1776）是古典经济学的创始人，他在《国富论》中通过制针工厂的例子说明了分工能够促进企业规模扩大，并解释了企业分工促进企业发展的原因：第一，劳动者的技能因专业而日进；第二，由一种工作转到另一种工作，通常会损失不少时间，有了分工，就可以免除这种损失；第三，许多简化劳动和缩减劳动的机械的发明，使一个人能够做许多人的工作。即企业作为一种分工组织，其存在的理由就是为了获取规模经济利益。尽管亚当·斯密没有区别一般分工和特殊分工，但从其分工理论中仍然可以同时解释国民经济中企业数量增加和单个企业规模扩大这两个范围的企业成长。

斯蒂格勒（stigler，1951）以古典经济学为基础，通过对企业的功能划分，根据产业寿命周期分析了企业成长的一般规律，重新解释了基于规模经济利益的企业成长与稳定的竞争均衡条件相容的原因。他认为，企业的成长与产业的成熟度有关，当企业处于产业形成初期，企业主要通过内部分工来实现成长。随着产业和市场的扩大，企业在通过提高专业化程度来实现规模的扩大同时企业数量也会不断地增加。

3.2.1.2　新古典经济学的企业成长理论

以马歇尔为代表的新古典经济学继承了古典经济学的传统，关注企业的生产属性、基于均衡分析，其企业成长理论可被认为是企业规模调整理论，认为企业成长的动力和原因在于对静态最优企业规模的追求，在此种最优企业规模的分析中，企业成长就是企业调整产量达到最优规模水平的过程，或是从非最优规模走向最优规模的过程；企业成长的基本因素影响均是外生的，企业面临的成本或需求曲线变动了，企业就会扩大规模；成本变化的原因通常来自技术变革或要素价格变化；需求变化则是由于收入变化或偏好变化所致。而在长期均衡条件下，企业成长与利润之间没有预期的关系，只是在短期会出现资源向利润率高的企业或产业移动，形成企业成长与利润之间的正向关系。当然，如在新古典企业成长理论中引入时间因素，即可建立一种动态均衡模型，企业解决的是跨时约束最大化问题，企业目标相应地是实现未来利润流现值的最大化；即使目前企业处于最优规模，如果未来预期的"最优"规模大于目前的最优规模，企业也会扩大产量，出现企业成长（即规模的扩大）。马歇尔（Marshal，1890）在坚持古典经济学的规模经济决定企业成长观点的同时，试图将之与稳定的竞争均衡条件相协调，通过引入"外部经济、企业家生命和居于垄断地位企业避免竞争的困难性"三个因素，把稳定的竞争均衡条件与古典的企业成长理论协调起来。马歇尔将决定企业成长的因素归结于外部经济和内部经济（即企业成长的足够市场空间和企业良好管理所带来的超出行业平均水平的效益），认为外部经济与内部经济决定了企业的成长。由于企业规模的扩大会导致企业灵活性的下降，从而企业竞争力下降，成长的负面效应最终会超过正面效应就使企业失去成长的势头；更重要的是，随着企业的成长，企业家的精力和寿命均会对企业成长形成制约，而且新企业和年轻企业家的进入竞争，会对原有企业的垄断地位形成挑战，从而制约了行业垄断结构的维持。马歇尔（Marshall，1925）强调，企业中存在直接与各自技能、知识相关的"差异分工"，差异分工的增加导致新的协调问题，需要产生新的内部专门职能对原有的和新增的专业职能进行协调整合，企业生产和协调能力便会在企业内部得到持续成长。

小阿尔弗雷德·钱德勒（Alfred D. Chandler，1977，1992）从企业史和宏观角度进行探讨，认为从组织制度上可以把企业分为古典企业和现代企业，企业成长中由古典企业向现代企业制度变迁，既对企业本身意义重大，也对社会经济体制的转变具有决定性作用。企业制度变迁是随企业经营规模扩张而出现的，同时又是维持和促进规模扩张的必要条件。由于企业成长意味着一部分原先的市场交易内化于企业之中，需要企业内部的行政协调机制的健全，因此，企业成长的重要方面就是企业内部组织结构的变革。在1977年出版的《看得见的手：美国企业的管理革命》一书中，钱德勒把美国大企业的成长和此过程的职业经理在管理职能上对企业主的替代综合起来定义为"管理革命"；其结果是"看得见的手"（现代企业内部的行政协调）在协调经济活动和分配资源方面已取代了亚当·斯密的"看不见的手"（即市场调节力量的"无形的手"），"新型经理式企业取代了市场协调从原材料生产经由若干生产过程到销售再到最终消费者的商品和服务流程，并将其一体化"；不过，市场依旧是对商品和服务的需求的创造者，新型经理式企业并完全没有取代市场、成为决定商品和服务提供的首要力量；钱德勒强调，大规模管理组织对生产、营销过程的协调和对企业主的替代，是生产率提高的源泉。

3.2.1.3　科斯的企业成长动因理论：节约市场交易费用

新制度经济学的企业成长理论认为，企业成长是企业边界扩大的过程，分析企业成长因素即为探讨决定企业边界的因素，而企业成长的动因在于节约市场交易费用。由此，始于科斯的新制度经济学打开了企业"黑箱"的大门。科斯（Ronald Coase，1937）认为，由于市场交易存在签约、监督履约和追索违约等相关的交易费用，为了节约交易费用便出现了企业，但企业也带来了管理成本；管理成本和交易费用的比较决定了企业规模的大小，当管理成本等于交易费用时，企业达到最大适度规模；节约交易费用的考虑是企业成长的动力。按照科斯的理论，市场发达程度越高，则企业成长的动力便越低，这明显与事实不符，因为现实中通常是市场发达程度与企业成长呈正相关关系。为此，杨小凯和杨有光（1993，1994）认为，应该考虑经济主体的交易效率的相关范围，市场发达一方面增加了交易费用，另一方面也提高了交易效率，只要交易效率提高的利益大于交易费用，市场的发达与企业的成长就可以齐头并进。

3.2.2　内生性企业成长理论

起源于英国约翰·霍普金斯大学教授彭罗斯（Edsth. T. Penrose），并经沃纳菲尔特（Wernerfelt，1984）与普拉哈拉德和哈默（Prahalad & Hamel，1990）等继承与发展，形成了两个分支：企业成长的资源观与能力观。彭罗斯的《企业成长的理论》（Penrose，1959）提出了企业内生成长论的内在企业成长论，是企业内生处长理论的奠基之作。在该书中，她以单个企业为研究对象，探究了决定企业成长的因素和企业成长的机制，建立了一个从"企业资源"到"企业能力"再到"企业成长"的分析框架；通过搭建"企业资源"—"企业能力"—"企业成长"的分析框架，揭示了企业成长的内在动因；认为企业是"被一个行政管理框架协调并被限定边界的资源集合体"，企业拥有的资源状况是决定企业能力的基础，企业能力决定了企业成长的速度、方式和界限，故企业的成长主要取决于能否更为有效地利用现有资源，影响企业持续性成长的主要因素是管理资源不足，企业成长实质上是企业管理能力与资源交互作用的动态过程。她强调相关多元化作为企业成长的一种方式，认为企业多元化经营的发展程度和公司掌握的资源量有关，成功率与原有专长领域相关，企业进入领域的数目、相关行业的跨度要受到公司资源及原有独特专长的约束；受熊彼特关于企业家和创新理论的影响，彭罗斯也强调创新能力的重要性，认为产品创新和组织创新均是企业成长的推动因素，二者均取决于创新能力。

后来的学者对彭罗斯的理论进行了丰富和完善，形成了企业成长的资源基础学派与能力学派。沃纳菲尔特（Wernerfelt，1984）认为，企业是由一系列资源组成的集合，企业的竞争优势源自于企业所拥有的资源，尤其是一些异质性资源。企业成长是一个动态过程，是通过创新、变革和强化管理等手段积蓄、整合并促进资源增值进而追求企业持续成长的过程。以资源为基础的企业成长理论存在这样一个隐含的假设，即资源的效用可以脱离人的活动而客观存在，该理论把企业竞争优势的源泉定义在具体的作为物的资源上，完全脱离了企业中人的因素，造成了资源与其配置者之间的分离。实际上，客观存在的物质资源能够发挥多大的效用完全取决于使用它的人，资源异质性的背后是人的异质性。

以普拉哈拉德和汉默（Prahalad & Hamel，1990）为代表提出的企业核心能力（Core Competence）理论对企业资源论作了进一步引申，认为企业的竞争优势来自于企业配置、开发与保护资源的能力，即企业核心能力。核心能力是组织中的积累性集体学识，尤其是如何协调多种生产技能以及整合众多技术流的能力，它是分布于组织内部以及跨越组织边界的特殊物质。在核心能力统领之下，许多本质不同的业务可变成协调一致的业务；一套强有力的核心能力的存在决定了企业有效的战略活动领域，能产生出企业特有的生命线。企业核心能力理论在探寻企业竞争优势来源的过程中，对企业成长源泉的认识又向前推进了一步，它强调企业内部的资源、核心技术、技能等核心能力对企业成长的重要性，企业竞争优势的根源由具体的、客观存在的资源变成了资源配置、开发与保护资源的能力；但忽视了不断变化的企业外部环境对企业成长的影响，同时，并未清晰地对除核心技术外企业由哪些核心能力组成、每一核心能力又由什么构成作明确鉴定。针对核心能力理论的这种不足，大卫（David J. Teece，1997）提出了一个"动态能力"的分析框架。按其界定，动态能力是整合、建设、重构组织内外部的资源、技能和能力，以适应环境快速变化的能力。企业的动态能力不能通过市场买卖获得，应深入企业内部的过程、资源状况和路径中去寻找。动态能力理论强调，具有有限动态能力的企业不能培养持久的竞争优势，而具有强动态能力的企业能使其资源与能力随时间的变化而不断积累增强，并能有效利用市场上新的机会来创造竞争优势，因此，战略分析的基本元素不再是笼统的"资源"，而是有利于形成和维持动态能力的组织过程、专有资产状况和获得资源与能力的路径。在对企业核心能力深层次决定因素的追寻过程中，出现了以知识为基础的企业成长理论，该理论认为，隐藏在能力背后起决定作用的因素，是企业的知识以及与知识密切相关的认知学习，是企业知识决定了企业的竞争优势。可见，企业内生成长理论认为，企业成长具有内生性，企业拥有的资源、能力和知识等才是企业成长的根本动因，企业内部形成的独特知识和能力是企业成长的手段与内在动力，企业成长决定于如何构建这些不可交易的知识和能力。企业内生性成长理论着重从企业内部或内外部结合视角寻找企业成长的内在动因，从而在一定程度上弥补了现代契约理论仅关注企业交易属性的缺憾。

3.2.3　企业生命周期成长理论

企业的成长性涉及企业可持续发展问题，和企业的成长阶段相关。企业生命周期成长理论认为，企业的发展过程由若干成长阶段组成，每个阶段都有自己的特征、问题和应采取的战略。该理论始于 20 世纪 50 年代，迄今为止，已形成了多种生命周期模型，其研究主要集中于三个方面：第一，划分生命周期的依据以及企业生命周期划分为几个阶段；第二，每个阶段的特征和主要问题；第三，针对这些问题，管理层应该采取什么战略？当然，对于三者的研究并非孤立的，大部分学者都将三者同时进行研究。

马森·海尔瑞（Mason Haire，1959）首先提出了可以用生物学中的"生命周期"观点来看待企业，认为企业的成长同自然界的动植物成长一样，也符合生物学中的成长曲线，存在生老病死的生命周期现象。

丘吉尔和刘易斯（Churchill N. C & Lewis V. L，1983）[①] 从企业规模和管理因素两个维度描述了企业各成长阶段的特征，提出了一个五阶段成长模型，即企业生命周期包括创立阶段、生存阶段、发展阶段、起飞阶段和成熟阶段。据此，企业整体发展、成长过程一般会呈现"暂时或永久维持现状""持续增长""战略性转型"和"出售或破产歇业"等典型特征。

企业生命周期理论的杰出代表美国哈佛大学教授、组织学家拉瑞·葛

---

① Churchill NC，Lewis VL. Les cinq stades de l'évolution d'une PME. Harvard l'expansion. 1983（30）.

雷纳（L. E. Greiner，1972）以企业年龄、企业规模、演变时间、改革时间、行业成长率等标准将企业的发展阶段分为：创业、生存、摆脱束缚、成功发展和起飞五个阶段。创新成长期（creativity），企业的重点是创造一种产品或服务，同时创造一个市场，重点工作是技术和营销；规模扩张成长期（direction），资金和经验的积累使企业的生产销售能力提高，规模经济的好处逐步体现，外部竞争压力增强，依靠领导增长招致"领导危机"，实现两权分离，职能制取代直线制组织机构，中层管理队伍壮大；成长准备期（delegation），解决生产和销售之后盈利增长，竞争加剧使企业开始培植第二种产品，授权管理易引致"控制危机"；多样化发展期（coordination），资本运作成为企业发展的重要手段，事业部制和矩阵制是企业的典型组织模式，总部不具体指导业务而专注于战略制定，易出现"官僚危机"；组织成熟阶段（collaboration），企业已实现自身资源的最佳配置，企业保持稳定增长，管理重点是营造合作氛围、倡导团队精神，重视管理培训和人才培养。尽管此模型并非完全针对中小企业，但也能很好地用于解释中小企业的成长。

在众多关于企业生命周期理论中，最具影响力的当属伊扎克·爱迪思（Ichark Adizes，1979）创立的"十阶段生命周期理论"。在其著作《企业生命周期》中，描述了企业生命周期各阶段的行为特征，将企业的成长过程划分为孕育期、婴儿期、学步期、青春期、盛年期、稳定期、贵族期；将企业的老化过程划分为官僚化早期、官僚化晚期，最后步入死亡期。他认为，企业规模和经营时间都不是引起成长和老化的原因，关键在于管理。管理并不是营造根本没有"问题"的环境，而是把注意力集中到企业目前的生命阶段所存在的问题上；当企业步入盛年期时，成功管理的关键在于处理好引起老化的因素，可使企业避免未老先衰。

我国学者陈佳贵（1988，1995）认为，企业生命周期是指企业诞生、成长、壮大、衰落直至死亡的过程，可以划分为孕育期、求生存期、高速成长期、成熟期、衰退期和蜕变期等阶段。图 3-1 描述了企业的三种成长方式，欠发育型（类型 A）、正常发育型（类型 B）、超常发育型（类型 C）。其中，欠发育型是指企业在建立时是小企业，始终没有成长为大企业；正常发育型中小企业经过一段时间的成长，素质提高，实力增强，进而成长为一个大中型企业；超常发育型是指企业诞生时就是大中型企业，成长的起点高、实力强。他以正常发育型企业为研究对象，详细探讨企业各个阶段的主要特征，认为企业经历衰退期后，存在两种前途：一是衰亡；二是蜕变。

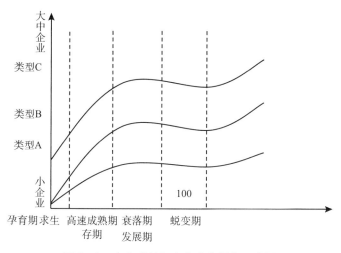

图 3-1 企业成长与企业生命周期示意图

资料来源：李柏洲，马永红，孙立梅，李晓娣. 中国中小型高科技企业成长性评价［M］. 北京：经济管理出版社，2006.

生命周期理论开创了企业仿生学的先河，将企业的成长同生态环境因素相联系，将企业的成长过程划分为若干不同的阶段，提供了一种认识企业成长过程的方法，可以帮助企业的经营管理者识别企业目前所处的阶段以及企业成长的关键转折点，把握不同阶段企业成长的特殊性、可能的障碍、发展路径与成长规律、关键影响因素，从而对可能的变革预先有所准备，实时适当调整企业的战略与组织结构，以减轻企业成长带来的压力。

3.3 中小企业成长性评价相关理论

科技型中小企业和大型企业在成长路径或方式等方面存在不同之处，但仍然具有一般企业的成长特征与发展规律。中小企业成长性评价涉及许多经济学、管理学和会计学理论，同时还要考虑现实中的诸多因素。

具体而言，中小企业的成长性可以从两个方面来描述：

第一，质的成长：质的成长表现为企业素质的提高，可以从三个方面来描述：（1）企业生产过程的技术创新和产品创新。其中又包括劳动者素质、生产设备的更新和改造、工艺技术的革新等；（2）组织结构、经营制度和管理方法的创新；（3）塑造优秀的企业文化，使企业在员工高度凝聚力和积极性、创造性的基础上高速成长。

第二，量的成长：量的成长意味着企业规模的扩大以及企业组织功能方面在能量上的增加。可以从以下四个方面来衡量：（1）随着生产技术趋于成熟，生产过程走向专业化，从而追求规模效益；（2）企业逐渐走向多元化经营，涉足不同经营领域；（3）企业成长使得管理的对象越来越复杂，企业规模扩大，企业组织功能也相应地需要加强，组织结构集团化；（4）市场开拓力度不断扩大，市场结构国际化。

综上所述，对中小企业成长性的评价研究，可主要从：（1）财务指标，如资产增长率、利润额、利润保留率和资本周转率等指标方面；（2）非财务指标，如雇员数量、企业家的作用、创新能力和组织结构等方面（见表3-5）。

表3-5　　　　　　　　　　企业成长性度量指标体系

评价目标	第一子层次	第二子层次	操作层次评价指标
科技型中小企业成长性	质的提升	技术创新能力	研发经费投入占主营业务收入比重的增长率
			研发技术人员占企业总员工的比重
			每百名技术人员平均所拥有的专利数
		资产利用效率	流动资产周转率
			总资产周转率
		管理者与员工素质	中高层管理人员平均受教育年限
			人均技术培训费
			员工保有率
	量的增长	企业发展速度	主营业务增长率
			净利润增长率

应当指出的是，企业成长受多方面因素的共同影响，对企业成长性进行评价时，更要遵循客观性原则。由于存在难以客观定量计量及在取值过程中人为判断的主观性，非财务指标的代表性较差，难以大范围地进行比较、运用；加之，科技型中小企业和高成长性企业多为知识密集型企业，在产量和资产规模大幅度增长的同时，通过劳动生产率的提升、机器和人

工替代关系等因素的影响，却不必增加大量员工；显而易见，用员工增长率作为度量企业成长性的评价指标，对科技型中小企业而言，不十分科学、合适；同理，企业家的作用、企业组织结构等因素也存在难以客观度量的问题，数据不易获得、也存在值得商榷之处。

基于"企业财务是企业生产经营活动的综合反应"和"企业成长性因素的作用结果最终会直接或间接地反应在财务信息上"的假设，本书以获得创新基金立项支持的科技型中小企业作为研究对象，主要从财务信息角度，按不同维度构建科技型中小企业成长性财务评价指标体系，构造评价科技型中小企业的财务成长性模型，通过研究企业成长的外在财务指标的变化、采用主成分分析法等客观评价科技型中小企业的成长性、研究评价企业内部各种能力的成长性；对其立项后的成长性进行财务评价，分析创新基金对科技型中小企业成长性的影响，验证政府创新基金对科技型中小企业成长的促进作用，进一步获取政府创新基金支持对于促进科技型中小企业成长的经验证据。

3.4 政府扶持中小企业成长的理论依据

世界各国政府对科技型中小企业采用的创新扶持政策主要是进行研发补贴（曾萍等，2014），该政策试图通过直接干预研发活动，弥补市场机制对研发活动的激励失灵。

中小企业与大企业相比在信贷市场上往往信用不足，如果仅靠市场"看不见的手"的自发作用，其结果必然造成资金配置的"马太效应"①：大企业容易获得资金而发展得更快，中小企业难以获得资金而发展得更慢，从而使本已不公平的竞争态势进一步恶化，形成对中小企业发展的"瓶颈"抑制。科技型中小企业多从事高风险的高新技术研发活动，由于外部性问题（外溢效应）的存在，导致研发投入常低于社会最优水平，如同公共事业一样需要政府对其提供帮助。加之中小企业的强"为"弱

---

① 马太效应（Matthew Effect），指强者愈强、弱者愈弱的两极分化现象，广泛应用于社会心理学、教育、金融以及科学领域。1968 年，美国科学史研究者罗伯特·莫顿（Robert K. Merton）提出这个术语用以概括一种社会心理现象："相对于那些不知名的研究者，声名显赫的科学家通常得到更多的声望；即使他们的成就是相似的，同样的，在一个项目上，声誉通常给予那些已经出名的研究者"。后为经济学界所借用，反映经济学中收入分配不公的"赢家通吃（winner-take-all）"的现象。

"位"特征，政府应向其提供政策支持。

在政府是否应当扶持中小企业的发展问题上，历来存在"应支持"和"不应干预"两种截然不同的主张（袁红林，2010）。有些人在对中小企业成长的问题上，存在所谓"放任自由"的态度，认为既然他们已取得了平等的市场地位，就应让其自由发展，不需要政府对其予以支持和帮助。显然，此乃一种有悖于国家法律政策的错误观点。随着市场经济体制的逐步确立，越来越多的人日渐认识到，在市场经济条件下，市场机制这只"无形的手"，在信贷资源的配置上常缺乏效率，"市场失灵①"使中小企业在市场竞争中处于不利的地位，资金匮乏成为阻碍其发展的主要瓶颈，其成长需要政府的扶持。政府扶持中小企业是"国际惯例"，也是促进经济全面、协调发展的一条成功经验，从我国的国情出发，政府尤其要大力支持中小企业。政府扶持中小企业的基本原因是为了修正市场缺陷，保证公平竞争和维护消费者的利益。

3.4.1 弥补市场失灵需要政府的适时适度干预

据文献记载，培根（Francis Bacon，1959）② 是最早提出政府应大力支持科学研究的学者，他在《新大西岛》描绘的所罗门宫是学者们研究百科全书式知识的地方。此后，随着新兴化学和电子技术科学的兴起，各国政府扩大了科技活动的范围。1915 年英国政府成立了科学与工业研究部，推动了英国的工业革命的开展。爆发于 1929～1933 年的美国乃至全球性经济危机使人们日益认识到市场失灵的严重危害，微观的福利经济学和宏观的凯恩斯主义突破传统的自由竞争市场经济理论观点，纷纷提出了政府适度调节的理论，成为政府干预经济运行、克服市场失灵的理论依据。

20 世纪 80 年代以卢卡斯（Lucas，1985）、罗默（Romer，1986，1990）、巴罗（Barro，1990，1992）等为代表的内生性经济增长理论，认为长期的经济增长是由知识、技术创新以及人力资本所带来的，通过对新古典经济增长生产函数进行修正，将研究与开发、技术进步、人力资本等

---

① "市场失灵（market failures）"是市场机制在某些场合下导致资源不适当配置，即导致市场资源配置无效率的一种状况。微观经济学认为，在一系列理想的假定条件下，充分竞争的市场经济可导致资源配置达到帕累托最优（Pareto Optimum）状态。但在不完全竞争、公共物品、外部性、信息不完全或不对称等情况下，市场会失灵。市场失灵也通常被用于描述市场力量无法满足公共利益的状况。

② 培根. 新大西岛 [M]. 北京：商务印书馆，1959.

变量内生化，从而使生产函数的规模报酬不变，这些变量的非竞争性与非排他性特征，会受政府政策特别是研发补贴政策的影响，从而为政府补贴企业支持其进行技术创新、扶持科技型中小企业成长等干预经济的行为提供了理论依据。罗默（Romer，1986，1990）认为，为了纠正市场失灵带来的研发投入不足与低效，政府既可以给予技术研发厂商必要的补贴、也可以向其他厂商课税，以引导生产要素向技术研发部门流动，从而使科技成果不断涌现，促进经济增长、增进社会福利；在创新过程中，企业的创新边际成本往往会高于社会边际成本，仅依靠市场调节的激励难以提供足够的创新投入，政府补贴能够消除二者之间的差异、激励企业开展创新活动、促进经济增长。巴罗（Barro，1990）运用公共物品的标准分析法，通过在公共部门引入具有规模报酬不变的"AK"生产函数中，构建了一个以政府支出为中心的内生增长模型，并提出了政府最优财政支出规模。增长模型的实质，是基于研发资源配置中市场失灵现象的存在，导致政府需采取免费提供公共物品等措施来适度干预市场，使得经济增长内生化成为可能。由于技术创新的外部性、研发成果产品会溢出，故政府补助企业研发主要旨在解决技术研发中的市场失灵问题，降低企业从事研发创新的成本投入，弥补研发创新成果外溢带来的私人利益与社会收益间的差额，刺激其加大研发，推动整个经济体系的研发投资。拉克（Lach，2002）认为，对于从未进行过研发的企业而言，政府补贴创新活动有助于降低企业研发的沉没成本。我国学者段小华（2012）认为，历史与现实表明，政府对科技进步的干预成效取决于干预方式是否科学、合理、可行；政府支持作为一种公共政策手段，其主要目的在于弥补市场失灵和市场微效区。市场失灵是指市场自由竞争难以实现资源的优化配置，换言之，市场失灵是指自由的市场均衡背离帕累托最优的情形。在市场经济条件下，市场失灵的起因主要有：不完全竞争（incomplete competition）、不完善市场（imperfect market）、市场支配力（market power）、外部性（externalities）、信息不对称（information asymmetry）、公共物品（public goods）。解决市场失灵的有效方法或者途径是政府直接提供市场所需要的产品或服务，或者通过财政支出扶持第三方（通常是市场参与者中较弱者，如科技型中小企业）。

张维迎（2009）认为，西方经济学界一般将对市场的信仰划分为四个层次：（1）是对市场经济没有任何信仰、不相信市场经济，如传统的马克思主义经济学；（2）是摇摆不定的怀疑主义的时信时不信，主张政府干预，如凯恩斯主义的需求经济学；（3）是对市场经济非常信仰，但也认为必要时政府应该介入市场；如芝加哥货币学派；（4）是对市场坚定不移的完全信仰，如以米塞斯和哈耶克为代表的奥地利学派。作为西方微观经济学的核心，福利经济学旨在论证亚当·斯密的"看不见的手"原理：即在完全竞争条件下，价格机制可以将市场经济繁荣资源配置引导到最优状态；在自由竞争的市场经济中，政府只扮演简单而被动的角色——"巡夜警察"，执行保护私人财产不被侵犯的"守夜人"、不直接插手经济运行。福利经济学第一定理指出，每一个完全竞争的经济都可带来帕累托效率；第二定理指出，每一种具有帕累托效率的资源配置都可通过市场机制实现；最终论证了市场机制会导致帕累托最优，基本定理为限制政府干预提供了最有力的论据。其实，亚当·斯密仅提到"看不见的手"会"更有效地促进社会的利益"①，并未拔高到"帕累托最优"的水平。在现实中，市场机制确实可起到激励和合理配置资源的作用，却不能自动实现资源配置的"帕累托最优"的理想状态。

1936 年，英国经济学家凯恩斯出版的《就业、利息和货币通论》一书对政府干预经济的实践进行理论总结，形成了主张政府应积极干预经济的凯恩斯主义。其理论前提是价格刚性和消费边际倾向递减，资本边际效率递减和流动性偏好三大心理定律，认为经济危机的发生在于总需求不足，主张从需求入手，当经济萧条、总需求不足时，使用扩张性财政政策、靠政府投资和支出推动总需求的增加，政府干预会缩短经济复苏的进程；而当总需求过多时，主张采取紧缩性政策，逆经济风向而进行相机抉择。财政政策理论即根源于凯恩斯学派，"二战"以后，美国政府以凯恩斯主义理论为依据，运用积极财政政策对经济进行大规模的干预，调节社会总需求，渐渐摆脱了经济危机，取得了巨大的增长。代表人物：凯恩斯、汉森、希克斯和哈罗德，剑桥大学的罗宾逊夫人；莫迪利安尼、托宾等。从汉森和希克斯的思想发展的、以萨缪尔森《经济学》为代表的"新古典综合派"，试图综合新古典和凯恩斯经济学，曼昆、斯蒂格里茨、布兰查德等人为代表的"新凯恩斯主义学派"已成为最大的主流。

正如刘迎秋（2010）指出，自由放任主义和国家干预主义是经济思想与政策的两极，那种完全偏极于自由放任主义而否定国家干预主义和完全

---

① 在论及企业家行为时，斯密指出，个人"仅考虑自己的所得，但他在这场合，像在其他许多场合一样，他受着一只看不见的手的指导，去尽力达到一个并非他本意想要达到的目的。也并不因为事非出于本意，就对社会有害。他追求自己的利益，往往使他能比在真正出于本意的情况下更有效促进社会的利益"。

偏极于国家干预主义而否定自由放任主义的经济思想与政策是极为罕见的；大多数要么侧重于自由放任主义，要么侧重于国家干预主义，要么把自由放任主义和国家干预主义有机地结合起来；既没有绝对的自由放任主义，也没有纯粹的国家干预主义。以美国著名经济学家约瑟夫·斯蒂格利茨为代表的市场失灵与政府干预理论，否定了新古典学派的市场机制会自动导致资源配置最优的传统教条，对微观经济学的基础原理提出了挑战，为政府介入或干预中小企业发展，实施有效的宏观经济调控政策、促进科技型中小企业成长提供了必要和合理的依据。斯蒂格利茨提出的市场失灵的普遍性和政府的相对优势，以及提高政府效率的途径，对于我国正确地认识市场机制的缺陷、推进政府经济职能的转换加大政府对科技型中小企业的扶持力度等有良好的借鉴意义。

斯蒂格利茨的政府干预理论主要分为两个部分：市场失灵理论和政府的经济职能理论。政府干预的主要作用是弥补市场失灵。传统的市场失灵理论，在承认市场竞争可以在某些条件下达到帕累托最优的同时，强调市场机制不能解决外部性、垄断、收入分配和公共品提供等问题。而斯蒂格利茨论证的市场失灵，触及到微观经济学的核心——福利经济学的基本定理，他认为福利经济学的定理都是建立在错误的假定之上，定理本身也是错误的：（1）福利经济学假定，市场经济中的买者和卖者通过观察价格即可掌握所有有关商品交易的信息，即人们是具有完全信息的。盖尔和斯蒂格利茨（Gale I L, Stiglitz J E, 1985）证明，只有在一个极为严格的假定之下，即必须存在"恒定的绝对风险规避效用函数"，价格才可以传递所有信息，因而完全信息的假设不能成立。（2）福利经济学假定存在一套完备的市场，而事实上，构建市场是需要费用的；特别是那些不确定性较大的市场（如外汇市场和期货市场等风险较大的市场），由于不确定性造成的巨大组织成本，使得建立完全竞争市场是不经济的。（3）信息不对称也限制了市场的完备性，故完备市场的假定也不成立。（4）福利经济学假定市场是完全竞争的，即每个厂商都是价格接受者，而实际上，市场竞争类似于垄断竞争，由于信息不完全、不充分，当一个厂商提高价格时，该厂商的所有顾客并非立即寻找另一家产品同质而价格更低的厂商、因为信息搜寻是需要成本的；同理，一个厂商降价也不会把其他厂商的顾客都吸引过来，故厂商可以制订价格而非被动地接受价格。斯蒂格利茨（1993）认为，即使只存在少量的固定成本，也会使市场供给者大量减少，从而使市场竞争变成不完全竞争；格林沃德和斯蒂格利茨（Greenwald & Stiglitz,

1986）以较复杂的数学模型证明，当市场不完备、信息不完全、竞争不充分时，市场机制不会自行实现帕累托最优，此即格林沃德－斯蒂格利茨定理。市场失灵是以现实中普遍存在的不完全信息与不完全竞争、不完备市场为前提，并不局限于外部性、公共产品等狭隘范围，而是无处不在的。为弥补市场失灵，政府干预应遍布各经济部门与领域，而不仅仅是制订法规、再分配和提供公品。斯蒂格利茨提出了政府的经济职能理论，认为通过政府"看得见的手"的干预，可实现"帕累托改进"。

尽管政府因缺乏竞争、无破产威胁；承担社会目标；过分追求公平和限制职权范围等而严重缺乏效率，本身也有失灵问题，但并非只有政府部门才会出现低效率现象，在私营部门也有类似的低效率问题；政府失灵并不比市场失灵更糟，斯蒂格利茨（1988）的实证研究表明，无论是统计数据还是具体事例，都不能证明政府效率比私营部门更低、政府效率并不比市场更差。况且，通过采取适当的政策，政府失灵可被缓解乃至消除，如政府可允许甚至鼓励政府企业与私营企业竞争或政府企业内部间竞争；可建立一套程序，使得与预算软约束有关的交易费用增大，迫使企业硬化预算约束；政府可以制定法律和规则，迫使自己遵守承诺，终结无效率企业；政府完全有能力控制收入差距和职权范围的强度。斯蒂格利茨认为，由于政府的强制性职能，使其在纠正市场失灵方面有明显的相对优势。包括：（1）政府有征税权。通过纠正性税收影响生产、引导消费，增加福利收益、实现帕累托改进。（2）政府有禁止权。限制固定成本过高的商品进入市场，可带来帕累托改进、可以增进福利。（3）政府有处罚权。通过立法对市场中的违约行为进行处罚、解决污染等外部性问题。（4）节约交易费用。政府通过公共品供给和建立社会福利制度、抑制垄断，可节约市场中的搭便车行为、信息不完全和信息不对称导致的逆向选择问题带来的交易费用。对于市场经济中普遍存在的资源配置无效率现象，斯蒂格利茨认为，政府的公共政策应主要定位于资源配置职能，通过发挥政府的再分配职能提高资源配置效率。斯蒂格利茨指出，政府应把注意力集中在较大、较严重的市场失灵上，如资本市场、保险市场等出现的市场失灵问题。

实践已无可辩驳地证明，政府"看得见的手"与市场"看不见的手"的作用都非常重要、缺一不可，不可将两者对立起来。市场机制的功能主要在于：（1）对资源配置发挥基础作用；（2）促进公平竞争；（3）提高经济效率；（4）调动社会成员积极性。由于市场"看不见的手"具有相当的盲目性，若得不到有效扼制、完全自由放任，便会"市场失灵"，使市场走向非理性，导致市场的无序和疯狂、乃至引发经济危机。因此，"看不见的手"需要"看得见的手"适时适当地进行干预，通过政府运用各种经济政策实施宏观调控。鉴于政府调节与市场调节都非万能的灵丹妙药，都有"失灵"的可能，会各自走向极端、给经济社会发展造成危害，需要将两者有机地结合起来，扬长避短、互为补充，方是唯一正确的选择。

市场竞争规则属优胜劣汰、弱肉强食的"丛林法则"①，市场优胜者会对社会资源搜刮殆尽，市场劣汰者一文不名、无以立足，甚至参与者本身都会沦为市场优胜者的"战利品"。市场机制与国家干预是市场经济关系中最根本的问题，解决此问题的正确方法是将两者有机地结合起来、伺机而行。市场需要竞争法则，更需要公平竞赛，以防止"大树底下寸草不生"。过去的法律规则本质上是市场规则，一切听任市场自由竞争，这有利于激发人的主动性、积极性和创造性，使人尽其才；有利于优化资源配置，提高经济效益，使物尽其用。在很大程度上，市场规则最大限度地发展了人类的能力②。总之，在市场经济条件下，市场机制这只"无形的手"在信贷资源配置上常缺乏效率，不能发挥应有的调节作用而出现"市场失灵"，需要政府"有形的手"的积极矫正。市场失灵对科技型中小企业的影响主要表现在：（1）金融与资本市场机制满足不了科技型中小企业的融资需求；（2）市场中介服务的收费过于昂贵、超出中小企业的承受力而无法利用。政府干预有正当与不正当的区别，政府对中小企业的正当干预是积极扶持（蔡根女、鲁德银，2005）。科技型中小企业多生长于极高风险的技术领域、也是市场失灵"高发"地带，由于缺乏相应的支持，在初创期或成长的早期，因往往要经受非常高的失败概率，常被称为"死亡峡谷"：处于初创幼年期与成长爬坡期的科技型企业技术含量虽高，但技术研发甚至中试并不能带来立竿见影的效益，风险也更大、商业资本不愿介入，缺少证券市场直接融资的青睐，欠佳的社会信用环境和"嫌贫爱富"的商业银行使间接融资几无可能，过高的税负使其在市场竞争中处于不利地位，资金匮乏成为阻碍其发展的主要瓶颈，极易出现增长缓慢、积累乏力等症状，需要政府财税政策激励、法律保护和技术扶持，使其顺利越过"死亡峡谷"之后，一般性商业投资和金融机构才会介入。根据笔者（2006）的调查，"降低税负"和"融资支持"被看成政府扶持的最为重要

---

① 丛林法则（law of the jungle）是生物学用以描述自然界中"物竞天择、适者生存、优胜劣汰、弱肉强食"的生态规律。

② 邱本. 再论经济法的基础［J］. 吉林大学社会科学学报，2004（4）：15.

的两个方面；各国政府都非常重视帮助科技型中小企业越过"死亡峡谷"。

在自由竞争的市场经济中，在某一行业产量达到相对水平后，便会出现规模收益递增和成本递减的趋势、易形成垄断，垄断者可通过限制产量、集中资金、抬高价格并使价格高于边际成本，获取额外利润，从而使市场丧失效率。中小企业由于规模小、比较分散、抗风险能力低等特点，市场垄断会使分散的中小企业处于不平等或劣势竞争地位，需要政府的保护和扶持。为了限制垄断资源，政府可实行公共管制，从效率或社会福利角度规定最高限价或收益率，或进行公共生产；也可通过政策手段，扶持或限制某些产业的发展，有效地保护和支持中小企业成长，建立中小企业与大企业协调发展的社会机制，为各类企业的发展营造公平良好的环境，保持经济结构的平衡与效率。

信息不对称会导致中小企业发展的盲目性和市场竞争的不平等，需要政府提供有效的引导服务和市场监管。信息不对称通常是指交易双方拥有不同的信息，进而形成的竞争不平等和市场无效率，如企业融资，资金融入方拥有关于自身资信、资金使用等方面的信息，但融出方却因收集成本过高不能获得此种信息。信息不对称的存在使贷款人无法事先确认哪些借款人会发生违约行为，是否会发生偿付困难，放款以后是否会从事不利于贷款人的行为。由于规模小、形式多样，中小企业通常不能建立正规的财务管理体系，许多中小企业缺乏相关信息资料、财务管理水平较低、信息披露意识较差、获取信息渠道较窄。同时，在现实社会中，中小企业逃债、赖债等失信现象较多，整体信用较差，加大了信用风险。在此情形下，资金供给人即使有对中小企业放款的想法，也会因风险太大而被迫放弃，从而使中小企业失去宝贵的融资机会。信息不对称是中小企业自身难以解决的问题，因此，客观上需要政府提供有效的引导服务，一方面要帮助解决中小企业发展的盲目性；另一方面促进市场监管，维护市场秩序，提高市场竞争的公平和效率。

1973 年，麦金龙等（Ronald McKinnon & Edward Shaw，1973）在《经济发展中的货币与资本》中提出了著名的、风靡全球的"金融抑制"（Financial Repression）[①] 理论，成为解释发展中国家的经济增长与金融发展关

［①］ "金融抑制"一般是指一国金融体系不健全，金融市场的作用未能充分发挥，政府对金融实行过干干预和管制政策，人为地控制利率上限、负实际利率、并操纵银行信贷等问题，从而造成金融业的落后和缺乏效率，金融与实体经济间陷入一种相互制约的恶性循环状态。转引自：马光远. 金融抑制是中国发生钱荒的真正根源. 和讯网，2014. 10. 11（07）.

系的最重要理论。他们认为，发展中国家的经济发展不平衡和中小企业融资困境息息相关，其主要根源在于金融抑制。由于金融抑制现象的存在，实体经济特别是小微企业长期处于融资难和融资贵的尴尬境地，而实现金融自由化是国家解决中小企业融资难问题的可行政策。

当然，无论是经济发达的欧美国家还是后起的新兴市场经济国家，政府对经济的干预和对中小企业行为的引导，都须遵循市场经济规律。政府为满足经济发展全局需要，制定实施的中小企业财政政策，对中小企业的创立与运营可起到引导或诱导作用；政府的相关扶持政策提供了一种激励机制，可为中小企业指明正确方向，从而激励其自觉调整经营方向，趋利避害、采取与政府意图一致的行动，最终实现政府政策的目标。

3.4.2　科技型中小企业强位弱势需要政府扶持

科技型中小企业从事的技术创新活动对经济社会发展十分重要，但是其技术创新和经营活动具有外部性，承担了较大的风险，市场失灵表现突出，公共财政应该对这类活动予以支持。中小企业在世界各国的就业、国内生产总值、出口等方面，发挥着不可忽视的作用（罗红波、戎殿新，2001）；其对于一国经济和社会稳定、发展中的重要作用，日益得到社会各界的广泛重视，如德国将中小企业称为国家的"重要经济支柱"，日本则认为"没有中小企业的发展就没有日本的繁荣"，美国政府更把中小企业称作是"美国经济的脊梁"。从国际视野上看，在欧洲和东亚国家，非上市的中小企业相对更为重要；即便在美国，非上市的中小企业在经济中的作用远远超出了人们的通常认识（William L. Megginson，2002）。

中小企业创造了大量就业机会、是社会发展的稳定器。中小企业可促进经济增长、扩大城乡就业、缓解就业压力、方便群众生活、推动技术创新、优化产业结构，已成为各国经济和社会发展的重要推动力，其在缓解社会就业压力、保持社会稳定等方面的作用不可替代。邓子基（2010）指出，据统计，目前中国大、中、小型企业的资金就业率之比为 0.48∶0.66∶1，即中小企业比大企业单位资金安置劳动人数要高于大企业，甚至高出一倍，由于点多、面广，就业量大，扶持中小企业发展，有利于保障、增加就业与社会稳定。吕国胜（2000）认为，中小企业通过创造新的就业机会，可大大缓解就业困难以及由此带来的社会政治问题；正因为中小企业灵活的就业机制，可满足部分全天候工作者的就业需要，为初入市场的新手提供了在岗学习、训练、成长的机会，为大企业储备了具有丰富经验的技术力量。兹举数例：（1）德国。袁美娟（1999）认为，依赖自由市场经济的中小企业对战后德国社会的稳定起着重要作用，中小企业吸纳了大量的从大企业解雇下来的技术与管理人才，缓解了德国的就业难题。（2）澳大利亚。杨松令（2004）强调，中小企业的就业人数占全部就业人数的50%左右。（3）美国。根据美国小企业局（SBA）的资料，小企业数目在企业总数中的比重约占98%，所创造的就业机会占全国就业人数56%、占私营部门的58%；销售额占全国销售总额的47%，产值占GDP的50%；中小企业员工取得的技术革新成果比大企业要高一倍以上。（4）意大利。中小企业占意大利工业部门就业人口的85%，占全国出口的一半以上。中小企业在企业总数中的比重比德国高10个百分点，比法国高20个百分点，比英国高25个百分点。意大利98%拥有海外业务企业的雇员均不超过200人。（5）我国中小企业提供了75%的城镇就业机会，农业富余劳动力、乡镇新增加劳动力和大中型企业下岗的劳动力60%左右都被中小企业所吸纳。1998年中小企业吸纳国有企业下岗职工460万人（贺劲松，2000；国家经贸委政策法规司、中小企业司，2000）。

科技型中小企业是活跃市场经济的主力军。中小企业具有批小、量多、种类全、地域广、行业齐等特点，以其经营方式灵活、组织成本低廉、转移进退便捷等优势，更能适应瞬息万变的市场和消费者追求个性化、潮流化的要求，对市场反应灵敏，能够满足日益多元化、个性化的市场需求，是活跃市场不可或缺的生力军、促进了竞争的发展；大多数中小企业甘于承担较为艰苦的劳动、没有多少清规戒律，劳资关系简单融洽，对市场信息和新技术的反应灵敏迅速、具有极强的应变能力与抗压性，总体而言，中小企业是新兴行业、产业与领域的开拓者。

科技型中小企业是扩大出口、提升国际竞争力的突破点。中小企业在国际贸易中的作用，在于其为大的出口企业提供各式各样的配套零部件与组装件，科技型中小企业往往具有为大型出口企业提供配套零部件与组装件的能力。据统计，在日本经济起飞时期，中小企业产品占日本工业品出口总额的比重一度高达40%~60%；中小企业对于日本的经济复兴和迅速成为世界贸易强国起到了巨大作用；在美国的出口企业中，约有96%是中小企业；1996年，美国出口的高科技产品中，一半是直接由中小企业提供的，另一半的1/3与中小企业的协作配套有关；意大利2002年出口中小企业占企业总数的54.9%，而在20~99人的小企业中出口企业占

66.2%，在 100~249 人的中小型企业中占 83.9%（吕国胜，2000）。

科技型中小企业是国民经济发展的新引擎。中小企业量大面广，分布在国民经济的各个产业领域，在成熟大公司增长趋缓的情况下，中小企业成为国民经济增长的主要推动力量，成为助推器、发动机。近年来，我国中小企业工业产值的增长速度高于全国工业产值的增长，中小企业在国民经济持续高速发展中的贡献卓著，突显出其作为国民经济重要增长点、新引擎的本色。目前，我国工商注册登记的中小企业占全部注册企业总数的 99% 以上。中小工业企业总产值、销售收入、实现利税和出口总额分别占全部工业总量的 60%、57%、40%、60%；中小流通企业占全国零售网点的 90% 以上。"中小企业构成非国有经济的主体，……如果说国有经济更大程度上依赖于国家的扶持，那么非国有经济的活动更能反映出企业或者说市场自身的活力"（樊纲、张晓晶，2003）。由表 3-6 可见，改革开放以来，我国的非国有经济获得了飞速的发展，已占 GDP 的 66%（1999年）；对固定资产投资的贡献由 1980 年的 18.1% 上升到 2002 年的 55.2%；对财政收入的贡献由 1980 年的 16.1% 上升到 1999 年的 58.1%；而对城镇就业的贡献也从 1980 年的 23.8% 上升到 2002 年的 74%。从而表明，以中小企业为主体的非国有经济已成为经济发展的中坚力量与未来发展的动力源泉。

表 3-6　　　　　　　　非国有经济的规模与贡献　　　　　　　　单位：%

年份	对 GDP 的贡献	对固定资产投资的贡献	对财政收入的贡献	对城镇就业的贡献
1980	44.2	18.1	16.1	23.8
1984	50.4	35.4	21.1	—
1987	54.1	35.4	30.1	30
1990	53.4	33.9	33.3	37.7
1993	55	39.4	35.6	37.9
1996	63.8	47.6	44.3	43.3
1999	66	46.6	58.1	59.2
2002	—	55.2	—	74

资料来源：中国统计年鉴（2002），樊纲. 发展的道理 [M]. 上海：生活·读书·新知三联书店，2002.

科技型中小企业是大企业与企业家成长的摇篮。众所周知，大企业多是由成长快、适应性强、发展前景好的高科技中小企业发展而来；中小企业可被看作大企业的幼年时期或起步阶段，从而是孕育大企业的苗床。比如 1987 年创立的华为技术有限公司，起初，华为也只是一家注册资本 2.4 万元人民币的代理商——生产小型用户交换机（PBX）的香港公司的销售代理；在 2000 年销售额达 152 亿元，利润以 29 亿元人民币而位居全国电子百强首位；根据 Informa 的咨询报告，2008 年，华为已在移动设备市场领域排名全球第三，年销售额 317 亿元人民币；至 2009 年上半年，合同销售额即达到 157 亿美元，超越了世界一流的电信企业而成为电信行业的引导者；同样，联想、用友等高科技大企业也均是从中小企业成长起来的；美国微软公司在创立时的资本仅有 900 美元，而到了 1994 年，其年销售额已达到 400 亿美元，在 49 个国家和地区雇用了 1.7 万名员工；世界上最大的连锁零售企业——美国沃尔玛（Wal-Mart）连锁店公司，其前身是由其创始人山姆·沃尔顿于 1945 年开设的一家中小型杂货店，现已在全球拥有 3000 多家商店、41 个配销中心、多个特别产品配销中心，遍布美国、阿根廷、巴西、加拿大、中国、法国、墨西哥、波多黎各 8 个国家，到 2001 年 4 月已拥有连锁商店 4249 家、员工 82.5 万人，1997 年该公司销售额即达到 1180 亿美元，相当于我国当年全国商品零售总额的 36%。中小企业不仅孕育了大企业，也是经营管理人才的成长摇篮，培养了一大批具有企业家精神的企业家，为那些愿意独立创业的技术创新者提供了施展才华与抱负的机会；科技型中小企业更是高水平技工的摇篮，以技术工程见长的德国，其中小企业为工业 4.0[①] 培养了高素质的技术员工队伍、保证生产技术的发明创造和革新，从而确保了德国制造在国际市场上核心竞争力与行业领先地位，力保德国成为战后全球市场领导者，在德国涌现了许多提供专业解决方案的小而强"隐形冠军"：德国前 100 名中小企业中有 22 家是机械和设备制造商，其中 3 家排名在前 10 位之内，是名副其实的科技小巨人。

科技型中小企业是推动科技进步的生力军。中小企业规模小，经济实力单薄的劣势和其管理层次少、善于冒险、敢于创新的优势，都促使其不

---

① 工业 4.0 是德国政府提出的高科技战略发展计划，于 2013 年 4 月的汉诺威工业博览会上正式推出，由德国联邦教育局及研究部和联邦经济技术部联合资助，项目投资预计达 2 亿欧元；旨在提升制造业的智能化水平，建立具有适应性、资源效率及人因工程学的智慧工厂，在商业流程及价值流程中整合客户及商业伙伴；技术基础是网络实体系统及物联网。

断进行发明创造，以便在激烈的市场竞争中站稳脚跟（吕国胜，2000）。近年来，以信息技术、生物工程为代表的高新技术企业的崛起，为广大的中小企业进入高新技术领域铺平了道路，中小企业成为推动科技进步的重要力量。樊纲、张晓晶（2003）认为，在信息经济时代，中小企业是创新的主体；创新企业（start-up）一般是中小企业；因规模小，可以有灵活的组织制度以及对外界变化做出快速反应的能力。据统计，我国科技型中小企业承担了75%的技术创新。创新是一个企业乃至一个国家发展的动力，中小企业在技术创新上虽然不能像 IBM、通用汽车等大企业那样拥有自己的技术开发部门，但中小企业有其自身的优势（杨松令，2004）。中小高技术企业依靠其灵活的运行机制、及时新兴市场的敏锐把握和大胆的冒险精神，创造了许多神话般的奇迹（吕国胜，2000）。根据澳大利亚统计局的调查，技术创新在规模较小的企业对销售增长的贡献比在大企业要明显，技术创新与中小企业销售和出口的快速增长的相互关系，在规模较小的中小企业中尤其明显，而在大企业却非如此。据中央统战部、全国工商联、中国民（私）营企业研究会共同组织的调查（2004），科技型中小企业虽然资本规模处于平均水平之下，但其利润却高于平均水平，他们认为，"这与其技术含量高有直接关系"。伴随着技术革命成果的推广、信息时代的到来和知识经济的兴起，科技型中小企业在推动技术进步方面的作用逐步显现，日益显示了科技型中小企业在技术创新方面的潜力和优势。

总之，科技型中小企业是高新技术产业中最活跃的创新力量，作为微观经济活动中一支重要生力军，在资源配置、经济增长、收入分配和社会稳定中，均发挥着重要作用，对于国民经济、社会发展等具有特别重要的战略地位，科技型中小企业的发展状况在很大程度上决定了市场主体的活力和竞争力，但在市场竞争中，由于企业规模小、产品市场占有率低、技术装备水平低、劳动生产率总体水平偏低等客观原因，多种因素的影响常常使其处于不利的地位，抗风险能力弱，造成在与大企业的激烈竞争中处于"强位弱势"地位，成为弱势群体；特别在经济转型时期，更易受到市场的不公平待遇和歧视性政策环境的影响，制约其发展，为使国民经济持续稳定地增长、避免更大的经济社会动荡，政府有必要对科技型中小企业采取适当的扶持政策。相对于其他类型的中小企业，科技型中小企业发展更需要政府的法律、政策等公共产品制度的扶持，更需要政府予以必要的政策保护和支持。

3.4.3　技术研发创新的强外部性需要政府激励

阿罗（Arrow，1962）认为，公共物品存在明显的正外部性。企业的研发创新活动取得的成果（创新产品）具有很强的外部性，由此导致的创新不足会阻碍一国的经济增长。为此，各国政府普遍运用创新财政补贴政策，激励企业增加创新研发投入。斯蒂格利茨（1988）认为，技术创新所依据的知识具有公共物品性质，随着技术创新产品的上市流通，相关的技术创新知识易被他人获取，成为相似产品竞相模仿的对象，从而使进行技术创新的厂商所获得的收益低于预期，此种外部性的存在，如果仅依靠市场机制的调节将难以激励技术创新活动，需要政府进行适当干预纠正市场引起的资源错配，补偿研发投入私人边际收益低于社会边际收益的差额，分散或化解技术研发不确定性所带来的巨大失败风险。

欧盟统计局（Eurostat，2012）数据显示，2011 年研发费用占 GDP 的比例美国为 4.7%，日本为 4.2%，中国为 1.8%；欧盟各成员国中，对研发费用比例贡献最大的是瑞典，该国研发占 GDP 的比例达到 4.3%，其次是芬兰的 4.1% 以及德国的 3.6%。"欧洲 2020 战略"及《里斯本议程》设立的研发支出目标是至少占欧盟国内生产总值（GDP）的 3%，约有 10.5% 的地区研发强度已达到，占欧盟研发支出总额的 1/3 以上；企业投入在研发资金总值中占据了 55% 的比例，政府基金占 35%，另外有 8% 的研发资金来自欧盟外部各国。美国 2009 年 R&D 总投入 4005 亿美元，其中，联邦政府 1244 亿美元、州与地方政府 37 亿美元、高等院校 114 亿美元、其他非营利机构 136 亿美元，合计 1531 亿美元；占全部 R&D 投入的 38%；2011 年，美国研发投入达到 4360 亿美元，占 GDP 比重 2.77%，占全球研发投入比重超过 31%；表 3 - 7 列示了亚洲主要国家及美国各年的研发投入占 GDP 比重，从中可以看出，我国表现出非常强劲的赶超美国的势头。我国研发投入占 GDP 比重从 2001 年的 0.95% 增至 2012 年的 1.98%，增幅超过 1 倍，2013 年又进一步增至 2.09%；美国研发投入占 GDP 比重则基本没有增加，2011 年水平仅比 2001 年高出 0.08 个百分点。由此不难发现，尽管 2012 年我国研发投入占 GDP 比重与美国 2011 年水平相比仍存在一定差距，但这一差距已比 2001 年缩小了一半。

表 3 - 7　　　　　　　　研发投入占 GDP 比重比较表　　　　单位：%

国家（地区）	2003 年	2004 年	2005 年	2006 年	2007 年	2009 年	2010 年	2011 年	2012 年	2013 年	2014 年
日本	3.20	3.17	3.32	3.40	3.44	3.36	3.25	3.38	3.34	3.47	3.58
韩国	2.63	2.85	2.98	3.22	3.47	3.29	3.47	3.74	4.03	4.15	4.29
美国	2.66	2.59	2.62	2.66	2.68	2.87	2.71	2.77	2.80	2.78	2.8
新加坡	2.11	2.20	2.30	2.31	2.61	2.3	2.1	2.3	2.3	2.3	2.3
中国台湾	2.27	2.32	2.39	2.51	2.57	2.83	2.80	2.90	2.95	3.0	3.0
中国	1.13	1.23	1.32	1.39	1.4	1.66	1.73	1.79	1.93	2.01	2.05

数据来源：笔者据欧盟统计局（Eurostat，2012）；世界银行数据库；美国国家科学委员会，科学与工程指标（2014）；国民经济和社会发展统计公报，中国科技统计年鉴；代明，葛志专．粤台科技财政政策绩效比较与评析．科技管理研究．2010（7）10；13；47－9；熊俊莉．台湾产业技术需求与创新效率危机．台湾研究．2009（4）：004；姜桂兴，许婧．世界主要国家近 10 年科学与创新投入态势分析．世界科技研究与发展．2017（10）；39（5）；412－8 等文献记录整理．

郭晓丹等（2011）认为，技术研发活动不但风险高而且具有严重的外部性问题，这就使得企业可能缺乏研发创新的积极性。由于技术研发外部性的存在，领先的创新技术一经推出迅速使得采取模仿策略的竞争者受益，从而降低了企业研发投入的私人收益，技术研发创新者无法收回创新带来的全部好处，在极端情况下，企业创新获得收益甚至不能抵偿其对技术研发所进行的投资，这就导致企业对于研发的投资少于社会所期望的最优水平（Nelson，1959；Arrow，1962；Hall，2002；Lerner，1999）。加之，基础性技术研发本身风险大、周期长的特征，企业不会对研发活动投入足够的资金，也没有从事技术研发创新活动的积极性。解决技术研发所带来的外部性问题的常用的方法是政府对产生外部性的企业给予相当于外部性价值的补贴，鼓励其把产量扩大到社会最有效率的水平。经济学相关研究也表明，政府补贴企业技术研发活动一方面可以弥补由于外部性所造成的企业研发投入不足、解决企业研发成本过高的问题，从中体现出政府在调节市场失灵、实现社会福利最大化的职能；另一方面政府补贴具有额外行为（Buisseret et al.，1995），对企业技术创新产生激励效应，从而提高企业技术研发活动的积极性（Hinloopen，1997、2000）。

李浩研等人（2014）认为，因创新过程和创新成果通常具有公共性、外部性和信息不对称性等特征，需要政府通过直接补贴和税收优惠等手段来激励和引导企业的研究开发投入活动，进而提高科技创新水平；我国驱动创新仍有较大的政策空间，研究开发投入要更加重视产出质量，实行动态化管理激励政策，避免政策实施锁定在次优水平层面上；此外，他们从不同的发展路径、商业发展周期、产业领域的角度提出，驱动创新应协调财政直接补贴和税收优惠两种模式，同时实施差异化的政策，最终实现提升国家整体创新水平的目标。

国内外大量的研究文献业已表明，科技型中小企业的技术研发、创新活动与创新产品以及市场竞争具有明显的外部性，研发创新成果具有一定的公共物品性质，其外溢效应使得技术研发投入的私人回报低于其研发投入成本，由于搭便车（free rider）现象的存在，会严重影响企业技术研发创新的热情与积极性。总而言之，外部性描述的是企业从事某项经济活动对他人带来利润或损失的现象：当出现正外部性时，利润外溢，生产者得不到应有的效率补偿；当出现负外部性时，成本外溢，受损者得不到损失补偿，因而市场竞争不可能形成理想的效率配置。由于外部性的存在，有限理性的经济人会选择做公共物品的使用者而非供应者；如没有政府的适度调控或激励，将会导致公共的创新知识与技术的供给不足，久而久之，外部性便会导致科技型中小企业的发展受阻，因此技术研发创新产品的强外部性，需要政府的介入和干预。完全竞争市场要求成本与效率内在化，产品生产者要负担全部成本，收益也全部归其所有；当出现外部性时，政府就有必要介入和干预市场。比如在融资市场上，在融资供给量既定的条件下，大企业所占份额多了，中小企业的份额便会相对减少，其发展就会受到损害，此种相对于中小企业在资金配置过程中所产生的负外部性必然导致资金配置效率低下，从而可能造成失业率较高、税收减少、经济波动等问题。因此，政府以注资的方式组建中小企业信用担保机构，对中小企业融资给予一定的扶持，有助于解决资金配置过程中的市场失灵问题，使中小企业获得良性发展。政府扶持科技型中小企业，可激励其加大研发投入。发达国家的经验已经表明，加大研发投入对促进经济增长、增强国家竞争力和创新能力至关重要，高强度的研发投入可迅速提升企业、行业、产业乃至整个国家的技术水平，通过技术创新促进经济增长，提升国家竞争力。政府直接资助科技创新既有利于中小企业与科研机构创造新的产品、材料或知识，开发新技术与应用，确保基础研发活动的连续性，此种研发所得新产品、新材料、新知识或新技术最终也会带来企业在商业应用上获得成功、实现经济利益，从而增强国家科技实力和国际核心竞争力，有助于产业结构优化转型升级、转变经济增长方式，缩小地区间的贫富差距，促进就业、改善人民生活，形成显著的社会效益，带来巨大的正外部性，最终有助于政府实现自身的目标。

3.5　政府科技型中小企业扶持政策的作用机理

政府科技型中小企业扶持政策是通过直接向科技型中小企业实施财政资金补贴或引导经济资源配置，激励其在产品设计、工艺流程和管理模式等方面进行全方位的技术优化与创新，最终推动产业转型升级。本书认为，政府（特别是中央政府及其相关部门）对科技型中小企业进行扶持的主旨在于，解决技术研发创新活动中的市场失灵问题、化解技术研发外部性对研发投入带来的不利影响。政府扶持科技型中小企业的方式有多种，如设立技术创新基金、鼓励企业设立企业中心、重点实验室、建立研发基地、提供融资支持、政府采购科技型中小企业的创新产品、兴建研发基础设施、减税或其他税收优惠倾斜政策、财政拨款无偿补贴企业的创新活动、推进产学研结合合作创新等。正如梁达（2016）强调，研发投入强度与经济增长存在显著的正相关关系。适度强化的研发投入有助于迅速提升技术水平，通过技术创新促进经济增长，提升国家竞争力。2014 年，全国共投入研究与试验发展（R&D）经费 13015.6 亿元，比上年增加 1169.0 亿元，增长 9.9%；研究与试验发展（R&D）经费投入强度（与国内生产总值之比）为 2.1%，比上年提高 0.04 个百分点。按研究与试验发展人员（全时工作量）计算的人均经费支出为 35.1 万元，比上年增加 1.6 万元。研发投入强度已连续两年超过 2%，且呈持续上升态势。①

从本质上讲，政府中小企业扶持政策属于公共政策，而创新基金支持则属于其中的公共财政政策。通常而言，激励科技型中小企业研发（R&D）投入的公共财政政策便可简单地归纳为：直接影响企业投入的财政政策（如政府对企业 R&D 的直接资助、融资担保和税收优惠等）与间接影响对企业投入财政政策（如产学研结合政策等）两类，创新基金支持属于直接影响企业研发投入的财政政策。公共政策是政府等公共组织管理社会公共事务的指导准则，它决定着管理活动的方向和目标；是社会公共部门为解决社会公共问题，规范和指导有关机构、团体或个人的行动，在

---

① 梁达. 研发投入对创新创业有超常作用［J］. 中国中小企业，2016（02）：76–79.

广泛参与下所制定的行为准则，是政府等公共部门进行公共管理的途径与手段。公共管理也需要讲求效率，尽量做到"少花钱，多办事"；公共部门制定、执行、评估公共政策，需要公共政策资源作支撑，在特定时期条件下，政府所能获得并加以利用的资源，尤其是经费与物质设施等资源是有限的，而需要通过公共政策来解决的社会问题却越来越多，公共政策的运行必须讲求效率；其根本目标是实现社会的公正与公平。公共政策的结构是指政策系统的构成要素在时空连续区间上的排列、组合的方式及各要素间互动的相对稳定的方式，是政策系统构成要素的组织形式和秩序。合理的政策结构，对于任何单项政策实现理想的政策目标、达到预期的政策效果，都具有至关重要的意义。以同一政策体系内的各项政策相互间是否存在着涵盖与衍生的关系为标准，公共政策可以划分为元政策、基本政策、部门政策。（1）总政策，或称元政策（总路线、总方针），是公共政策主体在一定历史阶段为达成一定的目标或任务而制定的全局性的总原则。在政策体系中，总政策是最高层次的公共政策，是基本政策与具体政策制定和运作的基础，处于提纲挈领和总揽全局的指导地位，是跨领域的、指导全局的综合性政策，在一定历史阶段内是稳定不变的；对其他政策起指导和规范的作用，是其他各项政策的出发点和基本依据，其基本功用在于保障其他政策遵循同一套政策理念、谋求实现统一的政策目标。（2）基本政策。是针对某一社会领域或社会生活某个基本方面制定的、在该领域或方面起全局性与战略性作用的政策，又称基本国策、方针性政策、纲领性政策、根本政策；是公共政策主体用以指导某一领域或某一方面工作的指导原则，是总政策在某一领域或某一方面的具体化。基本政策是某一领域内或某一方面的指导性原则，在不同的具体时期内具有不同的内容。基本政策的要素主要包括政策目标、战略重点、战略方针、实施原则等。基本政策一般反映统治阶级的价值观和政治信仰，其中包括政策制定者的价值观和政治信仰，是总政策的具体化，是具体政策的原则化，是连结总政策和具体政策的中间环节。（3）部门政策或称具体政策，是不同层次的公共政策主体针对某一具体问题而制定的具体措施、准则、界限性规定等。具体政策在公共政策体系中处于最低层次，是基本政策的具体化，总政策、基本政策的目标和原则最终要靠具体政策贯彻和落实。为在某一个特定的部门贯彻基本政策而制定的具体行动方案和行为准则，被称作部门政策，也被称作具体政策或方面政策，是针对特定而具体的政策问题做出的政策规定，社会生活的各个方面都有许多具体政策，而且通常都用政府文件的形式做出具体规定。部门政策由元政策和基本政策所决定，体现和服从于元政策和基本政策。同时，元政策、基本政策、部门政策的区分是相对的。制定政策和组织实施政策是公共权力机关实现其职能的基本手段，而公共权力机关在使用此手段时也就对它的功能做了设定。

公共政策的功能总是在一定的时空中表现出来的，且功能之间是相互渗透、互为补充的。（1）制约功能。公共政策是公共部门制订的行为规则。公共政策在规范人们的行为时，可禁止某些不希望的行为发生。（2）导向功能。政府依据特定的目标，通过政策对人们的行为和事物的发展加以引导，从而使得政策具有行为与观念导向功能，可以诱使人们的思想观念发生转变。（3）调控功能。表现为政府公共部门运用政策对社会公共事务涉及的各种利益尤其是物质利益的关系冲突进行调节和控制的过程中所发挥的调控作用，推动实现社会的稳定和发展。（4）分配功能。公共政策是对全社会的价值作权威的分配。公共政策体系的纵向内容构成，指具有不同政策效力的各项公共政策构成一个统一的、相互作用的政策体系。属于同一政策体系的各项政策，就其时空效力而言，可分为战略、策略和战术。（1）战略是政策主体在一个较长的时间所要达到的主导全局的根本目标以及为目标的实现所作的资源配置和行动步骤的设想。战略规划，是政策主体为实施既定的战略目标而对各种战略要素所进行的全面组织、协调和统一调度，一般包括战略目标、战略重点、战略要求、战略布局、实现战略的途径和条件等要素；关注的主要是总体性、宏观性的决策，战略规划是决定全局的、是领导活动的纲领和准则。（2）策略是政策主体对某一特定形势制定的具体行动路线。策略是战略的一部分，服从、服务于战略，又可称为"中观决策"。（3）战术，被诠释为"进行战斗的原则与方法"；是为达到一定的战略目的，在一定方向与时间内解决某一局部问题的行动方案；又称"微观决策"。公共政策体系的横向结构又称作网络结构。它是指政策体系内各分系统之间的相互关系；各分系统之间的协调、配合关系主要体现在：目标、功能、地位主次和时差的配合。

科技型中小企业扶持政策是政府或其他公共部门为促进中小企业的发展而制定的管理体制和行为准则，是一系列谋略、法令、措施、方法和条例的总称；按照中小企业政策的目标和效果进行分类，可将其分为保护政策、促进政策和辅佐政策（袁红林，2010）。（1）保护政策旨在将中小企业作为一个特殊群体加以保护，划定禁止大中型企业进入的中小企业专属的经济活动领域，以免其在激烈的市场竞争中惨遭淘汰。该政策存在以牺牲市场参与者的整体利益为代价保护特定主体的利益等一定的消极性，但也具有一定的育成保护性（锁箭，2001）。（2）促进政策旨在提升中小企业的竞争力，通过对中小企业的技术、教育培训和管理的指导，使其实际的生产力水平与社会经济发展水平相适应，该政策并不否定市场机制的积极作用，而是基于市场经济机制的基础作用，通过政府发挥引导、扶持的作用，强化中小企业的竞争能力，将中小企业在市场运作中所遇到的困难、风险减至其可承受的水平，使其得到较快发展。（3）辅佐政策通过限制市场的过分垄断和解除制约中小企业的法规与体制因素来维护公平自由的市场竞争，将中小企业组织起来形成能够与大企业相抗衡的力量。

科技型中小企业扶持政策属于公共政策范畴，要厘清政府科技型中小企业支持政策的有效性，就需要从分析公共政策的作用机理入手。通常，公共政策体系包括政策目标、政策工具（方案）和政策效应等要素。因而，公共政策分析要素包括：（1）政策问题，是从社会问题中筛选出来的、已经进入政策议程的公共问题。社会问题是实际状态与社会期望之间的差距，常被称为公共问题。（2）政策目标，是政策所希望取得的结果或完成的任务，也是政策问题的核心；没有目标，方案即无法确定。政策目标一般包括目标的具体内容、目标及其对象的认定、目标间关系等内容；公认的宏观经济政策目标包括充分就业、物价稳定、经济增长与国际收支平衡（袁红林，2010）。现代社会发展具有多元化的特征，决定了公共政策的目标取向多重性，需要协调各种政策目标，避免目标多重性导致政策选择陷入难以抉择的困境。（3）政策工具（方案），是为解决某一政策问题而采取的途径、方法、措施的总称。方案分析是政策分析的基础。实现政策目标的最基本的政策工具（方案）主要有四种：供应（政府通过财政预算提供商品与服务）、补贴（政府据此资助私人领域的某些个人或厂商，由其生产政府需要的商品和服务）、生产（政府承接商品服务的生产）和管制（政府运用国家强制力授权批准或禁止私人活动的领域）。通常，政策工具（方案）服从于政策目标，并借政策对象实现政策目标；不同的政策工具（方案）可以达到同一个政策目标，而同一政策工具（方案）也可实现不同的政策目标，因而，根据政策目标选择适当的政策工具（方案）及其配合使用即成为政策实践中的关键内容；一般地，政策工具（方案）直接作用于政策目标（中间变量），再通过政策目标中间变量影响最终目标的实现（袁红林，2010）。（4）政策资源。是指在政策制定与执行过程中消耗的各类物质或非物质资源。物质资源如人力、财力、物力、信息、时间等，非物质资源如权力、地位、威信、名誉等。（5）政策评价标准。对备选方案的评价和执行后的评估，需要依据一定的标准。政策评价往往是进行综合评价，应根据具体的政策内容来确定政策评价标准。（6）政策效果，或称政策效应，是政策所起的作用，也是政策执行后对客体及环境所产生的影响，可分为正面影响和负面影响，通常用效益来表示，政策效益主要包括：社会效益、经济效益、生态效益等。（7）政策环境。是指制约和影响公共政策的制定与实施结果的外在因素的总和。主要包括：经济、政治、目标、社会和科技环境。

科技型中小企业的成长受多方面因素的综合影响和制约，政策因素仅是其中的因素之一，只不过，由于政策因素具有更强的可塑性，更易于被人为调整或修订，因而也更为人们所重视（袁红林，2010）。也正因为如此，笔者深信，深入系统地研究一种扶持政策（如创新基金支持）对促进中小企业的财务有效性（具体体现为企业成长性上），对于完善相关政策制定具有十分重要的政策意义。科技型中小企业扶持政策体系的整体效应，是扶持政策系统发挥作用所产生的总体效果；政府研发创新扶持政策在对科技型中小企业成长性发生作用时具有正向效应与负向效应两种相反的向度。正向效应指政策的整体作用大于其各项具体政策作用之和，主要表现为：杠杆效应（见图3-2）、激励效应、信号作用、优化作用等，其中，杠杆效应主要是指政府研发支持企业通过获得雪中送炭式的资金（如创新基金立项）支持，促进其顺畅并加速资金流转、实现经济效益，或者补贴其研发支出、降低研发项目的成本、降低受资助企业的项目风险，或者使企业更能够吸引并培养保留住优秀的研发人员、引入先进的研发设备与设施，提高研发效率，从而给受资助企业带来经济收益，弥补企业收益与社会市场收益间的差异，减少市场失灵带来的负面影响。科技型中小企业研发投入的回报或收益与企业研发投入成本负相关，而科技型中小企业研发投入也与企业研发成本负相关，两者间存在杠杆效应：政府对科技型中小企业的直接创新基金资助，通过对企业研发费用进行无偿资助补贴、可降低企业的研发成本支出；政府对获得创新基金支持的科技型中小企业提供贷款贴息，可降低企业的融资成本；政府对企业研发支出的税收抵免（如所得税加计扣除等优惠）也可节约企业研发成本，政府创新基金扶持政策通过其杠杆效应可促进科技型中小企业增加研发投入。而负向效应指政策的整体作用小于其各项具体政策作用之和，主要表现为：替代效应、挤出效应等。其中，替代效应是指政府对科技型中小企业的创新基金支持直接取代了企业自有资金的研发投入现象，尤其是在企业拥有较强的资金实力与研发能力的情况下，政府创新基金研发补贴会直接取代企业自身的研发投入，从而表现为，政府的创新基金支持越多、企业自身的研发投入反而越少的反向变得关系（见图3－3）；而创新基金等财政公共政策的挤出效应则是指政府对科技型中小企业的投资与直接项目研发资助，有可能提高行业整体的创新成功率，从而产生技术性溢出、降低该行业的技术门槛（护城河），缩短创新企业独占技术期限、加剧其研发投资的风险（形成所谓"不创新等死、搞创新找死"的困局），政府研发的投入还会增加对研发资源的需求、加剧研发资源竞争，使研发资源紧缺，提升研发人员的薪酬水平与研发资源的价格水平，增加企业的研发成本，降低研发企业的投资回报率，部分科技型中小企业便会选择退出创新市场、使企业原计划用于研发的资金被转作他用，同时，政府的公共 R&D 投资、对科技型中小企业研发创新项目的直接资助会提升要素价格，从而导致实际研发投入量的降低，政府扶持资金挤出了企业自有资金的研发投入、产生挤出现象。

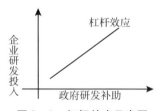

图3－2　杠杆效应示意图

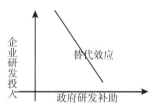

图3－3　替代效应示意图

一般而言，政府科技型中小企业的公共政策、创新基金作用的大小，取决于其整体效应，政策的整体效应越好，它所发挥的作用就越大，反之就越小。发挥政策的整体效应、提供政府政策的有效性，关键是应发挥和强化其正向效应，避免和抑制其负向效应。科技型中小企业扶持政策对中小企业的作用主要表现为：（1）优化作用，可改变科技型中小企业的生存环境。政策主要从市场供给与需求（政府扩大采购比例）、资金与技术、服务与效益等方面来影响中小企业的生存与发展环境。政府通过制定诸如禁止大中型企业涉足中小企业的传统领域、扩大政府对中小企业的订货量以维护中小企业在市场竞争中的份额，制定有利于其融资、进行技术创新研发、减免税改善其生存状况的支持政策，促进其成长和发展；也可限制中小企业的恶性竞争，规范市场秩序，制约部分中小企业的发展。可见，政府通过不同政策的导向作用，可优化、某些不当政策亦可能恶化中小企业的成长环境，对中小企业的生存发展发挥着至关重要的作用。（2）激励作用，可影响中小企业的发展目标与生产经营行为。政府通过制定鼓励中小企业研发投入、技术改造减免税等优惠政策，可激励中小企业扩大研发投入，不断寻找新的产品、新的技术和新的商业模式，从而改变科技型中小企业的生产经营行为、带动产业技术升级和技术进步。（3）信号作用，科技型中小企业通过政府评审获得政府补助，能向资金市场发送企业经营管理、项目效益良好的信号，可更好地发挥市场机制的作用，使生产要素得到合理配置。政府通过重点产业政策的引导，充分发挥市场机制的资源配置作用、弥补市场失灵缺憾，促使中小企业采用先进技术、投资于主导产业，使市场机制的作用更好地得到发挥。（4）杠杆作用，可发挥四两拨千斤、撬动资金市场力量，改变科技型中小企业的成长方式与成长速度。政府通过制定相关政策，运用法律、行政、经济的手段，多角度、全方位地引导中小企业积极完善成长方式，加快成长速度，实现高效快速成长。杠杆作用又是政府设立创新基金等政府性扶持资金的初衷，本书的后续章节将进行相应的理论分析与实证检验。

第4章

政府科技中小企业创新基金的有效性：理论分析

4.1 科技型中小企业创新基金的设立宗旨

20世纪90年代中期，亚洲金融危机刚刚结束，中小企业特别是科技型中小企业在振兴国民经济、防范和化解经济危机中的重要作用日益引起我国政府领导的高度关注。1998年在海外人士的建议下，国家科教领导小组决定设立创新基金。1999年5月国务院办公厅转发了科技部、财政部《关于科技型中小企业技术创新基金的暂行规定》（以下简称"创新基金《暂行规定》"），创新基金正式设立并启动。因而从性质上看，创新基金是经国务院批准设立，用于支持科技型中小企业技术创新的政府专项基金。通过拨款资助、贷款贴息和资本金投入等方式扶持和引导科技型中小企业的技术创新活动，促进科技成果的转化，培育一批具有中国特色的科技型中小企业，加快高新技术产业化进程，促进我国产业和产品结构整体优化，扩大内需，创造新的就业机会，带动和促进国民经济健康、稳定、快速的发展。国务院在创新基金《暂行规定》中明确，创新基金是一种引导性资金，通过吸引地方、企业、科技创业投资机构和金融机构对科技型中小企业技术创新的投资，逐步建立起符合社会主义市场经济客观规律、支持中小企业技术创新的新型投资机制。创新基金不以营利为目的，资金来源为中央财政拨款；创新基金的使用和管理，遵循诚实申请、公正受理、科学管理、择优支持、公开透明、专款专用的原则。创新基金面向在中国境内注册的各类科技型中小企业，支持有较高创新水平和较强市场竞争力、有较好的潜在经济效益和社会效益的项目；接受资助企业职工人数原则上不超过 500 人，其中具有大专以上学历的科技人员占职工总数的比例不低于 30%；企业应当主要从事高新技术产品的研制、开发、生产和服务业务；企业每年用于高新技术产品研究开发的经费不低于销售额的 5%，直接从事研究开发的科技人员应占职工总数的 10% 以上。

科技部是创新基金的主管部门，负责审议和发布创新基金年度支持重点和工作指南，审议创新基金运作的重大事项，会同财政部审批创新基金支持项目。财政部是创新基金的监管部门，参与审议创新基金年度支持重点和工作指南，确定创新基金年度预算，对创新基金运作和使用情况进行监督、检查。由具有一定权威的技术、经济、管理专家和企业家组成创新基金专家咨询委员会，负责研究创新基金年度优先支持领域和重点项目，指导创新基金年度支持重点和工作指南的制定。组建科技型中小企业创新基金管理中心，在科技部和财政部指导下，负责创新基金的日常管理工作。

凡符合创新基金支持条件的项目，由企业按申请要求提供相应的申请材料，申请材料须经项目推荐单位出具推荐意见。创新基金管理中心按照有关标准要求，统一受理项目申请并负责程序性审查，送有关评估机构或专家进行评估、评审。评估机构和评审专家对申报项目的市场前景、技术创新性、技术可行性、风险性、效益性、申报企业的经营管理水平等进行客观评估、评审，并出具明确的评估、评审意见。管理中心根据评估、评审意见，提出创新基金年度支持的项目建议，经科技部会同财政部审定批准后，由管理中心与企业签订合同，并据此办理相应手续。

根据创新基金《暂行规定》的要求，科技部、财政部制定了创新基金运作的有关实施细则，规定了创新基金具体的管理和运作程序（见图 4 - 1）。

国务院于 1998 年 7 月提出，创新基金的主要目标是促进科技成果转化、支持企业技术创新。1999 年《创新基金出台背景及意义》明确创新基金以创新和产业化为宗旨，以市场为导向，上联 "863" "攻关" 等国家指令性研究发展计划和科技人员的创新成果，下接 "火炬" 等高技术产业化指导性计划和商业性创业投资者，突出 "雪中送炭" 的政策引导作用，重点支持技术创新水平高、风险大、尚处于种子期、商业性资本不愿

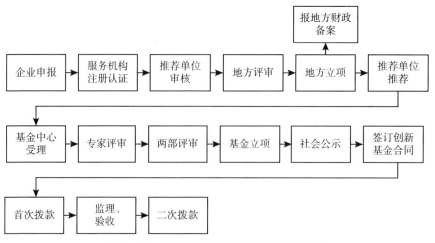

图 4 - 1　创新基金具体的管理和运作程序

介入的项目。其主要目标是：（1）通过扶持科技型中小企业的发展，对国家经济结构调整和总量增长做出贡献，并以创造更多的就业机会作为回报；（2）通过支持高技术成果的转化，鼓励和引导中小企业参与技术创新活动，推动科技与经济的结合，加速高新技术产业的发展；（3）通过向中小企业提供资助，带动和吸引地方政府、企业、风险投资机构和金融机构对科技型中小企业的投资，并逐步推动建立起符合市场经济客观规律的新型投资机制，从而进一步优化科技投资资源，营造有利于科技型中小企业创新和发展的良好环境。

本书认为，政府科技型中小企业扶持政策是否有效主要表现为，在获得政府资金支持的阳光照耀与雨露滋润下，科技型中小企业是否得到苗壮成长、创新能力等核心竞争力是否有显著提升，是否达到了预期的扶持效果，即获得立项后中小企业是否具有显著的成长性。

科技型中小企业技术创新基金作为中央政府的专项基金，经国务院批准设立，按照市场经济的客观规律进行运作，扶持各种所有制类型的科技型中小企业，同时吸引地方政府、企业、风险投资机构和金融机构对科技型中小企业进行投资，逐步推动建立起符合市场经济规律的高新技术产业化投资机制，从而进一步优化科技投资资源，营造有利于科技型中小企业创新和发展的良好环境。创新基金作为政府对科技型中小企业技术创新的资助手段，主要以贷款贴息①、无偿资助②和资本金投入等方式，通过支持成果转化和技术创新，培育和扶持科技型中小企业③。创新基金重点支持产业化初期（种子期和初创期）、技术含量高、市场前景好、风险较大、商业性资金进入尚不具备条件、最需要由政府支持的科技型中小企业项目，并将为其进入产业化扩张和商业性资本的介入起到铺垫和引导的作用。因此，创新基金将以创新和产业化为宗旨，以市场为导向，上联"八六三""攻关"等国家指令性研究发展计划和科技人员的创新成果，下接"火炬"等高技术产业化指导性计划和商业性创业投资者，在促进科技成果产业化，培育和扶持科技型中小企业的同时，推动建立起符合市场经济客观规律、支持科技型中小企业技术创新的新型投资机制。

根据科技型中小企业和项目的不同特点，创新基金分别以贷款贴息、无偿资助、资本金投入等不同方式给予支持。据科技部创新基金管理中心数据，2012 年创新基金项目共立项 7436 项，中央财政安排经费 43.7 亿元。间接资助比率持续加大，补助资金和引导基金占基金年度预算的比例由 2011 年的 16% 增长至 23%，预算结构渐趋合理。创新基金技术创新项

---

① 贷款贴息主要用于支持：（1）产品具有一定的创新性，需要中试或扩大规模，形成批量生产，银行已经给予贷款或意向给予贷款的项目。（2）项目计划新增投资额一般在 3000 万元以下，资金来源基本确定，投资结构合理，项目执行期为一年以上，三年以内。（3）贷款贴息的贴息总额可按贷款有效期内发生贷款的实际利息计算；贴息总额一般不超过 100 万元，个别重大项目不超过 200 万元。

② 无偿资助主要用于：（1）技术创新产品在研究、开发及中试阶段的必要补助。（2）企业注册资本最低不得少于 30 万元。（3）申请无偿资助的项目，目前尚未有销售或仅有少量销售。（4）无偿资助支持的项目执行期为两年，项目计划实现的技术、经济指标按两年进行测算。（5）项目完成时要形成一定的生产能力，并且在项目完成时实现合理的销售收入。创新基金不支持实施期不满两年的项目，也不支持项目完成时仍无法实现销售的项目。（6）项目计划新增投资在 1000 万元以下，资金来源确定，投资结构合理；在项目计划新增投资中，企业需有与申请创新基金数额等额以上的自有资金匹配。（7）为了达到共同支持创新项目的目的，地方政府部门对项目应有不低于创新基金支持数额 50% 的支持资金；同等条件下，地方政府部门支持多的项目，创新基金给予重点支持。（8）创新基金资助数额一般不超过 100 万元，个别重大项目不超过 200 万元。（9）企业应拥有申请项目的知识产权。

③ 创新基金重点支持的项目：（1）相关高新技术领域中自主创新性强、技术含量高、具有竞争力、市场前景好、在经济结构调整中发挥重要作用、具有自主知识产权的研究开发项目。（2）科技成果转化，特别是"863"计划、攻关计划、重大科技专项相关成果的产业化项目，以及利用高新技术改造传统产业的项目。（3）人才密集、技术关联性强、附加值高的直接促进、支撑、服务于产业发展的高技术服务业的项目。（4）具有一定技术含量，在国际市场上有较强竞争力，以出口为导向的项目，特别是具有我国传统优势，加入 WTO 后能带来更多市场机遇的项目。（5）有一定基础的初创期的科技型中小企业、尤其是科技孵化器内企业的项目，海外留学人员回国创办企业的项目。不支持的项目：（1）不符合国家产业政策的项目。（2）无自主创新的单纯技术引进的项目。（3）低水平重复、一般加工工业和单纯的基本建设项目。（4）知识产权不清晰或有权属纠纷的项目。（5）已列入国家科技计划并得到国家科技经费支持的、目前尚未验收的项目。（6）实施周期过长或投资规模过大的项目。（7）对社会或自然环境有不良影响的项目。（8）国防专用项目。（9）未列入《项目申报指南》范围内的项目。

目在重点支持战略性新兴产业相关的光机电一体化、电子信息、新材料和新能源汽车等技术领域的基础上进一步拓展，增加了农业领域技术创新项目，重点支持农副产品深加工和农用机械的技术创新。对重点项目的支持力度显著加大，通过对技术创新能力强、成长性高的科技型中小企业的支持，引导培育出一批对新兴产业发展、区域经济增长有较大促进作用的创新基金示范企业。

科技型中小企业具有建设所需资金少，建成周期短，决策机制灵活，管理成本低廉，能够适应市场多样性的需求等特点，特别是在创新机制和创新效率方面具有其他企业无法比拟的优势。科技型中小企业既是加快科技成果转化、实现技术创新的有效载体，也是国民经济增长的重要源泉。近年来的发展表明，科技型中小企业无论是在数量上还是在质量上，都已经成为国民经济的重要组成部分，是国家经济发展新的重要的增长点。因此，结合我国科技型中小企业发展的特点和资本市场的现状，建立以政府支持为主的科技型中小企业技术创新基金，是促进我国经济持续、稳定发展的一项重要措施。

作为目前国内唯一以科技型中小企业为政策着力点的中央政府财政专项资金计划，也是中国规模最大的专门面向中小企业的政府研发支持基金，创新基金肩负着支持科技型中小企业创新活动、提高企业创新能力和培育科技型中小企业成长的多重任务。除了直接的资金投入之外，其更为重要的功能在于引导地方政府、企业、风险投资机构、金融机构等对其扶持的科技型中小企业进行投资，使之能快速进入产业化扩张，从而达到培育和扶持科技型中小企业的终极目的。为达成其目的，创新基金在管理方面已引入有效的市场竞争机制、推行科学严格的创新基金评估、招标制度，择优立项，在保证了资助项目先进、客观和准确的同时，也使获得立项支持的企业提高了知名度、树立了品牌，起到了一定的信用担保作用。正是这些在探索和实践中积累起来的制度机制使创新基金已成为我国科技计划体系中最具效率的组成部分，在成果转化和本土企业的培育中发挥了重要作用。

科技型中小企业技术创新基金据称是除国家自然科学基金、社会科学基金之外，管理最为规范的又一种国家级基金项目，其评审通常分为地方初审、推荐申报（东、中、南部地方科技行政管理部门对于其中申请无偿资助的项目还得做出至少相当于国家拨款50%配套的承诺或保证，可行性研究报告等相关申请资料通常要按规定的程序由各地方科技主管部门统一邮寄上报）和科技部创新基金管理中心最终评审两个阶段。其中，最终的评审程序一般采取匿名评审形式，不提供申报企业派人前往评审地做现场解说和推介的机会，评审专家通常也不公开其评审身份。创新基金申报材料的总体要求：（1）严格按照编制提纲编写。（2）提供的财务资料要真实。（3）提供的财务资料要完整。设立一年以上的企业应提供：连续两年的年度财务报告及其审计报告（其中审计必须是对年度报表实施的常规审计而非专项审计，至少提供一套原件）；申报时的上一个月的财务报表（特别强调会计期间、无须审计）；对于设立不足一年的企业须提供验资报告及其附件（包括：投入资本明细表、验资事项说明、投入货币资金的银行进账单、实物清单等）；注册资金必须及时、足额、一次性100%到位，不能抽逃注册资金；无形资产的出资比例：不高于35%；其他材料，包括会计师事务所的营业执照和注册会计师证书的复印件、加盖事务所印章等。（4）提供的财务信息要一致。申报材料中的财务信息应当前后一致，有关财务数据不应该出现前后矛盾；财务报表的数据之间勾稽关系应当正确、相符。（5）资金的筹措与运用方案要清晰。包括：一是新增资金筹措：筹措方式、筹集额度、预计到位时间、目前进展情况，分别按银行贷款、企业自筹、政府配套三种方式说明；二是资金使用方向：根据项目进度和筹资方式，编制资金使用计划，对申请创新基金的用途必须单独说明。（6）项目的投资预算应做到内容清晰、合理，格式规范。投资预算包括近期已完成投资和新增投资预算。一是近期已完成投资仅指从申报上一年的3月起到申报前一个月，报告必须对近期完成投资的资金额度、来源以及主要用途做详细说明。投资预算期自申报当月起，至满两年或三年止的各该年间，往往和日历年度不一致。投资预算不包括申报上一年的3月1日前对项目的投资和创新基金结束后的项目投资。二是新增投资预算是说明的重点，包括固定资产投资预算和流动资金预算。（7）经济效益预测要合理、可能、规范。其中，成本费用、产品定价、产销量估计，以及静态分析和动态分析指标合理，既不能高估也不低估；分析要列明过程、说明结果，要求尽量用表格说话。据创新基金管理中心的负责人员介绍，不能获得立项支持的项目通常存在的问题包括：财务资料不完整（常见、多发）；财务信息不一致，甚至严重矛盾；资金筹措方案可行性较差，甚至不可行；项目的投资预算合理性较差；预期的经济效益合理性和实现的可能性较差；企业的财务状况不好，连续亏损且呈递增势头。

总体而言，创新基金的评审程序是科学、公平的，结果也相当公正。

然而，由于认识上的原因，笔者总是会遇到诸如："你认为，财务数据在立项申请中的作用到底有多大？财务数据到底有没有用？科技部创新基金是不是不看财务数据？财务数据中，预测数据重要吗？立项与否是否与企业的财务状况有关？"等较为尴尬的问题。限于未进行过实证统计分析，笔者只好推说，按照创新基金管理中心的要求，创新基金支持的项目一般是：（1）项目有一定的产业化基础，项目实现产业化可能性较大、也适合中小企业实施产业化；（2）有较好的市场需求和广阔的市场前景，企业的竞争优势明显、项目产品进入市场难度小且市场容量大；（3）技术创新突出（通常，技术创新不突出的主要表现：创新程度不够、技术先进性不好、技术含量不高）；（4）项目承担单位经营良好、运作规范、管理先进，具有较强的抗御政策和市场风险能力；（5）项目的预期经济效益良好，技术经济指标合理；（6）企业的发展态势良好、项目的知识产权清晰、符合基金项目申报的基本要求（不存在受理异议）等。具体的财务指标要求是：项目申请单位的资产负债率，不能超过70%，当年新成立的企业不受限制；外商独资企业、中外合资企业中外方股本比例大于50%不能申报，但有例外情况（留学归国人员创办的企业除外）；已上市企业或上市企业占有50%以上股份的企业不能申报；注册资本的要求，不能低于人民币30万元；地方政府配套资金的承诺（其中东、中部50%）；申请资助金额不能大于企业净资产额。据笔者观察，在评审中，财务数据是重要的，因为一个项目能否立项，关键就应看其技术是否先进、创新点是否突出、技术路线是否合理；此外，就应看企业的财务状况是否足以胜任项目的研发与实施，项目产品能否实现市场化、产业化，企业管理是否科学、有无核心竞争力，企业的市场前景、生产、营销网络建设，企业与项目的目标定位是否准确，企业的投资预算是否合理、可行（包括计划投资总额是否适当、自筹资金来源是否有保障、所筹资金的使用是否适当、投向是否合理，是否可以产生足够的现金流量）、财务预测合理，投资财务评价合理可行等。

1998年以来，创新基金坚持公开、公正、透明的原则，直接面向科技型中小企业，立项重点支持产业化初期（种子期与初创期）的、技术含量高、市场前景广阔、风险大、商业性资金尚不愿涉足的、最需要政府财政扶持的科技型中小企业的高新技术领域的创新活动，是媒介财政资金、科技企业的财政科技专项资金，为科技型中小企业进入产业化扩张与商业化运作架起腾飞的翅膀，引导商业资本，促进具有自主知识产权的科技型中小企业的科研成果转化，特别是促进各类政府科技计划形成的科技成果的利用与市场转化，培育了一批成长性好的科技型中小企业，对促进企业的技术创新进程、缓解中小企业技术创新资金不足，促进我国科技型中小企业的成长与发展，发挥了重要的积极推动作用。创新基金的具有以下四个特点：第一，为最难获得资金的项目解决资金瓶颈；第二，不追求直接的经济回报，基金本身并没有从这些接受资助的企业中获得一分钱的回报，却凸现出了惊人的经济效益和社会效益；第三，创新基金以小额度投入办成大事，小额资助平均支持金额仅50万元，但通过引领作用，让更多的社会机构和资金组织关注中小企业，产生良好的技术创新效益；第四，创新基金遵循市场规律，一直以市场需求为导向决定投资点，选择有良好的市场前景、能在一定时期内形成市场规模的项目为支持对象，满足科技型中小企业成长的需要。

截至2004年底，创新基金累计受理申请项目25192项，申请资金总额342亿元；共批准立项数量6410项，安排资助金额42.9亿元，平均资助强度67万元。从总量来看，在1690个已经验收项目中，共增加企业销售收入428.8亿元，增加税收47.6亿元，分别比立项时增长了5.2倍和6.0倍。平均每个项目增加销售收入2537万元，增加税收282万元。截至2009年，国家通过121.7亿元的财政资金，支持了20207个科技型中小企业创新项目。同时，在创新基金的带动下，2007年37个项目申报地区大多设立了地方创新基金，资金规模达30亿元，不仅极大地缓解了科技型中小企业资金短缺的困难，也带动了社会资本对科技型中小企业的投资，发挥了政府资金的杠杆作用。截至2012年底，创新基金共立项27212项，支持金额1678187万元，培育了一大批创新型中小科技企业，有力地促进了我国经济的健康、稳定、快速发展（见表4-1）。据统计，在中小企业板上市企业中，30%左右的企业得到过创新基金的支持。作为我国第一个用于支持科技型中小企业技术创新的政府专项基金，创新基金以资助初创期和成长初期企业的技术创新产品开发为切入点，帮助科技型中小企业迈过创新发展的初创期，有效缓解了科技型中小企业融资难问题，催生了新兴产业和高新技术产业的快速成长，为调整产业结构、转变经济发展方式，实现经济社会又好又快发展做出了重要贡献。创新基金设立以来的显著成就主要体现在以下几方面：首先，培育了一大批具有创新能力的科技型中小企业，为我国经济发展注入了新的活力；其次，促进了科技成果转化和产业化，有力推动了产业转型升级和经济结构调整；再其次，增强了科技型中小企业自主创新的意识，提升了企业技术创新的能力；最后，拓宽了就业渠道，开创了我国高学历人才职业发展的新方向。

表4-1　　全国科技型中小企业技术创新基金11年立项情况汇总表

年份	立项量（项）	资助金额（万元）	平均资助金额（万元/项）
1999	1089	81635	74.96
2000	872	65966	75.65
2001	1008	78330	77.71
2002	780	54024	69.26
2003	1197	66382	55.46
2004	1464	82719	56.50
2005	1552	98848	63.69
2006	1905	84288	44.25
2007	2113	125620	59.45
2008	2470	146209	59.19
2009	5847	333357	57.01
合计	20207	1217378	—

资料来源：科技部创新基金管理中心网站。

4.2　科技型中小企业创新基金的实施效果

笔者认为，尽管相对于数量众多、资金缺口巨大的科技型中小企业而言，创新基金的资金总量仍显不足而十分有限，但其对于促进我国科技型中小企业的成长的作用而言，无疑是雪中送炭！在支持中小企业技术创新、鼓励科技人员创业、加快科技成果转化、促进地方经济增长中发挥了显著作用，具体表现为以下几方面。

（1）创新基金推动了科技型中小企业的生存、成长和发展，培育了一批具有自主知识产权的高新技术项目。由于创新基金的直接注入，有效地缓解了科技型中小企业在发展初期面临的资金压力与困难，起到了极大的促进的作用。创新基金优先支持了国家各类科技研究计划中处于国内外领先的技术成果，使一大批科技型中小企业得到了迅猛发展。加强了自主创新能力建设，促进了企业规范管理。我国公共财政改革的方向是逐步减少一般竞争性领域的直接投资，增加对科技、教育、卫生、环境保护和社会保障等公共领域的投入，提高构建和谐社会的能力。创新基金促进了一批优质、有潜力的创新企业的发展，培育了一批潜在的、具有自主知识产权的技术，并由此带来新的经济增长点，对增加就业、优化产业结构以及提高我国经济的运行质量产生了积极的效果。据统计，1999～2009年，创新基金共立项资助了12000多家科技型中小企业，其中33%是成立不足18个月的初创型企业，59.5%是员工人数在100人以下的小微企业。从完成验收的1690个项目的前后效果对比来看，创新基金资助企业销售收入增长了5.2倍，上缴税金增加了6倍，就业增加了3.4万人，出口额增加了1.27倍。在创新基金资助的6410个项目中，获得专利3636项，其中发明专利占35%。80.3%的项目属于新产品技术和改进产品技术，其中属国内全新产品技术的占60%。2008年至2012年，创新基金共立项资助了21182家科技型中小企业，对促进科技型中小企业成长、提升经济效益发挥了至关重要的作用。据实施项目统计，受资助企业在营业收入、利税、总资产规模、出口创汇等方面大幅提升，平均增长60%～80%；增强了企业自主创新研发能力，规范了企业管理，受资助企业在项目执行期内普遍加大了研发投入，创新研发项目数量稳步增加，产生了一大批国内外领先的科研技术成果，累计专利申请数量在申请项目前后的增长率为181%，授权数量增长率为163.8%。同时，创新基金项目的实施，提高了企业运营能力和企业的品牌、形象，较好地体现了财政资金的社会效益目标，企业的成长速度明显加快，99%的企业反馈创新基金对企业加速进入成长期发挥了积极作用，企业的品牌美誉度、市场认可度显著提升，企业无形资产评估价值突破性增长（贾康等，2015）。

（2）较好地体现了公共财政职能，营造市场环境，促进社会公平。随着社会主义市场经济体制改革的深入，国有企业的结构性调整、重组、改制步伐不断加快，财政支持政策的对象主体由以国有企业为主，逐步转变为以各类所有制企业服务，特别强调营造公平的竞争环境。创新基金不以营利为目的，公平对待我国境内的各类科技型中小企业（绝大多数是民营企业），充分体现了财政政策的这一转型。公共财政另一个重要作用就是扶持弱者，抑制过度垄断。从有效促进市场竞争的角度看，大企业的过分集中和垄断，会使经济逐渐丧失活力；相对于大型企业和大院大所，中小企业处于弱势地位。在创新基金已资助的企业中，33%的企业为成立不足

18 个月的初创型企业；50% 的企业在获得创新基金资助时生存期不超过 3 年，50% 的企业资助前没有销售收入；受资助企业中不足 50 人的占 41.1%，100 人以内的企业占 59.5%[①]。创新基金对这些企业的扶持，有效地维护了市场平衡，促进了市场的公平竞争。创新基金作为一项重要的政策工具，还配合国家西部大开发和振兴东北老工业基地等战略的实施，对这些地区给予倾斜，促进了区域经济发展。创新基金引导企业赢得市场，拓宽了产品的销售渠道，扶持高新技术产品参与国际竞争。基金资助的每一项创新技术的应用，都带动着一项甚至多项国内外市场广阔的新产品的开发，一些技术产品还将会形成未来在市场极具强大竞争优势的产业。

（3）创新基金加快了科技型中小企业科技成果转化，扩大了就业，提高了企业经济效益。创新基金的设立和运作，强化了科技成果研发与转化之间各市场主体间的合作，提高了各项科技投入的内在协调性，为科技型中小企业搭建了一个加快科研成果向产品化、商业化、市场化转化的技术转化支撑平台，成为加快科技成果转化和产业化的重要渠道、途径或纽带：创新基金资助项目的技术有 47.6% 来自于各类科技计划（国家"863"、"973"、科技支撑计划等），提高了科技投入的整体绩效，有力地促进了技术创新和科技成果的转化。创新基金在强调所支持项目技术创新性的同时，突出强调所支持项目的商业价值和产业化前景。从推动技术创新成果进入市场看，根据对已完成验收的创新基金项目分析，项目立项时商品化的程度较低，研发、中试阶段的项目占到绝大多数；经过几年创新基金项目的实施，项目大部分都已进入了批量生产阶段，项目的科技成果转化、市场进入能力有了较大的提高。在 2008~2012 年立项资助的 21182 家科技型中小企业项目中，立项时有 4774 个项目处于研发阶段、15587 个项目处于中试阶段、821 个项目处于批量生产阶段；经过项目的实施，有 12624 个项目进入批量生产阶段、仍处于研发阶段的仅有 542 个，大部分项目提前进入实施阶段，项目产品化与产业化能力得到显著提升，有 17953 个项目产品已进入市场形成销售收入；在 21182 家科技型中小企业项目中，企业就业职工总数从立项时的 1287263 人增加到项目执行期末（一般为两年）1851867 人，企业就业人数平均增长 43.86%，每个企业平均增加 26 个就业岗位。与此同时，创新基金支持重点产业的发展，促进

---

① 贾康等. 建设科技型中小企业金融服务体系的政策优化［M］. 北京：经济科学出版社，2015（4）：68-79.

产业结构的调整。创新基金注重解决当前产业升级的关键技术问题，加大对国家十大重点振兴产业的支持。[①] 2009 年创新基金支持重点方向是创新性强、技术含量高、市场前景好、具有自主知识产权的项目，加强对能源、资源、环境、卫生健康、公共安全等领域关键技术创新的支持，促进我国经济平稳较快发展。

（4）发挥价值发现与杠杆引导资金作用，实施了"路线图计划"，建立了中央和地方联动的科技型中小企业融资新机制。科技型中小企业的技术创新活动是一种广泛的社会行为，单纯依靠中央政府的资金是远远不够的。中央财政资金采取创新基金方式支持科技型中小企业的技术创新活动与企业成长，对地方财政的支持起到了极大的示范推动作用：在科技部创新基金管理中心的引导和推动下，各地科技主管部门、生产力促进中心纷纷建立地方创新基金、科技成果转化基金、发展基金，配套支持科技型中小企业的创新活动。创新基金是科技型中小企业价值发现的先行者和引导者，其设计运行机制本身即具有杠杆引领作用：贷款贴息引导金融资金更多地把目光投向急需资金支持的科技型中小企业、放大了政府支持政策的效果；同时，创新基金不仅可给企业带来资金支持，本身也具有广告宣传的信号传递作用，科技型中小企业技术创新项目获得立项，会显著提升企业的知名度、社会形象、企业名誉和内部凝聚力，展现企业的内在价值，引起媒体、供应商、消费者和社会各界的广泛关注，可降低金融机构、风险投资等机构的搜寻成本，使其发现、重新认识评估、重视和跟踪受过资助的科技型中小企业，并为之提供后续资金支持；券商也会主动和受过创新基金资助的中小企业主联系，为其进军资本市场提供辅导、投资咨询与建议；一些科技型中小企业由于获得了创新基金的立项支持，贷款合同、购销协议、并购谈判、政府与行业协会等都纷纷变得顺理成章、提高了成功的可能性。创新基金在设立之初就明确定位为政府引导资金，经过 6 年的实践，截至 2003 年底，创新基金调动了全国各省市政府资金达 28 亿元，吸引商业银行等金融机构的资金近 300 亿元；对已经验收的项目统计表明，中央财政每投入 1 元钱，引导社会各类资金的投入达到 17 元，创新基金的引导作用，已经充分彰显。2004 年，创新基金与国家开发银行、深圳证券交易所、创业投资、创业中心专业委员会等机构，共同组织发起实施了"科技型中小企业成长路线图计划"。这项计划致力于集聚各方面

---

① 贾康等. 建设科技型中小企业金融服务体系的政策优化 [M]. 北京：经济科学出版社，2015（4）：68 – 79.

资源，扶育并举，营造有利于我国科技型中小企业不同成长阶段的发展环境，为其发展提供更多的资金支持和综合服务。"科技型中小企业成长路线图计划"推出以后，得到各方面的热烈响应，目前进展顺利。据统计，2012 年，在执行项目的到位资金 514.33 亿元，其中国家创新基金拨款 60.93 亿元，地方政府配套资金 13.48 亿元，金融机构贷款 66.11 亿元，企业自筹经费投入自有资金 339.5 亿元，通过其他方式筹集资金 34.31 亿元[1]。2008～2013 年，创新基金的整体资金放大比例达到 1∶9.2；在创业板上市的 355 家中小企业中，曾获得过创新基金立项资助的科技型中小企业 113 家，占创业板上市公司总数的 31.83%。根据广州市金融办和广州生产力促进中心统计，2012 年，广州地区在上交所、上交所 A 股上市公司共 53 家（含主板、中小企业板、创业板），其中，32 家曾获得过国家科技型中小企业技术创新基金立项支持，且大部分如期或提前完成获得科技部门组织的评审通过结项、财政部专员办抽样审计验收[2]。

（5）坚持扶育并重，建立了全国性创新基金工作体系。创新基金的实际运作，非常注重不断加强科技型中小企业抚育系统的建设。2005 年初，在总结以往的工作经验基础上，更加突出创新基金资助与抚育并重、中央与地方互动的工作思路。通过努力，全国 47 个省、自治区、直辖市、计划单列市级和副省级市中，已有 38 个设立了地方创新基金（资金）；36 个高新区、52 个地市级科技主管部门设立了地方创新基金（资金），年度专项资金总额达 15.2 亿元；40 个创业中心、大学科技园、留学生创业园、软件产业基地、火炬创新创业园等建立了约 2.21 亿元支持种子期、初创期科技型小企业的专项资金。创新基金的项目布局考虑企业的成长阶段，重视支持初创期科技型中小企业，重视我国区域经济发展不平衡的现实，根据差别对待、分类指导原则，针对中西部科技型中小企业进行定向项目设计；2005 年，为进一步强化创新基金对初创期科技型中小企业的扶持，对创业项目小额资助支持方式进行了调整，发达地区科技孵化器采用投资补贴方式、而欠发达地区仍采用研发资助方式。2007 年，创新基金又分设科技型中小企业创业投资引导基金，通过支持创业投资机构的发展，进一步改善科技型中小企业的创业与融资环境。2009 年，全国 37 个省、自治区、直辖市、计划单列市、新疆生产建设兵团全部设立了地方创新基金，

---

① 国家科技部. 中国科学技术发展报告 2012——第 12 章高新技术产业与高新区发展，ht-tp：//www.most.gov.cn/kjfz/kjxz/2012/201506/P020150625392104846856.pdf

② 资料来源：广州市生产力促进中心网站 http：//www.gzpc.org.cn/。

总额达 36 亿元，到 2010 年底，发展到 40 余亿元。在 2014 年 4 月设立的中小企业发展专项资金中，又专门安排资金设立科技型中小企业创业投资引导基金。截至 2012 年底，创新基金形成了 327 家地方服务机构，这些机构基本为原有的公益类单位，专门人员达 2100 多人，主要从事创新基金项目申报咨询、认证服务、组织专家评审等具体工作，全国性创新基金网络工作体系初步形成。创新基金培育了高素质的创业人员，提高了企业的管理水平，促进企业核心竞争力的增强。创新基金重视创新型企业家的培育，重点扶持具备专业技术知识和管理能力的科技人员创办和领办的企业，增加社会就业[①]。创新基金通过制定规范化的项目申请和执行过程中的标准与程序，积极引导科技创业企业规范企业管理，提高了其综合管理水平以及社会信誉和竞争能力。地方创新基金既能发挥与中央创新基金配套支持作用，又可以将政府扶持政策落实到科技型中小企业，浇灌到科技型中小企业的根系中，使广大科技型中小企业枝繁叶茂、茁壮成长。

（6）强化对创新基金使用的约束，积累了科学管理财政资金的有益经验。①构建全过程的监督和管理机制，保证了资金运作的公开、公平和公正。创新基金建立了"政府部门决策、监督，外部专家咨询、顾问，管理中心具体运作的'三位一体'构架"。聚集了众多独立评估机构和近 2000 人的专家队伍，建立了严格的评估审查制度，所有申请项目都必须有专家意见。在立项项目的执行过程中，建立了定期的报告制度；资金拨付依据项目执行情况，分批实施。创新基金的项目申报、执行过程中的项目指南、支持重点、申请须知、申请时间、立项公告、监理验收情况等，全部上网公告。②加强项目和财务双向管理，建立了良好的配合机制。多年来，科技部和财政部密切合作，紧紧围绕国务院 1999 年第 47 号文件，先后出台了 37 个涵盖各个工作环节的管理性文件，构建了较为严密和高效的制度体系，保证了财政资金使用的安全和规范。在总结以往经验的基础上，2004 年两部门又联合制定下发了《科技型中小企业技术创新基金财务管理暂行办法》和《科技型中小企业技术创新基金项目管理暂行办法》。在保证项目管理规范运作的前提下，财政部切实履行监督职责，积极参与和审议创新基金年度支持重点和项目指南，并有针对性地对资金使用情况进行监督检查。③实行链式管理，动态优化项目评审、监理、评价

---

① 国家科技部 . 中国科学技术发展报告 2012——第 12 章高新技术产业与高新区发展，http：//www. most. gov. cn/kjfz/kjxz/2012/201506/P020150625392104846856. pdf

过程，实施专业化、中介化、系统化、平台化管理模式，积累了宝贵而丰富的财政科技资金支持的管理经验。创新基金项目的申请受理、评审、监理、评价由专设的管理中心专职负责，通过专家库专家评审、评估机构评估，项目评审建议和承担项目的科技型中小企业通过网络相关媒体向社会公开，接受社会监督；按照受理、评审、计财、合同、监理等环节实行项目立项及评审验收的分阶段管理，项目管理与经费管理、审计相分离，确保了公平公正公开，避免了腐败舞弊案件的发生。通过开通"创新基金网络工作系统"，形成了全方位的管理和服务平台。创新基金在设立之初，就建立了一套旨在规范内部管理、相互配合制约的内部网络工作系统，将项目审查的全过程记录在案。2005 年，创新基金又推出了新的"创新基金网络工作系统"，将创新基金的管理，通过电子网络系统，直接延伸到全国各省、市，建立了中央和地方创新基金工作统一、规范的运作机制，使创新基金的各项要求和审批程序更加公开、透明，同时建立起一套多层面、多环节的惩防体系。"创新基金网络工作系统"涵盖了企业、服务机构、推荐单位、专家、评估机构、地方监理单位的信用记录和评价体系，形成了创新基金信用数据库和信用共享平台，对信用不良者加强监督管理。这种以诚信为基础，以约束条款为网络构架的管理体系，形成了创新基金多方参与、动态管理、及时反馈、全程监控的管理模式。系统中还附加了创新基金申报"知识库"，推出以企业为核心的"学习型"申报流程，变申报过程为辅导和学习过程，同时降低了企业申报的难度，受到了科技型中小企业的广泛好评。

诚如贾康等（2015）所指出的，"创新基金"年度投入规模从1999年的 10 亿元人民币增长到 2013 年的 47.36 亿元，累计投入 268.26 亿元[①]。其贡献不仅在于形成了财政对科技型中小企业的持续投入机制，更为重要的是，架构起中央财政与地方财政、预算资金与社会资金、金融中介等多方资源对科技型中小企业协同支持体系，为构建面向科技型中小企业的科技金融体系奠定了良好的制度基础，极大地提升了全国科技型中小企业的创新热情。"作为成立最早、持续时间最长、系统化程度最强的支持科技型中小企业技术创新的财政专项资金，创新基金为众多科技型中小企业提供了切实的资金支持，对其技术创新真正起到了'及时雨''促进剂'的作用"。"创新基金通过项目设计、组织结构、运转

---

① 贾康等. 建设科技型中小企业金融服务体系的政策优化［M］. 北京：经济科学出版社，2015（4）：68 – 79.

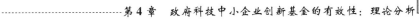

机制构建起一个资源集成平台，以财政资源为先导，汇集金融资源、科技资源、社会服务资源等共同投向科技型中小企业，体现了政府的引导作用和服务职能，调动了市场力量的积极性，以'星星之火可以燎原'的政策效力优化资源配置，改善全国范围内的科技型中小企业发展条件和创新能力"。

第5章

政府科技中小企业创新
基金的有效性：实证检验

5.1 创新基金支持财务有效度的研究设计

前已述及，鉴于在政府支持科技型中小企业发展的各类中央财政专项资金中，从设立时间、针对性和规模等因素考量，科技型中小企业技术创新基金最具代表性，因此，为分析验证政府的科技型中小企业扶持政策的有效性，系统研究政府扶持政策对科技型中小企业成长性的促进作用及其机理，以科技型中小企业技术创新基金为视角具有典型意义。本书的研究问题就变成了创新基金是否对我国科技型中小企业成长性具有显著影响？要回答此设问，需要解决的首要问题是，如何确定创新基金有效性的具体测度指标和实证分析检验方法。

尽管企业成长性评价不同于企业绩效评价，但也包含评价主体、评价客体、评价目的、评价指标、评价标准和评价方法等要素（王瑞瑾，2010）。本书以获得过国家创新基金立项支持的中小板与创业板上市公司为评价对象，构建科技型中小企业财务成长性评价模型，以期获得创新基金立项支持财务有效度的经验证据。

国内外学者在研究政府支持对企业成长性的相关文献中使用了很多不同的分析方法。其中，包括一般性的描述统计分析，如孙瑞华（2005）等计算相关变量的增长速度，郝臣（2006）等进行了样本均值的双侧 t 检验；回归分析也不在少数，如余应敏（2005）采用 Logistic 回归分析首次研究了技术创新基金的有效度问题。如何评价技术创新基金的有效性，关键是运用合理的方法对企业的成长性状况进行科学和准确的测定。

本书的实证研究技术路线如图 5-1 所示。

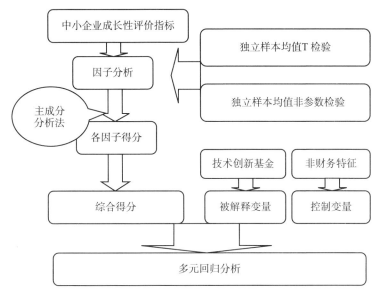

图 5-1 实证研究技术路线

首先，根据所选科技型中小企业成长性评价体系中的指标变量进行因子分析，使用主成分方法提取能够合理计量中小企业成长性的主因子，并根据因子得分矩阵计算各因子得分，按照适当权重对各因子得分进行加权平均求得因子综合得分；然后，对各主因子和综合得分变量进行独立样本均值显著性检验（若各变量服从正态分布，可仅进行双侧 t 检验，否则进行非参数检验），根据独立样本均值显著性检验可以对获得创新基金企业组和未获创新基金企业组的成长性差异进行初步判断；最后，以企业是否获得创新基金为虚拟变量并设置其他企业非财务特征的控制变量进行回归分析，进一步评判创新基金对科技型中小企业成长支持的有效程度。

本书基于创新基金视角探究政府支持的财务有效度。本书认为，政策有效度（effectiveness）强调一项政策措施是否有效以及有效的程度。基于横向比较视角，创新基金支持政策的财务有效度表现为，相对于未获得过创新基金支持的企业而言，获得创新基金支持的企业是否表现出了更好的成长性（董小朋，2011）。既有的关于政府支持特别是科技型中小企业技术创新基金实施效果研究的文献多注重纵向比较，即罗列逐年数据（如扶持企业数目、资助金额等），进行横向比较的较少。从科技型中小企业角度而言，如获得创新基金立项支持的企业具有更好的成长性，即表明创新基金支持对于企业的成长性有促进作用或积极影响；也说明创新基金得到了恰当的投放，国家的财政资源得到了合理配置。

为便于研究，本书主要采用主成分分析法，为了便于后续检验与确保结论的普适性，本书选取深圳证券交易所中小板与创业板上市公司作为分析样本；评价有效性的标准则主要看中小板与创业板上市公司相对于其他上市公司而言，是否具有更好的成长性。

5.1.1 科技型中小企业成长性评价指标的选取

5.1.1.1 指标筛选的原则（principle of indicator selection）

笔者认为，评价指标体系是否科学合理是评价能否成功进行的关键；企业成长性概念的内涵异常丰富，如何选取恰当的评价指标，在很大程度上决定着研究的成败，因而评价指标的选取既是研究的重点、也是研究的难点。

（1）符合定义。基于前述分析和前人的研究，科技型中小企业的成长性可以理解为质的成长和量的增长相结合的动态过程，质的成长表现为创新发展能力的增强，量的增长则表现为规模的扩张，反映企业规模的指标[①]如销售额、资产总额、从业人数等。本书认为，构建科技型中小企业成长性评价的指标体系，也应基于企业成长性之量的增长和质的提高的定义。

（2）立足现实。评价活动是人们进行的一种主观性活动，但是评价的对象和依据都是客观存在的事物，真正有意义有价值的评价活动应该能够反映客观事物发展的特点与现状，因此，评价活动又具有强烈的现实性。有鉴于此，科技型中小企业成长性评价必须从科技型中小企业的特点与现状出发，选取具有针对性的指标。

（3）充分相关。所选取的指标必须能够反映企业成长性某些方面的特

---

① 2003年5月，国家统计局根据原国家经贸委、国家计委、财政部和国家统计局4部委联合发布的《中小企业标准暂行规定》，制定了《统计上大中小型企业划分办法（暂行）》。以三个指标作为划分标志，即企业的"从业人员数""销售额""资产总额"。其主要原因是：第一，"从业人员数"作为企业的划型指标，具有简单、明了的特点，也与世界主要国家的通行做法一致，具有国际可比性。第二，"销售额"可以客观反映企业的经营规模和市场竞争能力，也是我国现行统计指标中数据比较完整的指标，容易操作。第三，"资产总额"可以从资源占用和生产要素的层面上反映企业规模。因此，采用这三个指标进行划型具有一定的科学性和可操作性。

质，必须是企业成长性在这些方面的具体体现。或者反映了企业所拥有的资源情况，或者反映了企业利用资源的能力与效率。背离了相关性原则，评价指标就没有实际意义，甚至会干扰正常指标的评价效果。

（4）强调可行。可行性或称可操作性，是指评价指标从企业公开资料中能够比较容易获取，这些指标可能直接来源于报表数据，也可能取之于报表附注，或者从数据库等公开渠道获取，具有可得性，总之，应该易于数据的采集和运用。

（5）动静结合。企业成长是一个动态变化过程，评价企业的成长性主要是通过企业过去和现在的发展状况、模式、方向与速度来判断企业未来发展的状况、模式、方向和发展速度，评价指标体系中通常应包括销售增长率、利润增长率等动态指标；而销售毛利率等指标本身相对稳定、具有静态的特征。为确保研究的严谨性，即便是静态指标，也至少应是连续三年数据的平均值。

（6）内外兼顾。一般而言，企业的成长离不开外部环境的支持，企业的成长性与宏观经济形势、市场需求状况以及企业所处行业的成长性密切相关；处于行业发展初期的企业具有较高的成长性，而所属行业为夕阳产业的企业也很难具有高成长性。鉴于科技型中小企业多为高新技术企业，所处行业一般认为均属于朝阳行业，加之本书并非研究某一个行业中企业的成长性，因此，在评价指标体系设计中，并没有涵盖衡量行业成长性的因素。

（7）突出重点。企业成长性评价是一项复杂的系统工程。企业成长性可能反映在很多方面，因此要选取多个指标对其进行评价，从而达到对企业成长性的全面、整体的认识。但是，要建立一套完全满足完备性的指标体系是不现实的。鉴于在众多反映企业成长性的指标中，并非都具有同样的重要性，在构建评价指标体系时，应突出重点，以保持评价指标规模适度。

（8）数据可得。为保证研究的成功进行，要求选取的指标，可以获得相应的数据进行度量，指标的数据或者信息是可以获得的，获取计算指标所需数据或信息应该符合经济性要求；为此，选取指标时，仍应坚持SMART 原则，即：简便性（specific & simplicity，易于理解，要求必须从技术上保证指标的可操作性，每一指标都必须予以明确定义）、可测性（measurability，可度量性）、可得性（availability & attainable）、可靠性（reliability & relevent）、时效性（timing & time-based）。

5.1.1.2　评价指标体系的构建

尽管目前国内外开展相关政府支持中小企业成长效应研究的学者众

多，但是专门针对政府科技型中小企业技术创新基金支持有效性的研究仍不多见。如何通过具体的数据指标来定量分析创新基金对企业成长是否有显著作用，是研究创新基金有效性评价的关键所在；而构建科学的评价体系度量科技型中小企业的成长性是开展此类研究的重要一环。前已述及，国内外不少学者对此已进行了大量卓有成效的研究，评价方法也由单一变量指标发展到多指标评价体系的综合分析；积累了大量的研究文献，形成了众多共识，如学界普遍认为企业的成长性很难以单个指标变量做出可靠的判断，而应从多角度和深层面进行综合评价分析。因此，从单一指标的角度分析企业的成长性可能就有失偏颇了，本书借鉴当前学者所建立企业成长性多指标评价体系的思路，从不同维度筛选出衡量企业成长性的财务指标来测度企业成长性状况，再根据企业获得政府创新基金的状况设计变量来进行实证分析。但是，考虑到数据搜集上的困难，一些指标可能在实际分析中可能无法纳入实证模型。

鉴于影响企业成长性的因素众多，如朱新玲等人（2005）认为，企业创新状况、人力资本状况、内部机制状况、市场潜力状况、企业文化状况将对企业成长产生重大影响。笔者认为，无论何种因素产生的影响，最终都将以财务数据体现在企业财务报告中。根据前述指标筛选原则，本书设计的科技型中小企业成长性评价指标体系如下：

（1）营业收入增长率。该指标可以衡量企业生产的主要产品在市场上的销售情况，虽然我们难以准确衡量每一家企业的市场占有率，但如果主营收入持续增长的话，也能从侧面来说明企业在市场上是否受欢迎、客户是否稳定等情况。其计算公式为：

营业收入增长率 =（本期营业收入 – 上期营业收入)/上期营业收入

（2）净利润增长率。在以往的研究中，通常将该指标解释为反映企业盈利能力的指标，但我们认为本年利润是企业下一年进行再投资的基础，尤其是在获取外部融资不易的情况下，利润增长对企业下一年度的进一步扩张至关重要，其数量的多寡可能决定着企业能否顺利进入一个良性循环。其计算公式为：

净利润增长率 =（本年净利润 – 上年净利润)/上年净利润

（3）总资产增长率。总资产增长率是反映企业成长性的最基本的财务指标。虽然企业成长不能简单地等同于规模扩张，但规模扩张往往是企业进一步成长的基础。该指标综合反映了企业的基本规模、总资产状况和整体经济实力，以及企业是否有雄厚的资本参与市场竞争。其计算公式为：

总资产增长率 =（期末资产额 – 期初资产额）/期初资产额

（4）净资产增长率。净资产增长率反映了企业资本规模的扩张速度，是衡量企业总量规模变动和成长状况的重要指标，表现为企业本期净资产增加额与上期净资产总额的比率。净资产增长率是代表企业成长性和发展能力的一个指标，反映企业资产保值增值的情况。如企业能在获得较高净资产收益率的情况下，保持较高的净资产增长率，则表明该企业具有强劲的未来发展潜力。其计算公式为：

净资产增长率 =（期末净资产 – 期初净资产）/期初净资产

（5）销售利润率。销售利润率既反映了企业盈利能力，也从侧面反映了企业的成本费用控制能力，有效控制成本是企业在成长初期保持盈利的重要保障。其计算公式为：

销售利润率 = 营业利润/营业收入

（6）净资产收益率。净资产收益率反映了资本运营的综合效益。通过对该指标与同行业的对比分析，可以了解企业获利能力在同行业中所处的位置以及与同类企业的差异程度。其计算公式为：

净资产收益率 = 净利润/平均所有者权益

（7）总资产报酬率。总资产报酬率是一个内涵丰富的财务指标，既能够表示企业资产的整体使用效率，也是企业盈利能力的具体体现。其计算公式为：

总资产报酬率 = 净利润/平均资产总额

（8）修正的市净率（P/BV）=（上年末的收市价）/（上年度调整后每股净资产）。

市净率[①]指标大于1，说明公司资产市价高于账面价值，资产的质量好，有发展前景。反之，则说明资产质量差，没有发展前景。一般来说，市净率达到3，可以树立较好的公司形象。在公司高速增长时其市净率较大；一旦公司失去高成长或陷入亏损时，公司股价急剧下跌，其市净率会小于1。此外，净资产（每股账面价值）的多少是由公司经营状况决定的，公司的经营业绩越好，其资产增值越快，股票净值就越高，股东所拥有的权益也越多。

---

①　理论上，衡量市场及股价是否合理，除了市盈率（为投资收益率的倒数），另一个常用指标是市净率（即股票价格与每股净资产值相比的倍数）。市净率反映用多少倍的价格购买上市公司的资产；市净率是一个比市盈率更为可靠的指标，尤其是针对那些周期性行业的个股——此类股票每股收益伴随行业景气度可能有极大波动，市盈率也往往会有很大的波动；若遇上行业极不景气、公司资产利润率奇低或者公司发生亏损时，该比率将失去意义。

（9）托宾 Q（TOBIN's Q）。Tobin's Q 可以反映市场对于公司未来利润的预期，并对公司投资产生影响。由于企业账面值 BV 是对企业过去的总结，而 MV 是对企业未来的期望。在实际操作中，总是采用 BV（企业账面值）。其计算公式为：

$$Tobin\ Q = (MVE + PS + DEBT)/TA$$

其中：MVE 是公司的流通股市值，PS 为优先股的价值，DEBT 是公司的负债净值，TA 是公司的总资产账面值。

TOBIN Q 的含义是企业使用的每单位资源为社会所创造的财富，因而可说明以价值计量的企业经济效益。Tobin's Q[①] 值大于 1，说明企业创造的价值大于投入的资产的成本，表明企业为社会创造了价值，是"财富的创造者"；Tobin's Q 值很高，说明企业的市场价值高于其资产的重置成本，企业可通过发行股票的方式进行低成本的融资来购置新设备。反之，Tobin's Q 值很低，则浪费了社会资源，是"财富的缩水者"，企业的市场价值低于资本的重置成本，在企业需要资本的时候，购买其他企业的成本会比购买新的投资品的成本更低。事实上，用于单个公司进行分析的 Tobin's Q 比率即为市净率（price-to-book ratio）。

（10）总资产周转率。资产周转率反映了企业的运营能力，资产周转越快，就能够以较少的投入获取越多的收益，从而间接反映了企业管理人员调配资源的能力。其计算公式为：

总资产周转率 = 营业收入/总资产平均额

由于企业的成长是一个连续不断的过程，因此本书在运用以上指标进行评价分析时，将使用 3 年的平均数；此外，由于资产负债率、流动比率为适度指标，本书将其变换为正指标，公式为 $X' = 1/(1 + |Q - X|)$，其中 Q 为该指标合适值，分别取 0.5 和 2[②]。

（11）研发投入强度。研发投入强度衡量企业对研发的重视程度，本期研发投入强度越大，说明企业对新产品新技术的投入越多，也就意味着企业在未来可能获取更多的超额利润。

其计算公式为：

研发投入强度 = 研发投入/营业收入

---

① Tobin's Q 由诺贝尔经济学奖获得者詹姆斯·托宾（James Tobin）于 1969 年提出、并将之定义为企业的市场价值与资本重置成本之比，其经济含义是比较企业的市场价值是否大于企业资本的成本。

② 周宏，张巍. 中国上市公司经理人薪酬的比较效应——基于相对业绩评价的实证研究[J]. 会计研究，2010（7）：50 - 57.

关注科技型中小企业科研开发费的投入情况，可分析其未来的发展潜力。

（12）流动比率。中小企业融资难不仅表现在融资渠道单一、融资成本高等方面，还表现在中小企业融资可能会面临着其他更加苛刻的要求，比如一些金融机构向小企业贷款时要求企业具有可资抵押的有形资产。流动比率测度了相对于每一单位流动负债，有多少流动资产作为偿债保障，反映了企业流动资产与流动负债的比例，因此本书选用流动比率来说明企业经营的稳定性。其计算公式为：

$$流动比率 = 流动资产/流动负债$$

（13）资产负债率。资产负债率反映企业的长期偿债能力和长期经营稳定性。从企业长期经营来看，保持合适的资本结构是必要的。资产负债率太低说明企业没有很好地利用财务杠杆的作用，而资产负债率太高又会威胁到企业的安全性与融资能力。资产负债率的计算公式为：

$$资产负债率 = 期末总负债/期末总资产$$

本书选定的科技型中小企业成长性评价指标体系可归纳如表 5 – 1。

表 5 – 1　　　　　　　科技型中小企业成长性评价指标体系

	指标	公式	变量表示
成长性评价指标	主营业务收入增长率 *	主营收入增长率 =（期末主营收入 – 期初主营收入）/期初主营收入	X1
	净利润增长率	净利润增长率 =（本年净利润 – 上年净利润）/上年净利润	X2
	总资产增长率	总资产增长率 =（期末资产额 – 期初资产额）/期初资产额	X3
	净资产增长率	净资产增长率 =（期末所有者权益 – 期初所有者权益）/期初所有者权益	X4
	销售净利率	销售利润率 = 营业利润/营业收入	X5
	净资产收益率	净资产收益率 = 净利润/所有者权益	X6
	总资产报酬率	总资产报酬率 = 净利润/资产总额	X7
	托宾 Q 值	期末市场价值/期末总资产账面价值	X8
	总资产周转率	总资产周转率 = 营业收入/总资产平均额	X9

	指标	公式	变量表示
自变量	技术创新基金	2006～2009年4年内获得技术创新基金取1，否则取0	fdm
控制变量	资产负债率	资产负债率＝总负债/总资产	da
	流动比率	流动比率＝流动资产/流动负债	cr
	市值规模	2010年市值规模的对数值	size
	成立年龄	公司成立年数的对数值	fage
	平均员工人数	2006～2011年5年员工总人数均值的对数值	emp5

注：＊所有科技型中小企业成长性评价指标均是2009～2011年的3年平均值。

5.1.2 科技型中小企业成长性评价方法的选择

5.1.2.1 中小企业成长性的常用评价方法

近年来，在经济管理研究中统计方法、计量技术得到大量应用。这些技术也被运用到企业成长性评价中来，比如功效系数法、层次分析法、加权评分法、灰色关联分析、二维分析法、突变级数法等方法。由于研究目的不同、解决问题的思路不同，各种方法具有不同的适用范围与适应性，给评价方法的选择带来了困难。对科技型中小企业成长性的评价而言，应选择最适合也最能反映企业成长状况的方法①。

（1）功效系数法（efficacy coefficient method）。也称功效函数法，是根据多目标规划原理，对每一项评价指标确定一个满意值和不允许值，以

---

① 本节的撰写主要参考了：吴殿廷，李东方．层次分析法的不足及其改进的途径［J］．北京师范大学学报（自然科学版），2004，40（2）：264－268．郭显光．一种新的综合评价方法——组合评价法［J］．统计研究，1995，12（5）：56－59．黄盛铨，刘君，孔宪京．强度折减DDA法及其在边坡稳定分析中的应用［J］．岩石力学与工程学报，2008，27（s1）：2799－2806．周莉，黄河清，蒲勇健．基于功效系数法的经营者相对业绩评价研究［J］．软科学，2006，20（1）：40－44．郭金玉，张忠彬，孙庆云．层次分析法的研究与应用［J］．中国安全科学学报，2008，18（5）：148－153．朱延福，张建平．中外投资环境评价方法论的演进述评［J］．湖北经济学院学报，2012，02（5）：24－28．范德成，杜明月．基于TOPSIS灰色关联投影法的高技术产业技术创新能力动态综合评价——以京津冀一体化为视角［J］．运筹与管理，2017，26（7）：154－163．刘照德．中小型高科技企业成长性评价理论研究［J］．科技进步与对策，2009，26（24）：98－101．江生忠，邵全权．保险竞争力研究方法综述——层次分析法、数据包络法及因子分析法的应用［J］．江西财经大学学报，2007（3）：34－38．慕静，韩文秀，李全生．基于主成分分析法的中小企业成长性评价模型及其应用［J］．系统管理学报，2005，14（4）：369－371．童其慧．主成分分析方法在指标综合评价中的应用［J］．北京理工大学学报（社会科学版），2002，4（1）：59－61．等相关文献，因引文较多，恕不一一标注。

满意值为上限，以不允许值为下限。计算各指标实现满意值的程度，以此确定各指标的得分，再经过加权平均综合，进而评价被测评对象的综合状况。该方法可从不同侧面或角度对评价对象进行计算、打分；减少了单一评价标准常有的评价结果偏差；不过，各项指标得分的两个标准——满意值和不容许值的确定难度较大、要获得准确的数据相对困难；即便得到了满意值和不容许值，如二者差距过大、以致使中间大多数评价值的差距不明显，也易使评价失去意义。

（2）层次分析法（the analytic hierarchy process，简称 AHP）[①]。作为系统工程中对非定量事件进行定量分析的一种简便方法，层次分析法是对人们的主观判断进行客观描述的一种手段。其基本原理为，将各方案（或措施）排出优劣次序，以排序作为决策的依据。具体的做法是，先将决策问题看作受多种相互关联、相互制约因素影响的大系统，而影响因素可以按照其间的隶属关系从高到低排成若干层次（称作构造阶梯层次结构）；而后，请专家、学者、权威专业人士对各因素进行两两重要性比较，对各因素层层排序，利用数学方法对排序结果进行分析，最终将定性的群体决策转变为具有较强科学性的定量决策。

（3）加权评分法（weight grade method）。加权评分法是综合考虑各种因素的评价方法，也是目前经济评价中应用最为广泛的一种方法。通常的做法是，根据各具体指标在总目标中的不同地位，给出或设定其标准权数；确定各具体指标的标准值（多选取该指标的行业平均值）；然后，比较指标的实际数值与标准值，得到级别指标分值；最后，汇总指标分值求得加权评估总分。加权评分法虽简便易行，但是也存在以下缺憾：一是不能动态地反映企业发展的变动状况。科技型中小企业的成长性多为连续的，不同年份间存在着很强的关联性，加权评分法一般以一年为评价期间，难以准确地评价企业的成长状况与发展趋势。二是未能区分指标的不同性质，易导致计算出的综合指数不尽科学。成长评价指标往往属于状态或区间指标，对状态指标加权评分法很容易得出错误的结果，如资产负债率即是一个适度指标：并非越大越好，也非越小越好，而是越接近标准水平越好。三是未考虑到权数的区间划分。从严格意义上讲，权数作用的完

① 层次分析法（the analytic hierarchy process，AHP），在 20 世纪 70 年代中期由美国运筹学家托马斯·塞蒂（T. L. Saaty）提出的一种定性和定量相结合的、系统化、层次化的分析方法。其应用已遍及经济计划和管理、能源政策和分配、行为科学、军事指挥、运输、农业、教育、人才、医疗和环境等领域。

155

整区间，应为指标最高值与最低值之间、而非平均值，利用加权评分法进行分析评价，在计算成长性综合指数时，将指标数值实际值与标准值进行对比、再乘上权数，忽视了权数的作用区间，易造成评估结果的偏差。

（4）灰色关联度分析法（gray degree of correlation，GRA）。邓聚龙（1982）[277] 创立了灰色系统理论，灰色系统评价方法主要包括灰色聚类、灰色统计和灰色关联度分析。企业的成长性评价主要是灰色关联度分析法，即常见的 GRA 法。由于信息的不完备性使得分析评价系统常具有"灰色"的特征，GRA 法便以各因素的样本数据为依据，用灰色关联度来描述因素间关系的强弱大小和次序；GRA 法作为一种多因素统计分析方法，其优点是：对数据的要求相对较低，分析思路清晰、能够使分析者充分利用所得到的信息，可在较大程度上化解信息不对称问题；其主要缺点在于，必须对各项指标的最优值进行赋值、主观性过强，且部分指标的最优值难以确定，如资产负债率，本身就不存在一个普遍适用的最优值，仅存在一个区间范围内的适度值。

灰色综合评价主要是依据以下模型：$R = E \times W$。式中，R 为 M 个被评价对象的综合评价结果向量；W 为 N 个评价指标的权重向量；E 为各指标的评判矩阵；$\xi_i(k)$ 为第 i 个被评价对象的第 K 个指标与第 K 个最优指标的关联系数。根据 R 的数值，进行排序。

第一，确定最优指标集。设 $F = [j_1^*, j_2^*, \cdots, j_n^*]$，式中 j_k^* 为第 k 个指标的最优值。此最优序列的每个指标值可以是诸评价对象的最优值，也可以是评估者公认的最优值。选定最优指标集后，可构造矩阵 D。式中 j_k^i 为第 i 个公司第 k 个指标的原始数值。

第二，指标的标准化或规范化处理。由于评判指标间通常是有不同的量纲和数量级，故不能直接进行比较，为了保证结果的可靠性，需要对原始指标进行规范化（标准化）处理①。设第 k 个指标的变化区间为 $[j_{k1}, j_{k2}]$，j_{k1} 为第 k 个指标在所有被评价对象中的最小值，j_{k2} 为第 k 个指标在所有被评价对象中的最大值，则可以用下式将上式中的原始数值变成无量纲值 $C_k^i \in (0, 1)$。

---

① 数据的规范化或标准化（normalization）即统计数据的指数化。数据标准化处理主要包括数据同趋化处理和无量纲化处理两方面。数据同趋化处理主要解决不同性质数据问题，改变逆指标数据性质，使所有指标对方案的作用力同趋化；数据无量纲化处理主要解决数据的可比性问题。数据标准化的方法有多种，常用的有"最小—最大标准化""Z – score 标准化"和"按小数定标标准化"等。

$$C_k^i = \frac{j_k^i - j_{k1}}{j_{k2} - j_k^i}, \quad i = 1, 2, \cdots, m, \quad k = 1, 2, \cdots, n$$

第三，计算综合评判结果。根据灰色系统理论，将 $\{C^*\} = [C_1^*, C_2^*, \cdots, C_n^*]$ 作为参考数列，将 $\{C\} = [C_1^i, C_2^i, \cdots, C_n^i]$ 作为被比较数列，则用关联分析法分别求得第 i 个被评价对象的第 k 个指标与第 k 个指标最优指标的关联系数，即：

$$\xi_i(k) = \frac{\underset{i}{\min}\underset{k}{\min} |C_k^* - C_k^i| + \rho \underset{i}{\max}\underset{k}{\max} |C_k^* - C_k^i|}{|C_k^* - C_k^i| + \rho \underset{i}{\max}\underset{k}{\max} |C_k^* - C_k^i|}, \quad \text{式中} \rho \in (0, 1), \text{一}$$

般取 $\rho = 0.5$。

综合评价结果为：$R = E \times W$。若关联度 r_i 最大，说明 $\{C\}$ 与最优指标 $\{C^*\}$ 最接近，即第 i 个被评价对象优于其他被评价对象，据此可以排出各被评价对象的优劣次序。

（5）二维判断法（2D judgment method）。由我国中小企业发展问题研究课题组（2000）提出的同时从时空两个维度考察企业的变动状况的中小企业成长性评价方法：即通过正确反映企业在本行业（或全产业）时点状态所处的地位，尽可能考虑一段时期内企业连续成长的速度和质量。其基本原理是：在确定各指标状态值及标准分值的基础上，测算评估期前 3 年企业各指标的平均值，并确定平均分值，考察企业以往（评估期 3 年）的发展状况；再根据企业评估期内某一指标的实际值，测算企业该指标的行业比较得分，考察企业该项指标在同行业（或全产业）所处的地位；据此计算该指标行业（全产业）比较得分与前 3 年平均分值的比值，考察企业该指标在整个测评期内的成长状态；将各指标的比值加总得出综合成长指数，从整体上反映企业的成长状况是越来越好、还是有进有退、抑或是逐渐萎缩。二维判断法在确定标准分值上仍存在较多的人为因素，需要靠充分调查、分析和征询专家的意见，尽可能避免人为失误，且需要的数据量非常庞大、计算过程比较烦琐复杂。

二维判断法的数学模型为：正指标：

$$D = \sum_{i=1}^{n} \frac{Did_i + (Zis_i - Zid_i)/(Zig_i - Zid_i) \times (Dig_i - Did_i)}{Dt_i}$$

$$= \sum_{i=1}^{n} \frac{Dis_i}{Dt_i}$$

逆指标或状态指标：

$$D = \sum_{i=1}^{n} \frac{Did_i - (Zis_t - Zid_t)/(Zig_i - Zid_i) \times (Dig_i - Did_i)}{Dt_t}$$
$$= \sum_{i=1}^{n} \frac{Dis_t}{Dt_t}$$

其中：

D：企业成长指数；

Zis_i：评估期企业指标实际数值；

Zid_i：指标实际数值所在区间下限数值；

Zig_i：指标实际数值所在区间上限数值；

Did_i：指标下限数值对应的标准分值；

Dig_t：指标上限数值对应的标准分值；

Dt_i：企业评估期前 3 年指标平均分值。

式中：正指标：

$$Dt_i = Dtd_i + (Ztm_i - Ztd_i)/(Ztg_i - Ztd_i) \times (Dtg_i - Dtd_i)$$

逆指标或状态指标：

$$Dt_i = Dtd_i - (Ztm_i - Ztd_i)/(Ztg_i - Ztd_i) \times (Dtg_i - Dtd_i)$$

其中：

Ztm_i：指标前 3 年平均数值；

Ztd_i：指标平均值所在区间下限数值；

Ztg_i：指标平均值所在区间上限数值；

Dtd_i：指标平均值所在区间下限标准分；

Dtg_i：指标平均值所在区间上限标准分。

利用二维判断法模型对上述指标进行测算的结果反映了一个企业的成长状况，由于国家产业政策的调整以及不同地区间的经济差异，还应对上述评价方案增加产业系数和区域经济调节系数，进行必要的修订与调整。

（6）突变级数法（catastrophe progression method）。是一种对评价目标进行多层次矛盾分解，然后利用突变理论与模糊数学相结合产生突变模糊隶属函数，再由归一公式进行综合量化运算，最后归为一个参数，即求出总的隶属函数，从而对评价目标进行排序分析的一种综合评价方法。突变级数法没有对指标采用权重进行赋值，但考虑了各评价指标的相对重要性，从而减少了主观性又不失科学性、合理性，而且计算简易准确。当然，突变级数法一般要求各层指标分解不超过 4 个，也客观上限制了其大范围运用。

第一，根据评价目的，对评价总指标进行多层次分解，排列成倒立树状目标层次结构，原始数据只需要知道最下层子指标的数据即可。因为一般突变系数某状态变量的控制变量不超过 4 个，所以相应的，一般各层指标（单指标的子指标）分解不要超过 4 个。

第二，确定突变评价指标体系的突变系统类型。突变系统类型一共有 7 个，最常见的有 3 个，即尖点突变系统、燕尾突变系统和蝴蝶突变系统。

尖点突变系统模型为：$f(x) = x[4] + ax[2] + bx$

燕尾突变系统模型为：$f(x) = ((1/5)x[5]) + ((1/3)ax[3]) + ((1/2)bx[2]) + cx$

蝴蝶突变系统模型为：$f(x) = ((1/6)x[6]) + ((1/4)ax[4]) + ((1/3)bx[3]) + ((1/2)cx[2]) + dx$

式中，$f(x)$ 表示一个系统的一个状态变量 x 的势函数，状态变量 x 的系数 a、b、c、d 表示该状态变量的控制变量。若一个指标仅分解为两个子指标，该系统可视为尖点突变系统；若一个指标可分解为三个子指标，该系统可视为燕尾突变系统；若一个指标能分解为四个子指标，该系统可视为蝴蝶突变系统。

第三，由突变系统的分叉方程导出归一公式。根据突变理论，尖点突变系统归一公式为：$x[,a] = a[1/2]$，$x[,b] = b[1/3]$，式中 $x[,a]$ 表示对应 a 的 x 值，$x[,b]$ 表示对应 b 的 x 值。

燕尾突变系统的归一公式为：$x[,a] = a[1/2]$，$x[,b] = b[1/3]$，$x[,c] = c[1/4]$

蝴蝶突变系统的归一公式为：$x[,a] = a[1/2]$，$x[,b] = b[1/3]$，$x[,c] = c[1/4]$，$x[,d] = d[1/5]$

归一公式实质上是一种多维模糊隶属函数。

第四，利用归一公式进行综合评价。根据多目标模糊决策理论，对同一方案，在多种目标情况下，如设 $A[,1]$，$A[,2]$，…，$A[,m]$ 为模糊目标，则理想的策略为：$C = A[,1] \, IA[,2] \, I\cdots A[,m]$，其隶属函数为：$\mu(x) = \mu[,A1](x) \wedge \mu[,A2](x) \wedge \cdots \mu[,Am](x)$，式中 $\mu[,A](x) \mu A[,1](x)$ 为 $A[,1]$ 的隶属函数，定义为此方案的隶属函数，即为各目标隶属函数的最小值。

对于不同的方案，如设 $G[,1]$，$G[,2]$，…，$G[,n]$，记 $G[,i]$ 的隶属函数为 $u(G[,i])$，则表示方案 $G[,i]$ 优于方案 $G[,j]$。因而利用归一公式对同一对象各个控制变量（即指标）计算出的对应的 X 值应采用"大中取小"原则，但对存在互补性的指标，通常用其平均数代替，在对象的最后比较时要用"小中取大"原则，即对评价对象按总评价指标的得分大小排序。由此可以看出，对各级指标指数的确定，实际上是对其下一级指标指数（或数值）进行综合排序的结果。

5.1.2.2 本书选用的评价方法——主成分分析法与因子分析法

主成分分析（principal components analysis，PCA）也叫主分量分析、主元分析法，由侯特灵（Hoteling）于 1933 年首次提出。主成分分析或主分量分析是将把多个变量化为少数几个互相无关的综合变量的统计分析方法。主成分分析法属于将多项指标转化为少数几个综合指标的、降维的多元统计分析方法，其最重要的应用是对原始数据利用降维进行简化，其优点在于操作简便、且无参数限制，在经济管理中有着十分广泛的运用，被誉为线性代数应用最富价值的成果之一。

主成分分析的基本思想就是采取数学降维的方法，找出几个综合变量来代替原来众多的变量，使这些综合变量能尽可能地代表原来变量的信息含量，而且彼此之间互不相关。换言之，主成分分析法就是要设法将原来众多具有一定相关性的变量，重新组合为一组新的相互无关的综合变量来代替原来变量，将主成分表示为原始观察变量的线性组合；在代数上表现为将原随机向量的协方差阵变换成对角形阵，在几何上表现为将原坐标系变换成新的正交坐标系，使之指向样本点散布最开的 p 个正交方向，然后对多维变量系统进行降维处理，使之能以一个较高的精度转换成低维变量系统，再通过构造适当的价值函数，进一步把低维系统转化成一维系统。通常，数学上的处理方法是将原来的变量进行线性组合、作为新的综合变量，但此种组合如不加以限制便会有很多，应该如何选择呢？如将选取的第一个线性组合（综合变量）记为 F_1，希望其尽可能多地反映原来变量的信息（用方差来测量），即 $Var(F_1)$ 越大，表示 F_1 包含的信息越多。因此应在所有的线性组合中选取方差最大的作为 F_1，称 F_1 为第一主成分。如第一主成分不足以代表原来 p 个变量的信息，再考虑选取 F_2 即第二个线性组合，为了有效地反映原来信息，F_1 已有的信息就不需要再出现在 F_2 中，即要求 $Cov(F_1, F_2) = 0$，称 F_2 为第二主成分，依此类推可以构造出第三、四……第 p 个主成分。

主成分分析的基本程序为：

第一，选取研究样本，确定样本矩阵。采集原始指标数据 p 维（变量）随机向量 $y = (Y_1, Y_2, \cdots, Y_p)^T$，$n$ 个样品 $y_i = (y_{i1}, y_{i2}, \cdots, y_{ip})^T$，$i = 1, 2, \cdots, n$，$n > p$，构造样本矩阵：

$$y = \begin{pmatrix} y_{11} & y_{12} & \cdots & y_{1p} \\ y_{21} & y_{22} & \cdots & y_{2p} \\ \cdots & \cdots & \cdots & \cdots \\ y_{n1} & y_{n2} & \cdots & y_{np} \end{pmatrix}$$

进行主成分分析，原则上要求部分变量之间具有线性相关趋势。如果所有变量彼此之间不相关（即正交），则没有必要进行主成分分析，因为主成分分析的目的就是用正交的变量代替原来非正交的变量；如果原始变量之间为非线性关系，则有必要对数据进行线性转换，否则效果不佳。因此，在具体运用主成分分析法进行评价之前，需要对变量之间进行初步的相关性检验，如可将原始数据绘成散点图进行判断。

第二，原始指标数据的标准化。原始指标的量纲往往存在差异，须将原始数据标准化以消除量纲的影响。在主成分分析中，样本数据消除量纲的标准化一般是基于数据的平均和方差进行的，为此，应计算原始指标样本数据均值与方差。

对数据矩阵 Y 作标准化处理，即对每一个指标分量作标准化变换，变换公式为：

$$X_{ij} = \frac{Y_{ij} - \bar{Y}_j}{S_j} \begin{pmatrix} i = 1, 2, \cdots, n \\ j = 1, 2, \cdots, p \end{pmatrix}$$

其中，样本均值为：$\bar{Y}_i = \dfrac{1}{n} \sum_{k=1}^{n} Y_{ki}$

样本标准差为：$S_i = \sqrt{\dfrac{1}{n-1} \sum_{k=1}^{n} (Y_{ki} - \bar{Y}_i)^2}$

得标准化后的数据矩阵：

$$X = \begin{pmatrix} x_{11} & x_{12} & \cdots & x_{1p} \\ x_{21} & x_{22} & \cdots & x_{2p} \\ \cdots & \cdots & \cdots & \cdots \\ x_{n1} & x_{n2} & \cdots & x_{np} \end{pmatrix}$$

第三，求标准化数据的相关系数矩阵或协方差矩阵。对于给定的 n 个样本，求标准化阵变量间的相关系数；相关系数矩阵中的每一个元素由相应的相关系数表示。

$$R = XX' = \begin{pmatrix} 1 & r_{12} & \cdots & r_{1p} \\ r_{21} & 1 & \cdots & r_{2p} \\ \cdots & \cdots & \cdots & \cdots \\ r_{p1} & r_{p2} & \cdots & 1 \end{pmatrix}$$

其中，相关系数 $r_{ij} = \dfrac{1}{n-1} \sum\limits_{k=1}^{n} X_{ki} X_{kj}$

第四，求特征值和特征向量（Initial Eigenvalues & Eigenvectors）。求特征根（λ）及其相应的特征向量（a_i）是求各主成分的关键。

设求得的样本相关系数矩阵为 R，求解特征方程：$|R - \lambda I_p| = 0$，得 p 个特征根（特征根之和等于变量数、矩阵的维数），确定主成分。

按照经验数据 $\dfrac{\sum\limits_{j=1}^{m} \lambda_j}{\sum\limits_{j=1}^{p} \lambda_j} \geqslant 0.85$ 确定 m 的取值，使样本原始信息的利用率达85%以上，对每个 λ_j，j = 1，2，…，m，解方程组 $Rb = \lambda_j b$，得单位特征向量 b_j^{σ}。

第五，求取主成分（取线性组合）。根据求得的 m 个特征向量，m 个主要成分分别为：

$$F_1 = a_{11}X_1 + a_{12}X_2 + \cdots + a_{1p}X_p$$
$$F_2 = a_{21}X_1 + a_{22}X_2 + \cdots + a_{2p}X_p$$
$$\cdots$$
$$F_m = a_{m1}X_1 + a_{m2}X_2 + \cdots + a_{mp}X_p$$

上式即为主成分分析的模型，其通式为：

$F_i = a_{i1}X_1 + a_{i2}X_2 + \cdots + a_{ip}X_p$ 称为主成分。

同时要求模型满足以下条件：F_i，F_j 互不相关（i≠j，i，j = 1，2，…，p）；F_1 的方差大于 F_2 的方差大于 F_3 的方差，依次类推；$a_{k1}^2 + a_{k2}^2 + \cdots + a_{kp}^2 = 1$　k = 1，2，…，p.

称 F_1 是第一主成分，F_2 是第二主成分，F_i 是第 i 主成分。

主成分分析可以得到 p 个主成分，但是，由于各个主成分的方差是递减的，包含的信息量也是递减的，因此，实际分析时，一般不是选取 p 个主成分，而是根据各个主成分累计贡献率的大小选取前 k 个主成分，贡献率指某个主成分的方差占全部方差的比重，实际也就是某个特征值占全部特征值合计的比重。即：

$$\text{贡献率} = \frac{\lambda_i}{\sum\limits_{i=1}^{p} \lambda_i}$$

贡献率越大，说明该主成分所包含的原始变量的信息越强。主成分个数 k 的选取，主要根据主成分的累积贡献率来决定，即在研究中，保留多少个主成分取决于保留部分的累积方差在方差总和中所占百分比（即累计贡献率），累计贡献率标志着前几个主成分概括信息之多寡。一般而言，通常要求累计贡献率达到 85% 以上，这样才能保证综合变量能包括原始变量的绝大多数信息。

主成分分析中的主成分协方差应该是对角矩阵，其对角线上的元素恰好是原始数据相关矩阵的特征值，而主成分系数矩阵 A 的元素则是原始数据相关矩阵特征值相应的特征向量。矩阵 A 是一个正交矩阵。即满足 $AA' = I$。

第六，计算主成分载荷，运用主成分的贡献率进行综合评价。以各主成分的贡献率为权重进行综合评价；即以每个主成分的方差贡献率对主成分进行加权求和，可得到最终评价值。

根据前述公式，一般称 $\dfrac{\lambda_1}{\sum\limits_{j=1}^{p} \lambda_i}$ 为第 1 主成分的贡献率。此值越大，表明第 1 主成分综合信息的能力越强；称 $\dfrac{\sum\limits_{i=1}^{m} \lambda_i}{\sum\limits_{i=1}^{p} \lambda_i}$ 为前 m 个主成分的累计贡献率，表明所取前几个主成分已包含了全部测量指标所具有信息的百分率。

在实际应用中，选择了重要的主成分后，还要注意主成分实际含义解释。主成分分析中一个很关键的问题是如何给主成分赋予新的意义，给出合理的解释。一般而言，这个解释是根据主成分表达式的系数结合定性分析来进行的。主成分是原来变量的线性组合，在这个线性组合中各变量的系数有大有小，有正有负，因而不能简单地认为这个主成分是某个原变量的属性的作用，线性组合中各变量系数的绝对值大者表明该主成分主要综合了绝对值大的变量，有几个变量系数大小相当时，应认为该主成分是这几个变量的总和，这几个变量综合在一起应赋予怎样的实际意义，还要结合具体实际问题和专业，给出恰当的解释，才能达到深刻分析的目的。

主成分分析法相对于其他评价方法而言，具有以下优势：（1）可在不损失大量信息的前提下，降低所研究的数据空间的维数。换言之，主成分分析法可实现用研究 m 维的 Y 空间代替 n 维的 X 空间（m < n），而低维的 Y 空间代替高维的 X 空间所损失的信息很少。即使只有一个主成分 Y_1（即 m = 1）时，Y_1 仍是使用全部 X 变量（n 个）得到的；要计算 Y_1 的均值也将使用全部 X 的均值。在所选的 m 个主成分中，如某个 X_i 的系数近似于零，即可将其删除，因而，主成分分析法也是一种删除多余变量的方法。（2）以客观数据为基础，避免了主观赋值的任意性，提高了评价结果的精度和准确性。在主成分分析过程中，由于不需要人为地设定参数或根据经验模型对计算进行干预，最终的计算结果只与数据相关，因而与用户是独立的、不受其主观判断的影响。主成分分析法可通过主成分载荷[①] a_{ij}的结论，弄清 X 变量间的关系；有效找出数据中最主要的元素、结构，去除噪音和冗余[②]，将原有的复杂数据降维，揭示隐藏在复杂数据背后的简单规律。（3）通过使用主成分分析，可以提炼出比原有指标数量少的筛选回归变量，用主成分分析筛选变量、计算量较少，可使主成分代表原有指标的大部分信息，又避免了原有指标间重叠的信息，克服了多重共线性的问题。可以说，PCA 能实现降维从而简化模型或对数据进行压缩并最大程度保持原有数据信息的效果。（4）提供了多维数据的一种图形表示方法。当维数大于 3 时便不能画出其几何图形。然而，经过主成分分析后，可以选取前两个主成分，根据其得分，在二维平面上画出其分布状况，便可直观地由图形看出各样本在主成分中的地位、发现远离大多数样本点的离群点，进而可对样本进行进一步的分类处理。

因子分析法（factor analysis method）。因子分析法是研究从变量群中提取共性因子的统计技术，即从研究指标相关矩阵内部的依赖关系出发，将一些信息重叠、具有错综复杂关系的变量归结为少数几个不相关的综合因子的一种多元统计分析方法。其基本思想是：根据相关性大小把变量分组，使得同组内的变量之间相关性较高，但不同组的变量不相关或相关性较低，每组变量代表一个基本结构—即公共因子。

因子分析法最早由英国心理学家 C. E. 斯皮尔曼（Charles Edward Spearman）提出。他发现学生的各科成绩之间存在着一定的相关性，一科成绩好的学生，往往其他各科成绩也比较好，从而推想是否存在某些潜在的共性因子，或称某些一般智力条件影响着学生的学习成绩。因子分

---

① 主成分载荷（loading），表示主成分和相应原始变量的相关系数；相关系数的绝对值越大，主成分对该变量的代表性也越大。

② 冗余多指其对结果没有影响或可以用其他变量表示的变量（即次要成分）。

析可在许多变量中找出具有代表性的隐藏因子（latent variable/factor）。将相同本质的变量归入一个因子，可减少变量的数目，还可检验变量间关系的假设。20 世纪 30 年代，瑞典心理学家瑟斯通（Thurstone，1935）打破了流行的单因理论假设，大胆提出了多元因子分析（Multiple Factor Analysis）理论。

因子分析的基本思想是寻找公共因子、以达到降维的目的。因子分析法具有两大优势：第一，因子分析是要把相关性比较大的变量压缩成一个因子，而不同因子的变量之间的相关性则较低或不具有相关性，最大限度地客服了多重共性；第二，该方法以客观数据为基础计算综合因子得分，进一步对全部样本进行评价分析，这样就避免了主观赋值的任意性，提高了评价结果的科学性和准确性。因子分析体现了对数据变量的降维思想，通过归类挑选相关性高的变量使之成为一个公共因子，既便于变量解释，也降低了分析问题的复杂性。

因子分析法可分为两类：一类是探索性因子分析（exploratory factor analysis，EFA），没有先验信息，不事先假定因子与测度项之间的关系，根据分析结果让数据自己说话，旨在找出影响观测变量的因子个数，以及各个因子和各个观测变量之间的相关程度，试图揭示一套相对比较大的变量的内在结构。主成分分析是其中的典型方法。另一类是验证性因子分析（confirmatory factor analysis），旨在决定事前定义因子的模型拟合实际数据的能力，以试图检验观测变量的因子个数和因子载荷是否与基于预先建立理论的预期一致，指标变量是基于先验理论/信息选出的，假定因子与测度项的关系是部分已知的。

运用因子分析法的主要步骤如下：（1）对数据样本进行标准化处理；（2）计算样本的相关矩阵 R；（3）求相关矩阵 R 的特征根和特征向量；（4）根据系统要求的累积贡献率确定主因子的个数；（5）计算因子载荷矩阵（component matrix）；（6）确定因子模型；（7）根据上述计算结果，进行综合分析评价。

探索性因子分析主要有以下七个步骤：（1）收集观测变量：通常采用抽样的方法，按照实际情况收集观测变量数据。（2）构造相关矩阵：根据相关矩阵可以确定是否适合进行因子分析。（3）确定因子个数：可根据实际情况事先假定因子个数，也可以按照特征根大于 1 的准则或碎石准则来确定因子个数。（4）提取因子：可以根据需要选择合适的因子提取方法，如主成分分析法、加权最小平方法、极大似然法等。（5）因子旋转：由于初始因子综合性太强，难以找出实际意义，因此一般需要对因子进行旋转（常用的旋转方法有正交旋转、斜交旋转等），以便于对因子结构进行合理解释。（6）解释因子结构：可以根据实际情况及负载大小对因子进行具体解释。（7）计算因子得分：可以利用公共因子来做进一步的研究，如聚类分析、评价等。

而验证性因子分析主要包括以下六个步骤：（1）定义因子模型：包括选择因子个数和定义因子载荷。因子载荷可以事先定为 0 或其他自由变化的常数，或者在一定的约束条件下变化的数（比如与另一载荷相等）。（2）收集观测值：根据研究目的收集观测值。（3）获得相关系数矩阵：根据原始资料数据获得变量协方差阵。（4）拟合模型：这里需要选择一种方法（如极大似然估计、渐进分布自由估计等）来估计自由变化的因子载荷。（5）评价模型：当因子模型能够拟合数据时，因子载荷的选择要使模型暗含的相关矩阵与实际观测矩阵之间的差异最小。常用的统计参数有：卡方拟合指数（χ^2）、比较拟合指数（CFI）、拟合优度指数（GFI）和估计误差均方根（RMSEA）。根据本特尔（Bentler，1990）的建议标准，$\chi^2/Df \leq 3.0$、$CFI \geq 0.90$、$GFI \geq 0.85$、$RMSE \leq 0.05$，则表明该模型的拟合程度是可接受的。（6）修正模型：如果模型拟合效果不佳，应根据理论分析修正或重新限定约束关系，对模型进行修正，以期得到最优模型。

探索性因子分析更适合于在没有理论支持的情况下对数据的试探性分析，主要应用于三个方面：（1）寻求基本结构，解决多元统计分析中的变量间强相关问题；（2）数据化简；（3）发展测量量表。而验证性因子分析则是基于预先建立的理论，要求事先假设因子结构，其先验假设是每个因子都与一个具体的指示变量子集对应，以检验这种结构是否与观测数据一致，允许研究者将观察变量依据理论或先前假设构成测量模式，然后评价此因子结构和该理论界定的样本资料间相符的程度。因此，验证性因子分析主要应用于：（1）验证量表的维度（dimensionality），或称面向性、因子结构，决定最有效因子结构；（2）验证因子的阶层关系；（3）评估量表的信度和效度三个方面。

主成分分析法和因子分析法的主要区别。因子分析旨在用少数因子描述多个指标或因素间的联系，将比较密切相关的几个变量归入同一类中，使每一类变量成为一个因子（不是具体的、可观测的变量），构造因子模型，将原始观察变量分解为若干因子的线性组合；试图以几个因子反映原始资料的大部分信息。主成分分析法属于因子分析法的一种特例，旨在通过通过坐标变换将一组具有相关性的变量转换为一组相互独立的变量（即提取主成分），将原变量综合成若干个主成分，试图以较少的综合指标来代替原来较多的指标。因子分析和主成分分析都属于统计分析方法中的因素分析法，在多元统计分析中属于协方差逼近技术，都依赖于原始变量；但两者间存在较大的区别。归纳起来，因子分析法和主成分分析法的区别主要在于[①]：

（1）原始样本变量数据所处的位置不同。主成分分析是将主要成分表示为原始观察变量的线性组合，而因子分析则是将原始观察变量表示为新因子的线性组合。

（2）主成分分析一般不需要提出假设（assumptions），而因子分析则需要一些假设，包括：各共同因子间不相关，特殊因子（specific factor）之间、共同因子和特殊因子之间也不相关。

（3）在因子分析中，因子个数需要分析者指定，指定的因子数量不同结果便不同。在主成分分析中，成分的数量是一定的（一般有几个变量就有几个主成分）。主成分分析仅是将一组具有相关性的变量通过正交变换转换成一组维数相同的独立变量，再按总方差误差的允许值大小选定 q 个（q＜p）主成分，新变量 Z 的坐标维数 j 与原始变量的维数相同；而因子分析法将为数众多的变量减为几个新因子，新因子数 m 小于原始变量数 P，从而构造一个结构简单的模型。

（4）主成分分析中，当给定的协方差矩阵或相关矩阵的特征值唯一时，主成分一般是独特的；而因子分析中因子不是独特的，通过旋转即可得到不同的因子。也正因为因子分析可以使用旋转技术帮助解释因子，一般认为，因子分析具有更强的解释力。

（5）主成分分析中，经正交变换的变量系数是相关矩阵 R 的特征向量的相应元素；而因子分析模型的变量系数取自因子载荷量，即 $\alpha_{ij} - u_{ij} \sqrt{\lambda}$。在因子分析中所采用的协方差矩阵的对角元素不再是变量的方差，而是变量方差中可被各因子解释的部分即与变量对应的共同度。

因子载荷量矩阵 A 与相关矩阵 R 满足以下关系：

① 林海明. 对主成分分析法运用中十个问题的解析［J］. 统计与决策（理论版），2007 (8)；林海明，林敏子，丁洁花. 主成分分析法与因子分析法应用辨析［J］. 数量经济技术经济研究，2004 (9).

$$R = U \begin{bmatrix} \lambda_1 & & & \\ & \lambda_2 & & \\ & & \cdots & \\ & & & \lambda_p \end{bmatrix} U^T = AA^T$$

其中，U 为 R 的特征向量。

在考虑有残余项 ε 时，可设包含 ε_i 的矩阵 ρ 为误差项，则有 R − AAT = ρ。在因子分析中，残余项只应在 ρ 的对角元素项中，a_{ij} 的选择应以 ρ 的非对角元素的方差最小为原则。而在主成分分析中，选择原则是使舍弃成分所对应的方差项累积值不超过规定值，两者是不同的。

（6）分析的侧重点不同。主成分分析的重点在于解释各变量的总方差，而因子分析则把重点放在解释各变量之间的协方差。

主成分分析法与因子分析法间的主要区别见表 5 − 2。

表 5 − 2　　　　　　　　　因子分析与主成分分析的主要区别

因子分析法常见的模型	主成分分析数学模型
变量 $X_i = b_{j1} Z_1 + b_{j2} Z_2 + \cdots + b_{jm} Z_m + \varepsilon_j$，j = 1，2，$\cdots$，p，$Z_i$ 为因子，ε_j 特殊因子	主成分 $F_i = a_{i1} X_1 + a_{i2} X_2 + \cdots + a_{ip} Xp = a_i' X$，i = 1，2，$\cdots$，m，$X_j$ 为变量
因子载荷矩阵 B = $(b_{ij})_{p \times m} = \hat{B}C$，$\hat{B} = (\sqrt{\lambda_1} a_1, \sqrt{\lambda_2} a_2, \cdots, \sqrt{\lambda_m} a_m)$ 为初等因子载荷矩阵；λ_i、a_i 是相应的特征值和单位特征向量；C 为方差最大正交旋转矩阵	A = $(a_{ij})_{p \times m} = (a_1, a2, \cdots, a_m)$，$Ra_i = \lambda a_i$，R 为相关系数矩阵，$\lambda_i$、$a_i$ 是相应的特征值和单位特征向量，$\lambda_1 \geq \lambda_2 \geq \cdots \geq \lambda p \geq 0$；不进行旋转
$B'B \neq I$（B 为非正交矩阵）	$A'A = I$（A 为正交矩阵）
将 B 的第 j 列绝对值大的对应变量归为 Z_j 类并由此对 Z_j 命名	用 A 的第 i 列绝对值大的对应变量对 F_i 命名
相关系数 $r_{x_i z_j} = b_{ij}$ 不是唯一的	λ_1，λ_2，$\cdots$，λ_m，互不相同时，a_{ij} 唯一
协方差 $cov(Z_i, Z_j) = \delta_{ij}$；$\delta_{ij} = \begin{cases} 0, & i \neq j \\ 1, & i = j \end{cases}$	协方差 $cov(F_i, F_j) = \delta_{ij}$；$\delta_{ij} = \begin{cases} 0, & i \neq j \\ 1, & i = j \end{cases}$
$Vi = \sum_{k=1}^{p} b_{ki}^2 (\neq \lambda)$ 为因子 Z_i 对 X 的贡献	λ_i（特征值）为主成分 F_i 的方差
因子 Z_i 是不可观测的	主成分 F_i 是由 X 确定的
因子得分函数 $(Z1, Z2, \cdots, Zm)' = B'R^{-1}X$	主成分函数 $(F1, F2, \cdots, Fm)' = A'X$

续表

因子分析法常见的模型	主成分分析数学模型
$B'R^{-1} \neq A'$，因子得分函数是通过回归得出，此时有一次信息损失	无回归过程
$\sum_{i=1}^{p} b_{ji}^2 + \sigma_j^2 = h_j^2 + \sigma_j^2 = 1$，$cov(\varepsilon_i, \varepsilon_j) = \delta_{ij}\sigma_j^2$，$h_j^2$ 称为共同度，δ_j^2 称为特殊方差	主成分 F_i 中 X 的系数平方和 $\sum_{k=1}^{p} a_{ki}^2 = 1$，无特殊因子
综合因子得分函数：$Z = \sum_{i=1}^{m} (v_i/p) Z_i$，$v_i/p$ 有时取 $v_i/(v1 + v2 + \cdots + vm)$	综合主成分函数：$F = \sum_{i=1}^{m} (\lambda_i/p) F_i$

资料来源：林海明，林敏子，丁洁花. 主成分分析法与因子分析法应用辨析［J］. 数量经济技术经济研究，2004（9）。

　　一般地，当需要寻找潜在的影响因子、并对因子进行解释时，多使用因子分析法，以期借助旋转技术获得更好的解释；如拟把现有变量转换为若干个甚至一个、带有原来所有变量的信息的新变量进入后续的分析时，则往往使用主成分分析法。

　　本书旨在评价政府支持是否促进了科技型中小企业的成长，如何评价科技型中小企业的成长性是其中的关键。前述的文献综述也已表明，企业的成长性评价需要借助众多的指标或变量来刻画，但是指标之间往往有一定的相关性，因而所得的统计数据在一定程度上反映的信息有重叠。本书将主成分分析法视作因子分析法的一种特例，故在后续的实证检验中，将两者进行了有机结合。主成分分析可将相关的指标化成一些不相关的指标，避免了信息重叠带来的虚假性，而且这些主成分可以尽可能地反映原来变量的绝大部分信息。主成分分析的目的是为了减少变量的个数，以便对实际问题的研究，而且对于原始变量中的信息损失很少，故一般不用 p 个主成分，而用 K < p 个主成分。K 的选取要看前 K 个主成分累计方差贡献率达到85%以上。其实，主成分个数提取原则为主成分对应的特征值大于 1 的前 m 个主成分。特征值在某种程度上可以被看成是表示主成分影响力度大小的指标（若特征值小于 1，说明该主成分的解释力度还没有直接引入原变量的平均解释力度大）。本书拟选用主成分分析法作为科技型中小企业成长性评价方法；并借助 SPSS 统计软件加以实施。调用 SPSS 的 Analyze→DataReduction→FactorAnalysis，弹出 Factor Analysis 对话框；把指

标数据选入 Variables 框，Descriptives：Correlation Matrix 框组中选中 Coefficients，然后点击 Continue，返回 Factor Analysis 对话框，单击 OK。

SPSS 在调用 Factor Analyze 过程进行分析时，会自动对原始数据进行标准化处理，计算结果中的变量也将是经过标准化处理后的变量；同时，SPSS 并不直接给出标准化后的数据，如需得到标准化数据，需调用 Descriptives 过程进行计算。

5.2　创新基金支持财务有效度的实证检验

5.2.1　研究样本选取与实证分析数据来源

无论采用何种方法进行评价，都需借助原始变量的基本信息；中小企业成长性评价多借助主成分分析或因子分析法进行，最终仍要反映原始变量的信息，故变量的选择与样本的选取十分重要。

样本公司的选择标准。为正确评价科技型中小企业的成长性，本书所选取的每项评价指标都应由该企业连续 3 年的基础数据经计算而成，同时为进行评价结果的稳健性检验，还需要再追加研究时间窗口后一年的财务数据，从而所有的研究样本公司都必须具备：（1）能够公开获得其连续四年的财务数据；（2）均为科技型中小企业（含评价对象和对照样本），以保证可比性；（3）数据齐全、没有极端异常值；（4）样本公司应为获得过国家科技部科技型中小企业创新基金立项支持的企业。从 2011 年 12 月 31 日之前在中小板上市的公司中选取 368 家公司作为研究样本。

研究数据的主要来源。根据前述所构建的评价指标体系，包括营业收入增长率、净利润增长率、总资产增长率、净资产增长率、研发投入强度、流动比率、资产负债率、销售利润率、净资产收益率、总资产报酬率、修正的市净率、托宾 Q（TOBIN Q）和总资产周转率。笔者确定了样本公司之后，建立了包括流动资产、流动负债、总资产、总负债、净资产（所有者权益）、营业收入、净利润、研发投入等财务数据的小型数据库，数据部分来自于 CCER 数据库，部分根据公司招股说明书手工整理而得，各公司的招股说明书来自深圳证券交易所网站（www. szse. cn）。

不同行业的科技型中小企业，因行业发展因素和自身成长状况的差异，致使这些企业获得技术创新基金的数额和获得次数都存在不小差异，同时所获创新基金数额相对企业规模的大小也存在差别。本书仍采用目前很多学者的做法，即针对企业是否"获得创新基金"构造虚拟变量来进行相关实证分析，如此处理的主要考虑，仍然是因为科技型中小企业所获得政府技术创新基金支持的具体数额仍很难通过公开渠道直接获得。

鉴于目前科技型中小企业的公开数据只能从中小板块和创业板块数据库获得，同时我国创业板市场在成立时间相对较短，一些数据在搜集上还存在不少困难，故本书只研究中小企业板块上市公司中的科技型中小企业的成长性问题；同时又鉴于科技型中小企业存在很大行业差异性，为最大限度地减少行业差异带来的研究误差，本书暂时仅选择中小企业板块中的制造业科技型中小企业①。为了更科学合理地评价科技型中小企业的成长状况，书中要求每一项企业财务成长性评价指标都要根据样本企业连续三年的数据平均计算而得，因此只计算了 2011 年 12 月 28 日之前在中小企业板块首发上市的 530 家企业中的 495 家的相关变量 2009～2011 年的均值②，为保证样本数据每一变量没有异常值的干扰，本书直接删除了各变量 3% 和 97% 分位数之外的样本；最后只保留了 368 家中小板制造业科技型中小企业作为研究样本。

各成长性评价指标以及资产负债率、流动比率、市值规模、成立年龄、历年员工人数分别根据锐思数据库③（RESSET），国泰安数据库④（CSMAR）和同花顺数据库（iFinD）的原始数据自行计算而得。所需科技型中小企业获得技术创新基金情况是综合中小企业历年年报数据和同花顺数据库（iFinD）政府补助明细数据而得。除创新基金虚拟变量、市值规模、成立年龄、平均员工人数变量外，其他变量数据的时间跨度均为 2009～2011 年。

5.2.2 科技中小企业财务成长性的主成分分析

主成分分析法要求变量之间具有较强的相关关系，因此使用主成分

---

① 截至 2011 年底，按证监会行业分类标准，共搜集到中小企业板制造业类企业共 537 家，剔除其中纺织、服装、皮毛类、木材、家具类和食品、饮料类。

② 涉及增长率的指标均采用几何平均法，其他类指标取算数平均数。

③ http：//www2. resset. cn/product/common/main. jsp.

④ http：//www. gtarsc. com/p/sq/.

分析法必须检验样本的各项指标变量是否适合于主成分分析。各成长性评价指标变量（X1~X9）的相关系数和 KMO 检验和 Bartlett 球形检验结果见表 5-3，可以看出相关系数中绝大部分变量之间的相关系数绝对值都是大于 0.3 的，并且除主营业务收入增长率（X1）与销售净利率（X5），总资产增长率（X3）与总资产周转率（X9）之间的相关性系数未通过显著性检验外，其他变量之间相关系数均是显著的。根据统计学家 Kaiser 给出的标准，KMO 值为 0.557 > 0.5，Bartlett 球度检验统计量为 2573.046，数值比较大且 p 值为 0.000，小于 5% 的显著性水平，因此拒绝 Bartlett 球度检验的零假设，说明这些变量是适合进行因子分析的。

表 5-3　　成长性评价指标相关系数和 KMO 检验 Bartlett 球形检验结果

	X1	X2	X3	X4	X5	X6	X7	X8	X9
X1	1.000								
X2	0.340 (0.000)	1.000							
X3	0.439 (0.000)	0.129 (0.003)	1.000						
X4	0.200 (0.000)	0.231 (0.000)	0.791 (0.000)	1.000					
X5	0.052 (0.136)	0.154 (0.001)	0.355 (0.000)	0.331 (0.000)	1.000				
X6	0.268 (0.000)	0.412 (0.000)	0.437 (0.000)	0.648 (0.000)	0.415 (0.000)	1.000			
X7	0.196 (0.000)	0.301 (0.000)	0.467 (0.000)	0.507 (0.000)	0.665 (0.000)	0.812 (0.000)	1.000		
X8	0.120 (0.005)	-0.059 (0.108)	-0.173 (0.000)	-0.420 (0.000)	0.164 (0.000)	-0.354 (0.000)	-0.118 (0.006)	1.000	
X9	0.133 (0.002)	0.244 (0.000)	0.007 (0.442)	0.101 (0.017)	-0.429 (0.000)	0.352 (0.000)	0.208 (0.000)	-0.284 (0.000)	1.000

KMO 和 Bartlett 的检验		
Bartlett 的球形度检验	取样足够度的 KMO 度量	0.557
	近似卡方	2573.046
	自由度 d. f	36
	Sig.	0.000

注：括号内为相关系数显著性检验 p 值。

各个主成分的特征根、贡献率、累计贡献率如表 5 - 4 所示。采用主成分法确定主成分个数时一般选取特征根大于 1 的或选取累计方差贡献率大于 0.85 时的特征根对应因子个数为主成分个数，因此选择前四个特征根大于 1 的因子作为主成分，这四个主成分的累计方差贡献率达到 0.83775，即前四个主成分解释了原始变量总方差的 83.775%，原始变量数据 80% 以上的信息均得以保留，可认为选取前四个主成分做进一步分析是可靠的。由于本书使用旋转法得到成分矩阵并进一步计算成分得分，故以旋转平方和载入得到的各主因子方差贡献率占方差累积贡献率的比重作为权重来计算综合得分。

表 5 - 4 　　　　　　　　　方差分解表

成分	初始特征值			提取平方和载入			旋转平方和载入		
	合计	方差的%	方差累积%	合计	方差的%	方差累积%	合计	方差的%	方差累积%
1	3.573	39.700	39.700	3.573	39.700	39.700	2.386	26.510	26.510
2	1.677	18.631	58.331	1.677	18.631	58.331	2.094	23.265	49.775
3	1.246	13.845	72.176	1.246	13.845	72.176	1.694	18.820	68.595
4	1.044	11.599	83.775	1.044	11.599	83.775	1.366	15.180	83.775
5	0.665	7.394	91.169						
6	0.418	4.644	95.813						
7	0.210	2.328	98.141						
8	0.103	1.144	99.285						
9	0.064	0.715	100.000						

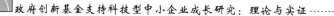

表 5 - 5 信息提取这列数据表示了样本企业各指标原始变量的信息通过主成分分析法萃取后被保留的程度，从提取结果来分析，主成分分析的变量共同度都是较高的，平均各变量信息有 80% 以上都被共因子所提取，其中总资产增长率（X3），销售净利率（X5）两变量的信息抽取比例都达到了 90% 以上，可认为所选取的各主成分提取了各原始变量的大部分信息。

表 5 - 5   公因子状况

变量	信息提取		旋转成分矩阵[a]				成分得分系数矩阵			
	原始	提取	成分				成分			
			1	2	3	4	1	2	3	4
X1	1.000	0.864	0.024	0.273	0.036	0.888	0.117	-0.019	0.548	-0.453
X2	1.000	0.628	0.499	-0.102	0.329	0.510	0.131	-0.118	0.439	0.255
X3	1.000	0.902	0.199	0.862	-0.139	0.316	0.209	0.087	-0.067	-0.537
X4	1.000	0.874	0.365	0.855	0.088	0.036	0.231	-0.025	-0.251	-0.294
X5	1.000	0.934	0.739	0.163	-0.601	-0.021	0.153	0.443	-0.059	0.270
X6	1.000	0.881	0.782	0.399	0.319	0.091	0.247	-0.090	-0.025	0.267
X7	1.000	0.876	0.890	0.282	0.021	0.066	0.235	0.100	-0.008	0.365
X8	1.000	0.778	-0.036	-0.518	-0.572	0.426	-0.092	0.344	0.465	0.053
X9	1.000	0.803	0.118	-0.018	0.876	0.149	0.066	-0.491	0.150	0.181

注：提取方法为主成分分析法，旋转法为具有 Kaiser 标准化的四分旋转法；a 旋转在 11 次迭代后收敛。

在进行主成分分析时，为了使主成分有明显的含义一般需要对成分载荷矩阵进行正交旋转，使每一个原始变量在主成分上载荷向 0、1 和 -1 分化，使其主因子结构更加简单，从而可以对每一个主成分的实际意义做出更加明确的解释。本书采用 Kaiser 标准化的四分旋转法，旋转成分矩阵见表 5 - 5 中部。从旋转成分矩阵可以看出，第一个主成分在销售净利率（X5）、净资产收益率（X6）、总资产报酬率（X7）上的载荷较大，这些指标主要反映了企业利用各种资源获取利润的能力，只有通过不断获取利润提高中小企业获利能力，才能实现中小企业经营规模的不断增长，当然这需要科技型中小企业一方面能够迅速抢占新市场、新产品，另一方面不断提升自身企业的核心设计、研发水平来不断提高产品的科技含量和企业市场竞争力。如果一个企业的获利能力能在较长时期内一直明显优于同行业其他企业，就完全可以有理由相信这家企业具有成长性上的优势，因此将第一个主成分定义为企业获利能力状况。第二个主成分在总资产增长率（X3）、净资产增长率（X4）上的载荷量较大，这些指标反映了企业资产规模在不断增长，资产规模的大小能够很好地衡量处在成长阶段的中小企业的成长性特征，任何一家制造行业的中小企业的成长都会表现出总资产和净资产规模的不断增长，因此可以根据企业总资产和净资产的增长速度差异来评判企业成长状况的优劣，把第二个主成分定义为企业规模状况。第三个主成分在托宾Q值（X8）、总资产周转率（X9）两变量上的载荷最大，这两个指标分别反映了企业的市场价值和与营运状况，市场价值是股票市场投资者对企业未来经营状况理性预期的最佳反映，当市场普遍对一家中小企业的未来成长状况持乐观态度时，这家中小企业的股票价格自然会上升，市场价值就会提高，因此托宾Q值还可以较好地反映企业未来成长性，营运能力的高低对科技型中小企业的未来成长也很重要，科技型中小企业只有在同行业内保持较高的营运管理能力才能发挥出企业内部资源的最高效率，不断提升市场对企业成长性的信心，故将第三个主成分定义为市场价值状况。净利润增长率（X2）对主因子1和主因子4的信息贡献率相差不大，但是主营业务收入增长率（X1）88.8%的信息体现在了因子4上，因此认为因子4主要反映了企业主营业务成长状况。综上所述，本书通过企业的获利能力状况、规模状况、市场价值状况和主营业务成长状况四个方面来衡量一家科技型中小公司的成长性。

根据表5-5中成分得分系数矩阵可以得出各主成分得分的表达式：

$$F1 = 0.117X1 + 0.131X2 + 0.209X3 + 0.231X4 + 0.153X5$$
$$+ 0.247X6 + .0235X7 - 0.092X8 + 0.066X9 \tag{5.1}$$

$$F2 = -0.019X1 - 0.118X2 + 0.087X3 - 0.025X4 + 0.443X5$$
$$- 0.090X6 + 0.100X7 + 0.344X8 - 0.491X9 \tag{5.2}$$

$$F3 = 0.548X1 + 0.439X2 - 0.067X3 - 0.251X4 - 0.059X5$$
$$- 0.025X6 - 0.008X7 + 0.465X8 - 0.150X9 \tag{5.3}$$

$$F4 = -0.453X1 + 0.255X2 - 0.537X3 - 0.294X4 + 0.270X5$$
$$+ 0.267X6 + 0.365X7 + 0.053X8 + 0.181X9 \tag{5.4}$$

其中，X1~X9分别代表资产负债率等9项指标本书以旋转平方和载入得到的各主因子方差贡献率占方差累积贡献率的比重作为权重来计算综合得分，可得到综合评价得分的计算公式，即：

$$F = 0.3164F1 + 0.0.2777F2 + 0.2246F3 + 0.1812F4 \qquad (5.5)$$

根据式 5.5 就可以计算出科技型中小企业的成长性综合得分，这样就可以较好地对科技型中小企业的成长性状况评价体系进行多维数据的压缩，不仅可以最大限度地克服了多重共性，而且很好地避免用主观赋值计算结果来评价科技型中小企业成长性存在的缺陷，此外，将通过因子分析得到的综合得分作为评价企业成长性的被解释变量还极大地降低了分析问题的复杂程度。

5.2.3 创新基金支持财务有效度显著性检验

既有的关于创新基金实施效果分析的研究文献多注重纵向比较，即逐年罗列成绩（比如扶持企业数目，发放金额等），很少进行横向比较。本书认为创新基金支持财务有效度不仅包括纵向的含义，也应该包括横向的含义。基于横向比较的角度，创新基金支持财务有效度是指相对于未获得过创新基金支持的企业而言，获得过创新基金支持的企业是否表现出了更好的成长性。对于这一概念，要从两方面进行理解：第一，从企业角度来说，如果获得过创新基金支持的企业普遍表现出了更好的成长性，则说明创新基金支持对于企业成长有一定的促进作用；第二，从创新基金角度来说，如果获得过创新基金支持的企业普遍表现出了更好的成长性，则说明创新基金得到了恰当的投放，进一步讲，就是国家财政资源得到了合理的配置。

为更好地评价创新基金对科技型中小企业的财务成长性影响，本书首先对所选中小企业样本的 4 个成长主成分和综合得分进行了独立样本均值检验。如果成长主成分得分均值在获得技术创新基金组和未获技术创新基金组之间存在显著的差异，就有理由初步判定技术创新基金会对科技型中小企业成长产生显著的差异性影响；若获得技术创新基金中小企业组的成长性得分均值明显高于未获得技术创新基金中小企业组，可以认为创新基金对科技型中小企业成长性有正向的促进作用，反之亦反。

目前进行独立样本均值差异性检验主要有两种思路，一种思路是在变量数据服从正态分布的情形下进行独立样本均值的双侧 t 检验，另一种思路是如果变量数据并不服从正态分布可以进行不依赖任何分布假设的非参数检验（如 Wilcoxon Z 符号秩和 Mann - Whitney 检验）。因此，在进行独立样本均值检验之前要检验各主成分得分变量序列是否服从正态分布。图5－2 给出了各主成分得分变量数据进行标准化处理后的频率分布状况，可以看出各得分变量都是可以近似视作服从正态分布的，因此可以直接进行独立样本均值的双侧 t 检验。

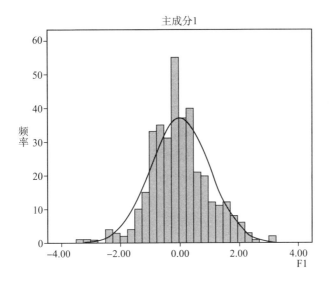

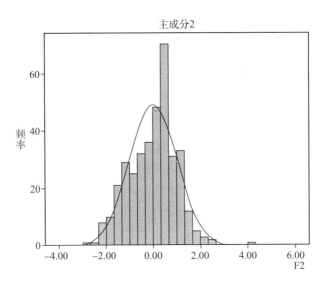

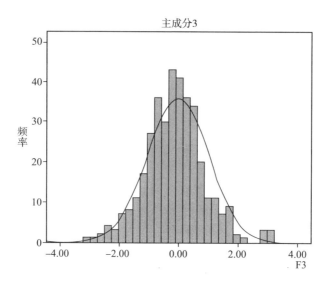

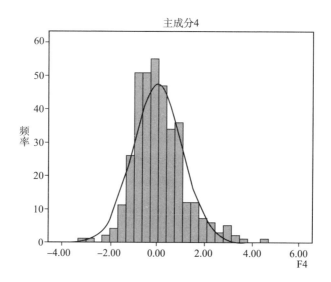

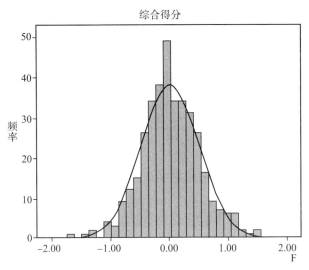

图 5 - 2 各主成分得分频率分布图

表 5 - 6 列出了获得政府技术创新基金组和未获得政府技术创新基金组的独立样本均值双侧 t 检验结果。可以看出，368 家制造业类科技型中小企业中有 74 家在 2006～2009 年中获得过政府技术创新基金，294 家企业仍未获得创新基金支持。对于未获技术创新基金组中小企业和获得技术创新基金组的各因子得分变量数据的方差相差很小，可以认为未获创新基金组中小企业和获得创新基金组中小企业在数据波动性上基本相同。从各主成分得分均值情况看，未获创新基金组中小企业的得分均值都要显著低于获得创新基金组中小企业，这就初步表明了在获利能力状况、企业规模状况、市场价值状况和主营业务成长状况上，获得政府技术创新基金的科技型中小企业要优于未获得技术创新基金组。两组中小企业的综合得分均值也通过了双侧 t 检验，说明了政府技术创新基金对科技型中小企业的财务成长产生了正向促进作用。

表 5 - 6 独立样本均值双侧 t 检验结果

成长因子	符号	未获创新基金组			获得创新基金组			独立样本均值双侧 t 检验	
		均值	标准差	观测值	均值	标准差	观测值	t 值	p 值
主成分 1	F1	− 0.076	0.973	294	0.383	0.982	74	− 3.625	0.000
主成分 2	F2	− 0.115	0.999	294	0.454	0.872	74	− 4.482	0.000

续表

成长因子	符号	未获创新基金组			获得创新基金组			独立样本均值双侧 t 检验	
		均值	标准差	观测值	均值	标准差	观测值	t 值	p 值
主成分 3	F3	−0.125	0.985	294	0.333	1.090	74	−3.492	0.001
主成分 4	F4	−0.067	1.007	294	0.332	1.068	74	−3.015	0.003
综合得分	F	−0.096	0.455	294	0.382	0.403	74	−8.260	0.000

5.2.4 创新基金支持的财务有效度回归分析

为了进一步验证创新基金支持对科技型中小企业财务成长的有效度，本书以衡量中小企业成长性的综合得分（F_i）作为被解释变量，设置政府技术创新基金的虚拟变量并纳入企业资产负债率、流动比率、企业规模和年龄等其他中小企业非财务特征变量指标作为控制变量建立了多元回归分析模型，如式 5.6 所示。

$$F_i = \alpha_0 + \alpha_1 fdm_i + \alpha_2 cr_i + \alpha_3 da_i + \alpha_4 fage_i + \alpha_5 size_i + \alpha_6 emp_i + \varepsilon_i \quad (5.6)$$

回归分析结果见表 5－7，所用回归方法为最小二乘法，回归总体拟合优度 $R^2 = 0.253$，表明所建立模型基本可以解释被解释变量 25% 以上的信息变化状况，为尽量消除残差序列的自相关性问题，回归分析中又加入了一阶自回归系数 AR（1），D.W 值由 1.508 变为 2.112，使得回归结果中 D.W 值取到 2 附近，因此可以认为序列相关性已经基本消除。

表 5－7　　　　　　　　　　多元回归分析结果

模型	模型 5.6			模型 5.7		
回归方法	Least Squares			Least Squares		
变量	系数	t 值	p 值	系数	t 值	p 值
fdm	0.377	6.538	0			
cr	0.015	2.028	0.043			
cr × fdm				0.024	1.675	0.095
da	0.108	0.604	0.547	−0.021	−0.133	0.895
fage	−0.200	−3.37	0.001			

模型	模型5.6			模型5.7		
回归方法	Least Squares			Least Squares		
变量	系数	t值	p值	系数	t值	p值
fage×fdm				0.063	3.547	0.000
size	0.023	0.87	0.385	−0.010	−0.471	0.638
emp5	0.005	0.155	0.877	0.001	0.034	0.973
AR（1）	0.312	5.793	0	0.354	6.706	0.000
调整 R^2	0.253			0.204		
AIC	1.015			1.075		
残差平方和	50.3			53.8		
D.W值	2.112			2.159		
调整后观测数 N	325			325		

可以看出，创新基金（fdm）的系数显著为正值，再一次表明科技型中小企业所获得创新基金对其财务成长性状况的确存在正向的促进作用。这是因为任何企业的成长都离不开对新市场、新产品的开拓，必须依靠先进的生产工艺，制造装备和现代化的企业管理理念，这些企业成长的条件对于科技型中小企业更为重要。科技型中小企业只有不断加大自身的研发投入形成企业的核心竞争力才能表现出良好的成长性，然而对于目前的我国科技型中小企业仍普遍存在着很大的成长资金支持瓶颈，因此如果某一家科技型中小企业能够获得政府创新基金的支持，它就可以以更大的概率率先占领同行业生产工艺和管理模型的制高点，通过不断加大研发投入就可以创新出更多的工艺和模式，创造出更高的生产效率。企业就可以一方面依靠自身产品或服务的核心科技赢得更高的市场份额，另一方面还可以依靠更多的企业内部的创新成果来获得更多政府创新基金的支持和奖励，形成政府创新基金的马太效应。

流动比率（cr）对中小企业的成长性综合得分也存在显著的正向促进作用，这可能由于保持较高流动比率的科技型中小企业会因其具有较好的短期偿债能力而获得外部资金支持，能够较好地摆脱企业在成长过程中的资金短缺束缚，还可能是这类企业因获得了政府创新基金支持而相应地降低了对外部流动负债的规模，致使企业流动比率的降低。科技型中小企业的年龄（fage）与企业成长性状况却表现出来显著的负相关关系。绝大多数科技型中小企业都是处在成长阶段的，企业财务成长状况也是最容易显现出来的，这也是本书将科技型中小企业作为研究对象的重要原因，但是随着科技型中小企业的年龄不断增长，其成长速度也会表现出来下降态势，因为科技型中小企业如果未尽早地获得外部资源提升自主研发能力就会很快丧失更多的外部资金支持和内部成长动力，甚至被后来者所取代。其中，政府创新基金就是很好的支持科技型中小企业成长的外部资源。另外，可以看出资产负债率（da），企业规模（size）和企业员工人数（emp5）与科技型中小企业企业成长性关系并不显著。

为了更细致地研究创新基金（fdm），流动比率（cr）和中小企业的年龄（fage）对获得政府创新基金的科技型中小企业的成长性变动关系，本书通过分别设置创新基金（fdm）与流动比率（cr）和科技型中小企业的年龄（fage）的交互相乘项作为解释变量再次建立多元回归分析模型，如式5.7所示。

$$F_i = \beta_0 + \beta_1 cr_i \times fdm_i + \beta_2 da_i + \beta_3 fage_i \times fdm_i + \beta_4 size_i + \beta_5 emp_i + \upsilon_i$$

$$(5.7)$$

由此可见，创新基金虚拟变量与流动比率的交互项（cr × fdm）在10%的水平下显著为正。表明对于获得过政府创新基金的科技型中小企业而言，流动比率越高的企业其成长性也是会越高的，因此，可以认为其短期偿债能力对其自身成长性的约束性更显著，优化科技型中小企业的成长状况应关注流动比率等短期偿债能力指标的改善，例如对两家流动负债相当的科技型中小企业，如果一家企业获得了政府创新基金的支持，其外部借款规模就会相应下降，这样就可以适当降低其流动比率。创新基金虚拟变量与科技型中小企业年龄的交互项（fage × fdm）的系数表现出显著的正相关，获得政府创新基金的科技型中小企业成长性并没有随着年龄的增长而使成长性恶化，这表明因为政府创新基金的支持作用可以有效延长科技型中小企业的成长年限。在模型5.7回归结果中也发现科技型中小企业的资产负债率，企业规模和员工规模对财务成长性的影响并不显著。

5.3 创新基金支持财务有效度的研究结论与讨论

本书以我国中小企业板上市的 368 家科技型中小企业为对象，首先对构建的科技型中小企业成长性评价体系指标进行主成分分析，使用主成分方法提取了 4 个可以有效衡量科技型中小企业成长性的主因子，并以各主成分的方差贡献率占比大小作为权重进行加权平均求得主成分综合得分；为评价技术创新基金支持的财务成长有效度，然后分别进行了独立样本均值的双侧 t 检验和多元回归分析。经过分析检验，我们发现，无论是独立样本均值的双侧 t 检验结果还是多元回归分析结果都显著地表明，我国科技型中小企业的成长性，受到政府创新基金的正向促进作用、激励；从而也实证地表明，我国政府的科技型中小企业的扶持政策有显著的有效性。从而进一步说明，我国科技型中小企业在政府创新基金的支持下，能更加积极地参与到新工艺和新市场的开发，更主动地花气力来改进经营和管理，一方面更利于其抢占新产品的市场空间，另一方面可以通过更多创新成果来形成政府创新基金的马太效应；同时，创新基金作为政府对科学技术财政投入方式的创新，旨在通过财政资源的引导，克服市场失灵、引导金融资源积极投向急需资金支持的科技型中小企业的技术创新活动，引导并促进科技资源与科研成果转化为现实生产力，一直被认为是政府扶持科技型中小企业成长的最有力的政策工具。通过研究我们发现，创新基金可以有效地延长中小企业的实际寿命、促进其高质量地更好生长。在目前我国大多数科技型中小企业普遍存在融资难的背景下，需要继续进一步做好对科技型中小企业政府技术创新基金的支持工作，不断地增强我国科技型中小企业的科技创新能力和市场竞争力。另外，在促进企业成长的过程中要特别注意企业的短期偿债能力，如流动负债率；短期偿债能力较长期偿债能力对科技型中小企业的影响更为显著，这可能是由目前国内中小企业融资方面的独特因素造成的。

本书期望通过检验创新基金对科技型中小企业成长性的作用机理及其有效性，进而试图探究：政府的扶持资金是否发挥了"及时雨"的作用？从财务的角度观察，创新基金设立以来的实施效果如何？是否达到了最初的设立目的？是否显著促进了科技型中小企业成长？科技型中小企业创新基金立项前后的长期财务业绩是否具有显著差异？政府的扶持

政策如何才能发挥更大的作用？毋庸讳言，尽管笔者尝试进行较为全面的探究和分析，从本章的研究结果看，本书的研究仍是非常初步和粗浅的，应该说是极其不深入的，创新基金支持对一个企业而言，仅是一个相对短暂的甚至是一次性行为，而企业的成长受众多因素的综合影响，仅从是否获得创新基金立项支持来判断政府政策的有效性，仍显证据不足甚至有失偏颇。加之数据获取的局限，难以具体分清各个成长阶段的科技型中小企业获取不同类别的政府支持所具有的相应特征。此乃未来进一步研究需要加深的方向。

第6章

发达国家和地区扶持科技型
中小企业成长的经验借鉴

6.1 发达国家和地区政府扶持科技型
中小企业成长的政策比较

科技型中小企业是中小企业群体中最具生机和活力的部分，在区域经济增长和科技进步中发挥着至关重要的作用（蔡根女、鲁德银，2005）。发达国家政府在扶持科技型中小企业技术创新方面进行了长期探索，并在实践中取得了较好的效果，相关措施通常体现在立法保护、金融支持、税收优惠、技术援助等方面；国务院发展研究中心课题组（2011）指出，发达国家一般从财税、金融、技术、创业辅导、国际化经营等多个方面对中小企业给予支持，值得我国政府和中小企业借鉴。[①] 本书主要选取美国、加拿大、德国、欧盟、英国、法国、意大利、日本、韩国、我国香港地区等代表性国家与地区，分别从立法[②]、管理机构设置、融资支持、税收优惠、产学研协作、纳入政府采购体系、促进就业等方面总结发达国家和地区扶持科技型中小企业的先进经验，旨在为我国完善相关政策提供借鉴与启迪。

---

① 国务院发展研究中心课题组. 促进中小企业发展的国际经验值得借鉴，中国发展观察，2011（10）；人民网 http：//theory. people. com. cn/GB/82288/83853/83865/15825688. html
② 严格而言，按照"一国两制"的制度安排，台湾地区和香港特别行政区作为中华人民共和国的一部分，自身并不存在独立的立法地位，其所谓的相关立法并不具备很高的借鉴意义。本书为了保证比较的完整性、不失一般性，此处仍选取了代表性的两个地区加以说明。

6.1.1 立法保护科技型中小企业的创新成长环境

美国政府建立了较为完备的小企业法律体系，通过立法鼓励科技型中小企业的技术创新活动，为支持和促进小企业的发展奠定了重要的基础。尽管美国一直信奉市场经济的自由竞争精神，却也十分注重政府在扶持中小企业技术创新中的重要作用。早在 1890 年即颁布了反垄断、保护中小企业发展环境的《谢尔曼法》；1934 年修订了《联邦储备法》和《复兴金融银行法》，旨在促进中小企业贷款；1953 年颁布了《小企业法案》和《小企业融资法案》，确定了小企业的法律地位和国家对小企业的基本扶持政策与管理措施，成为支持小企业的基本法；《小企业法案》授权美国小企业管理局（SBA）直接对小企业发放担保贷款或通过许可资助成立"小企业投资公司"（SBIC）；随后又相继颁布了《联邦政府采购法》、《小企业投资法》（1958）、《机会均等法》（1964）、《小企业经济政策法》（1980）、《管理灵活法》（1980）、《平等执业法》（1980）、《小企业投资奖励法》、《小企业出口扩大法》（1980）、《小企业贷款增加法》、《小企业项目改进法》及《小企业投资中心技术改进法》，特别是 1982 年的《小企业技术创新开发法》《联邦技术转移法》（1986）、1992 年的《小企业研究发明法》等一系列法律，将技术创新和解决就业确立为小企业的两大功能，不断优化小企业的外部环境；2010 年 9 月，美国国会通过了《小企业就业法案》，对小企业实施了高达 140 亿美元的减税、信贷和其他刺激措施，以促进经济增长和增加就业。从立法的历史进程可以看出，美国支持小企业的法律体系并非一蹴而就、一成不变的，而是一个不断调整、充实完善的动态过程。

加拿大虽未设立独立的"中小企业促进法"，但制定了很多针对中小企业发展中的权益保护、融资与出口支持等具体问题的专门法案：如《中小企业融资法案》《加拿大开发银行法案》《出口促进法案》等。为扶持中小企业的发展，加拿大政府营造了良好的创业与投融资环境，简化了小企业的会计核算与信息披露要求。加拿大税务局将应税收入低于 40 万加元、应税资本低于 5000 万加元的企业归为中小企业；加拿大银行家协会认为，小企业是企业贷款授信额度不超过 25 万加元的企业；加拿大出口发展署则将年出口额在 100 万加元以下的企业列作中小企业。①

---

①　王光鹏. 加拿大利于中小企业成长的税制安排与理财环境［J］. 财会学习，2010（6）：68 – 70. 中国人民大学报刊复印资料财务与会计导刊（实务版），2010（08）.

德国具有"创意之国"的美誉。德国政府非常重视对科技型中小企业技术创新活动的立法支持，联邦政府和各州都制定了中小企业的相关法律，从中小企业的创立到各类服务中介组织的建立都有法可依，各州有自主的立法权，既可根据联邦法律规定指导区域内中小企业，也可结合实际情况，研究制定适合本州的地方扶持法律。尽管在联邦层次上未专门发布中小企业法律，但在相关法律中，涉及促进中小企业发展的法律和政策规定都比较健全，且绝大部分州都制定了中小企业促进法。为了促进中小企业的技术创新和技术改造，制定了《中小企业研究与技术政策总方案》等有关文件；为了给中小企业创造自由发展的环境，德国于 1957 年颁布了《反限制竞争法》，旨在依法限制经济垄断、维护自由竞争、反对限制企业竞争，避免过分垄断对中小企业成长的影响，从而为中小企业成长和发展提供了公平的竞争环境；1967 年发布了《关于保持稳定和经济增长法令》及其后发布的《产业部门和区域经济政策原则》，旨在明确减税扶持政策，规范中小企业行为；20 世纪 70 年代联邦政府推出了"首次技术革新资助方案"，自 1972 ~ 1978 年共对科技型中小企业的技术创新资助资金即达到5040 万马克；1974 年各州又陆续出台了《中小企业促进法》等维护中小企业利益的法令（朱松、高明华，2016）；1978 年联邦政府又进一步制定对科技型中小企业的支持政策，具体规定了扶持增强科技型中小企业技术研发能力的发展模式，并于 1989 年对此政策进行修订完善，进一步强化对科技人员知识更新、科技型中小企业技术咨询等活动的支持。据此计划，自 1978 年起，德国政府每年为科技型中小企业新技术研发提供 2 亿马克的资金支持；自 1992 ~ 1995 年，对科技型中小企业技术研发设备购置及科技人员培训的资金资助分别为 1.2 亿马克和 2.5 亿马克；1994 年起实施的"创新信贷计划"旨在为中型企业产品提供低息贷款，1996 年，为促进中小企业的研究开发活动，联邦教研部又推出了促进中小企业研究开发的多项措施。

　　欧洲理事会（European Council）于 1996 年提出了首份对中小企业采用同一界定标准的建议书，该标准在欧盟范围内得到广泛的应用。2003 年欧盟委员会采纳了一份新的建议、于 2005 年 1 月 1 日启用。为培育企业家精神、促进自主创业，欧盟委员会通过其企业总署、研究总署、就业以及社会事务和公平机会总署联合制定一系列计划与措施，致力于提高中小企业的竞争能力（曾驭然，2007）。欧盟偏重社会型政策，中小企业政策体系格外重视社会政策，将"保障就业"作为重点，通过促进中小企业的发展实现其社会目标。当然，这与其选择的经济社会发展模式有关。

英国政府于 1969 年，在工党内阁内设立了中小企业调查委员会，即波尔顿委员会（Bolton Committee），专门负责调查中小企业问题。1971 年该委员会提交了"中小企业调查报告书"（Report on Small Business），提出扶持发展中小企业的措施与建议，成为英国中小企业立法的重要依据，类似于日本的中小企业基本法。自 20 世纪 80 年代始，英国政府为保护中小企业的利益出台了 11 项法案，内容涉及：（1）防止大企业过度吞并中小企业形成垄断；（2）保护中小企业发明专利；（3）鼓励与促进政府实验室和大学的科研技术成果向中小企业转让；（4）解决企业间债务拖欠和任意违约问题，确保中小企业正常的资金周转。

法国国民议会通过了旨在维护中小企业利益的有关立法，以保障众多的小商业在竞争中的合法利益。1995 年，法国政府推出了"振兴中小企业计划"；1996 年，国民议会通过旨在维护中小企业利益的相关立法；1997 年实施了简化对中小企业行政管理的 37 项具体措施（曹玉书，2000）；在 2008 年 6 月初举行的《欧洲小企业宪章》年会上，来自欧盟成员国的代表检讨并推举出各国在促进中小企业创新发展方面的"最佳实践"，法国"中小企业协约"引起了各成员国的兴趣，萨科齐称此政策是促进法国经济发展的重大举措。

素有"中小企业王国"美誉的意大利，中小企业所创造的经济奇迹使意大利跻身西方七大工业强国之一。1991 年 10 月 5 日，意大利议会通过了著名的第 317/91 号法律《扶持中小企业创新与发展法》，标志着意大利对中小企业的扶持开始进入制度化阶段，在其中小企业发展史上具有划时代的意义：第 317/91 号法律具有更明显的选择性，尤其是鼓励中小企业采用先进技术和进行技术创新，其根本宗旨是促进中小企业结构调整，以适应欧洲统一大市场的出现和竞争格局的新变化（朱坤林，2008）。意大利立法规定政府扶持中小企业的方式除为提供贷款担保的集体组织给予补贴、为走向国际市场提供优惠外，更多地采用减税政策，对创业投资给予高达 50% 的财政补贴（徐希燕等，2014）。

日本对中小企业采取专门立法，凡是涉及中小企业发展的重大问题基本通过立法解决；日本的中小企业扶持政策都是通过相关立法来保证和实施的，构成了极富特色的中小企业法律体系。1987 年，英国经济学家弗里曼（Christopher Freeman）在系统研究战后日本经济发展历程后，提出了著名的国家创新系统理论（National Innovation System，NIS），他认为，国家的科技政策在推动一国的技术创新中起到十分重要的作用，国家创新系统是由公共部门和私营部门中各种机构组成的网络，这些机构的活动和相互影响促进了新技术的开发、引进、改进和扩散；在人类历史上，技术领先国家从英国到德国、美国，再到日本，此种追赶、超越，既是企业技术创新的结果，还有很多制度、组织的创新，从而更是一种国家创新系统演变的结果。日本的中小企业立法起步于"二战"以后，经过多年的充实完善，可说是体系最完备的，目前形成了以《中小企业基本法》（1963）为主干，50 多部单行法如《中小企业创新活动促进法》《中小企业经营革新支援法》《中小企业指导法》《中小企业现代化扶植法》等构成的完备法律体系，覆盖中小企业经营、公司治理、组织现代化等各个方面，规定中小企业开展新技术研究开发可获得低息贷款和设备投资减税、研究开发委托费和补助金等多种支援。1995 年 11 月，日本政府颁布了史上第一部科学技术的重要法案《科学技术基本法》，为日本国家创新体系建设奠定了坚实基础；1996 年 7 月，日本政府发布第一期《国家科学技术基本方案》五年计划，强调要积极推进基础研究、强化适应经济发展需要的研究开发，建设产学研合作创新模式。日本重视产业组织的紧密结合，产业结构型政策在日本中小企业政策中占主导地位，为了防止中小企业制约整个经济的发展，日本制定了中小企业结构调整和升级政策，通过提升中小企业竞争力来推进整个产业结构调整和升级，发布了《重要出口商品工业组织法》《中小企业安全法》《中小企业团体组织法》《承包振兴法》《大规模零售店法》和《部门调整法》，鼓励中小企业间开展合作、联合，鼓励中小企业事业协同组合、下包制的企业组合、协业组合，特别是《中小企业现代化促进法》，从中小企业比较集中的行业中选出符合产业结构高度化政策目标的行业，作为扶持重点，确定其具体的现代化目标，并制定实施计划，对转型中的中小企业给予重点扶持。通过立法在市场进入、下包交易等方面建立大企业与中小企业的协调关系。日本出台了促进大企业和中小企业建立协调关系的《下包企业促进法》和《下包货款支付延迟等防止法》；于 1999 年对《中小企业基本法》进行了修订，将支持中小企业的政策目标从缩小中小企业与大企业的生产率差距，转向促进中小企业的多样化、鼓励其形成且富活力的成长与发展上。

韩国政府于 2006 年出台了《促进大、中小企业共生协作法》，设立"共生协作委员会"，通过在大中小企业间推广"成果共享制度"和互惠的技术、人才交流等，从制度上保障中小企业的振兴。强调政府扶持中小企业的基本原因是为了修正市场缺陷，保证公平竞争和维护消费者的利益（蒋伏心，1999）。韩国以《中小企业基本法》为基础，颁布了《支持创立中小企业法》等一系列关于中小企业的法律，为保护中小企业的利益，加强中小企业间的合作，促进区域中小企业的发展，以及创造良好的外部环境等，提供了法律依据。韩国政府制定了《韩国科学技术研究所扶持法》（1966 年）、《技术开发促进法》（1972 年）、《特定研究机构扶持法》（1973 年）规定：私营企业承担国家研究开发项目时，政府给予 50% 的研究开发补助，从事新技术商业化研究的，政府给予 80% ~ 90% 的资助，私营企业可以从销售额中提取 5% 的技术开发储备金、且在未来三年内免税。韩国企业在技术研发活动中具有主导地位，1981 年韩国企业与政府的技术研发投资比为 45：55，1993 年则变为 83：17。可见，企业在技术研发领域发挥着越来越重要的作用；另外，韩国企业在研制世界先进水平的产品方面功不可没[①]。2010 年，韩国在海外获得的专利数量居世界第十位，其中企业科研人员专利数量居世界第一位[②]。

　　我国香港特区政府在处理政府与中小企业的关系上，特区政府成立以来一直非常重视中小企业的地位及其发展，在首任行政长官董建华每年的施政报告中，都专门谈到中小企业的重要性。比如在 1998 年的施政报告中他认为，"中小企业是本港经济的基石，……是复兴经济和创造就业的一股重要力量"；在 2000 年施政报告中他更认为："中小型企业是香港经济的支柱"；在 2001 年施政报告中他还指出："中小型企业在经济转型过程中扮演举足轻重的角色"。正是基于这些认识，扶持中小企业的发展是特区政府的重要方针。特区政府的基本理念是"最小的干预，最大的支持"。1999 年 12 月 2 日，政府署理工商局局长蔡莹璧在立法会会议上的发言中强调，"商业决定应让商人作出，而非由政府提供导向……事实上，中小型企业的竞争优势正在于其灵活性，政府过分的干预，只会扼杀其企业精神，后果只会适得其反……市场的问题最终应通过市场解决"（蔡莹璧，1999）[③]。

---

　　① 蒋伏心. 我国科技型小企业发展的困难与对策 [J]. 中国工业经济，1999（9）：009.

　　② 黄辰. 韩国创新驱动发展路径与政策分析 [J]. 今日科苑，2018（1）.

　　③ 香港中小企业管理与创新：案例汇编 [M]. Hong Kong University Press；2005；蔡莹璧. 就 "中小型企业" 动议辩论的致辞 [FB/OL]. http：//www. info. gov. hk/gra/. 1999 - 12 - 2.

6.1.2　设立高效的科技型中小企业行政管理机构

美国是西方发达国家中最先在政府设立小企业管理专职机构的国家（袁红林，2010）。美国的小企业政府管理体系比较系统和健全，由三个系统构成：（1）隶属于国会的小企业委员会。美国国会的参、众两院都设有小企业委员会，主要是听取 SBA 和白宫小企业会议对有关小企业发展政策的建议和意见，负责小企业相关法律的建立和完善。（2）隶属于白宫的小企业会议。白宫小企业会议是根据总统的要求而设立的，是最集中反映一定时期政府及各界对于小企业发展关注程度和关注问题的大会。（3）隶属于联邦政府的小企业管理局（SBA）。美国早在于 1953 年就颁布了《小企业法》（Small Business Act），专门成立了小企业管理局（Small Business Administration，SBA），作为美国联邦政府下专属管理小企业事务的职能机构，SBA 负责统筹协调相关部门落实支持小企业发展的政策措施。该机构于 1953 年成立，1958 年被国会确定为"永久性联邦机构"，局长经参议院认可、由总统任免，1998 年由副部级升为正部级。SBA 的主要职能是：制定小企业发展的政策和措施；帮助小企业提升获得资金的机会，即提供贷款担保、风险投资项目等；提供技术援助，即向小企业提供信息、教育与培训等方面的帮助；帮助小企业参与政府采购，获得产品或劳务方面的合同；代表小企业在联邦政府内游说，影响政府的决策，保护小企业的权益等。SBA 提供的服务几乎涉及大多数小企业服务所需要的所有方面，其他组织和机构很多都是通过与 SBA 的合作来共同为小企业提供服务。SBA 的机构由三层架构组成：（1）为华盛顿总部，负责制定方针、政策，指导下属机构开展工作；（2）设在十大城市的 10 个区域办公室，负责指导各地方机构开展工作，并负责与总部进行沟通；（3）遍及全美的各地方机构，负责向小企业提供直接的支持。SBA 分为总局、分局和地方局三个层次，约有 4000 多人，在全国建立了 100 多个地方局，还管理着一个遍布全国的小企业网络支持体系，该体系的主要组织包括：（1）小企业发展中心（SBIX），以大学为基地，向小企业提供管理技术咨询与培训。（2）退休经理服务团（SCORE），由 13000 多名退休志愿者向小企业提供咨询、举办讲座与研讨会、答疑诊断等服务。（3）开发公司计划，502 家地方开发公司提供小额贷款，613 家注册开发公司向小企业提供 SBA 担保的约 20 亿贷款。（4）小企业投资公司（SBIC），是唯一由联邦政府资助的风险资本公司，专门向具有高风险的小企业提供贷款与权益投资，并已取得显著经济效益。据测算，每投资 1 美元于 SBIC 可增加税收 110 美元。（5）小企业研究所（SBI）计划，在 520 个大学设立的小企业咨询计划。（6）其他如由 60 家妇女企业中心、17 家美国出口援助中心和 13 家一站式资本店等组成的服务机构等。目前，SBA 有 115 个地方办公室，其中 53 个为地区办事处，超过 5000 名全职员工（袁红林，2010）[①]，为保护和扶持小企业发展奠定基础。

加拿大联邦政府和各地政府重视通过融资支持扶持中小企业成长；1971 年，联邦政府设立科学和技术国务部，主管联邦政府的科技政策，下设国家研究理事会和加拿大科学理事会两个机构。科学和技术国务部的职权是：制定鼓励加拿大科技发展的政策；合理安排科技方面的资源分配和制定科技规划；组织空间项目的实施；协调联邦政府的科技规划同各部门的关系；考虑同各省、各工业部门、各大学的有关政策和规划进行合作；加拿大还设有地区经济发展局，负责对各地方技术发展工作的支持，同时也负责新技术的示范和推广，对高技术工业给予资助，支持中小科技企业研发活动，对中小企业采用新技术给予补助。国家研究理事会和技术中心等机构的设立和发展，表明加拿大比较重视科学研究和生产的联系，也表明很重视市场和技术开发的关系（赵文成，2010）。工业部专设中小企业政策处（SBPB），联邦企业发展银行聘请了 1300 名专业技术人员，担任中小企业会计、市场、生产和人事管理顾问；组织召开会计、纳税、金融、技术开发、市场营销等方面的管理学术研讨会或咨询会，中小企业可以免费随时或定期参加；在社区学院及其他的教育中心开设培训班；为企业开展战略服务（范柏乃、沈荣芳，2000）。安大略省等省级政府和多伦多等部分市级政府也专门设有中小企业管理机构，负责集中处理中小企业相关事务；加拿大联邦和地方政府合作成立的加拿大商业服务中心堪称政府公共信息服务的范例：中心的服务内容丰富，从企业开业、市场调研、法规、融资、税收、雇员就业，到国际贸易、技术创新、知识产权、电子商务、政府采购等无所不包，将众多的联邦政府部门和所有的省级政府纳入其中，以方便加拿大中小企业通过上网、走访、电话、传真、信件等途径，准确、迅捷地获得政府部门的第一手信息，中心实行免费服务。

德国联邦经济部第二局负责中小企业政策，教育部、研究开发技术部

---

① 袁红林. 完善中小企业政策支持体系研究［M］. 大连：东北财经大学出版社，2010.

也对中小企业政策承担一定责任，手工业归联邦经济部管理。在很多州的部门内部都设有管理中小企业的组织。政府支持利用中小企业相关的团体进行管理和服务。德国商工会议所、手工业会议所等全国性组织负责管理商业和工业部门的中小企业，并提供短期免费经营咨询服务。许多自助组织的社会团体也向中小企业提供专业服务，如中小企业经营者保护协会（USD）向中小企业经营者传授现代经营手法。德国经济合理化建议委员会（RKW，德国生产力部），为中小企业提供经营管理和生产管理等咨询服务，政府每年为其提供近80%的项目补贴。政府管理体制和服务体系的共同特点是：管理职责明确，有良好的沟通协调机制；充分发挥市场作用，通过有效利用社会组织和民间机构，减少政府对资源配置的直接干预；加强与地方政府合作，发挥地方政府作为区域主体的作用。

欧盟创新驿站（Innovation Relay Centre，IRC）是欧盟鼓励中小企业进行跨国技术创新合作的中介网络。1995年由欧盟研发信息服务委员会（Community Research and Development Information Service，CORDIS）根据"创新和中小企业计划"资助而建立，旨在促进欧盟跨国的中小企业技术转移与技术创新合作。创新驿站网络作为创新的推动者，已经成为欧洲最领先的推进技术创新合作和技术转移的网络，尤其是在科技型中小企业（technology-oriented small and medium sized enterprises）之间。到2005年，IRC网络拥有了遍布于33个国家的71家创新驿站。这些创新驿站通过国际互联网连接，互通信息，相互支持，成为欧洲重要的、也是最成功的科技中介网络。创新驿站提供的服务包括：在创新、技术转移和成果开发方面提供咨询；对当地的科技需求做出分析；根据公司的需求提供有关信息；通过中心网络帮助寻找合作伙伴；提供欧盟和当地驿站有关促进研究成果开发和技术转移的资金支持方面的信息；提供研究成果开发和技术转移的培训；向企业提供欧盟框架计划的有关信息、帮助设计项目申请书、提供知识产权方面的帮助等（李纪珍、闫立罡，2006）。

英国于2000年在贸工部下成立了小企业服务局，旨在协调政府部门间对中小企业的具体政策；研究全国中小企业平衡发展问题；组织领导和安排对全国中小企业主的培训；指导中小企业信用体系发展、提升中小企业的融资和发展能力；领导并协调全国540家中小企业管理机构以及67家主要郡、村镇的中小企业服务中心；在全国12所大学设立中小企业人员培训中心；组织数以万计的由政府支薪的退休工程技术人员、专家为中小企业提供技术服务（袁红林，2010）。

　　法国政府在 20 世纪 70 年代设立了企业创设厅，鼓励创办中小企业，成立了中小型工业技术委员会，为中小企业提供技术服务。在法国，财经与工业部是政府管理中小企业的综合部门，办公机构为其下属的中小企业商业和手工业秘书处，主要职能是完成对中小企业的政策支持。法国财经部门的对外经济合作司，负责执行政府的对外经济政策。该机构在驻外大使馆、领事馆和各大区、省都派有人员，设在大区的是外贸局。其隶属的机构，如对外交易会、对外交流中心、海外外贸保险等。这套机构负责扶持中小企业拓展海外业务，帮助中小企业寻找并评估国外合作伙伴，有目的地进行国际贸易等。其资金扶持业务分两类：一类是直接对中小企业的补贴，如海外市场调查，政府补贴 50% 的费用（上限不超过 1.5 万欧元），到海外参展也是补贴 50%（上限 4000 欧元）；另一类是政府财政提供资金，委托法国对外贸易保险公司（已改为私人公司）管理运作的，扶持中小企业外贸的无息、低息贷款和补贴等，针对不同业务设有上限规定。巴黎大区外贸局因其优质服务，获得了政府服务的质量认证体系（ISQ9000）认证。设立全国中小企业联盟，成立民间中小企业扶持团体扶持中小企业成长（袁红林，2010）。其中，法国中小企业联合会（CG-PME）成立于 1944 年，是一个代表中小企业及其行业利益的、跨行业跨地区的全国性民间机构。其成员都是中小企业家（不是单纯持股人）。该联合会包括两类机构，一类是按区域划分的，如 100 个省的省联合会；一类是按行业划分的各种行业公会，主要研究协调行业性特殊问题。总共有 400 个联合会、行业（专业）和跨行业机构，以及下设的 3500 多个不同行业和地区的组织。该联合会也是欧洲手工业、中小企业协会（UEAPME）和国际手工业、中小企业协会（UIARME）的成员，通过与本国、其他国家的公共权力机构和社会合作者进行交流，与欧洲、世界性组织交流，来维护法国中小企业及其行业的利益。它的工作内容与方式包括：在公共权力机构制定有关法律法规之前，与总统、总理、部长交涉或者向社会合作者咨询；参加全国跨行业会议、谈判和有关社会体制管理，如失业保险、社会保障、劳动市场、劳动仲裁委员会（普鲁东理事会）、技术咨询委员会、上诉委员会、商业法庭、员工培训机构、补充津贴等；参与官方委员会有关国际经济和社会领域的对话，如欧洲经济和社会委员会、全国消费委员会、国际就业组织等。在众多工作中，该联合会把主要任务确定为：实行以客户为中心的发展战略，帮助中小企业与中小行业开发新的产品和服务市场。

　　意大利政府早在 1922 年，即在国家工商劳动部下设立了小企业中央委员会；1956 年颁发了《手工业法》，依法建立了由手工业中央委员会、州手工业委员会、县手工业委员会组成的四级管理体系。中小企业社会化服务系统有 4 个层次：（1）政府建立的服务机构，如作为国家工商部门的协调、咨询、融资机构等；（2）由行业组织建立的行业性服务的机构；（3）跨行业的专业服务机构，如专门为中小企业技术革新或出口服务的机构；（4）多家中小企业联营（非集团化）自办的服务机构，类似于合作社，国家给予优惠，但其盈利不得在成员间进行分配。在对意大利的中小企业的行政管理、法规政策执行、维护中小企业的合法利益等方面发挥了重要的作用（范柏乃、沈荣芳，2000）。意大利中小企业联合会（CONFAPI）是适应战后环境变化，为维护中小企业利益于 1947 年成立的。该联合会下设不同行业、地区分会，成员涉及 6 万多家企业和近百万名会员。其主要职责是：通过分布广泛的制度网络，积极参与意大利的经济、政治和社会活动，与国家制度层面的政府、国会、议会、政党等保持密切联系；与各级政府部门、部长办公室、经济委员会、外贸协会、研究会、社会安全机构、职业培训协会等互相沟通联系；与雇主协会、贸易联合会等其他民间机构在新的工业联系体系中共同工作；意大利国家加工业部（原工业部）、外贸部是扶持中小企业发展的主要部门（孙晓文，2003）。意大利 1991 年第 317 号法律第 18 条第 2 款规定，小企业联合体和联营公司的"利润或经营中的盈余皆不得以任何形式在成员企业中进行分配，即使在联合体或联营公司解散时，亦不例外。对此，应在联合体或联营公司的章程中作出明确规定"。当然，也反对个别大企业对联合体的支配，法律规定，每个成员企业在联合体的入股额不得超过总额的 1/5（戎殿新，1996）。

　　日本政府于 1969 年设立了专门为中小企业服务的情报机构，主要向中小企业提供海外投资、技术合作情报，有关新技术、新工艺、新产品的情报，以及经营管理与市场营销情报；经常组织各行业的专家和技术人员召开情报恳谈会，中小企业可以随时或定期向专家提出咨询或交流情报信息；日本已形成了自上而下遍及全国的管理机构网络：中小企业厅、中小企业厅派生机构、中小企业审议会、社会团体与企业联合会（范柏乃、沈荣芳，2000）。日本政府依法设立各中小企业扶持机构，并在法律上明确其主要权责。（1）专门负责中小企业管理的中小企业厅于 1948 年依据《中小企业法》设立，明确规定其具有协调相关部门及地方政府的权力，是隶属于通商产业省的独立机构，编制 200 人左右。其主要职能是负责制定中小企业政策，组织中小企业改组联合、发展专业协作，为中小企业创造良好的经营环境、帮助企业解决融资困难，推动中小企业技术进步、创新与现代化，支持中小企业拓展海外市场、进行人才培育，为中小企业创造公平的市场环境，建立为区域和社会贡献的体制等，但不直接管理中小企业、也不干预企业的经营管理。下属九大区通商产业局中设立的中小企业管理课，负责指导和推动各大区政府及民间机构实施政策。各都道府县（相当于我国的省级行政区划）设立负责中小企业的部门，落实国家中小企业政策，并制定本地区政策，近年来，地方政府发挥的作用越来越大。部门间有协调机制，不同层级的横向会议是沟通协作的重要手段，政策信息公开透明是基本保障。"强化政策的一体性，推进政策的综合性"是制定中小企业政策的方针，中小企业厅负责制定一般性政策，专门性政策由相关部门和中小企业厅共同负责制定；按照行业管理原则，中小企业厅主要负责制造业、零售批发业以及其他部门不管辖的中小企业，总务厅负责信息产业的中小企业等；中小企业预算主要由经济产业省、财务省和厚生劳动省负责，其中经济产业省直接负责的预算占全部预算近一半。（2）建立多层次政策执行（服务）体系，形成相互间紧密合作关系。第一层级是国家级别的政策执行机构，由国家出资设立，是隶属各部门的独立行政法人，在政策实施中起引领和指导作用。如隶属中小企业厅的中小企业基础整备机构，下设九个大区，专门为中小企业提供经营技术咨询、投融资担保和培训以及提供工业园区等综合性服务；第二层级是都道府县级别的政策执行机构，是面向中小企业服务的核心主体，该级别的中小企业支援中心有60个；第三层级是市级以下、被称为地方级别的政策执行机构，重点扶持小规模企业，地方中小企业支援中心有90个。第二、三层级主要利用地方经济团体和社会服务机构发挥作用。（3）建立了面向中小企业的五家金融机构：中小企业金融公库、国家金融公库、工商组合中央金融公库、环境卫生金融公库和冲绳振兴开发金融公库，专司向中小企业提供贷款。（4）设立中小企业现代化审议会、中小企业稳定审议会、中小企业经营领域调整审议会等各种职能的审议会。地方政府还设立"中小企业信用保证协会""承包企业振兴协会""中小企业综合指导所"等机构，协助中小企业从民间银行取得贷款担保，推动中小企业技术开发，振兴承包企业，促进企业联合，开展经营诊断等。[①]

---

① 国务院发展研究中心课题组. 促进中小企业发展的国际经验值得借鉴，中国发展观察，2011（10）；人民网 http://theory.people.com.cn/GB/82288/83853/83865/15825688.html

韩国工业化过程与日本相似，也采用了政府主导的技术创新模式，先从国外引入先进技术进行消化吸收并培育企业的技术创新能力乃至其自主创新能力。从1960~1984年，韩国政府出资从发达国家引进3073项先进技术，鼓励科技型中小企业进行消化吸收、学习模仿、开发创新，其中70%经过企业消化吸收而转化为韩国技术，比如现代汽车的产业化即是消化、吸收、再创新的典范。1979年韩国政府主持成立了"产业技术振兴协会"，该协会的主要任务是奠定国家的工业技术发展基础、加强韩国企业的创新能力。目前该协会已成为韩国支持产业研发的主要机构，对全国企业开展研发工作提供信息、资金等支援。韩国政府在不断扶持和增强企业技术研发能力的同时，还组织或支持一些企业开发相关技术，以支持相关企业的创业和运营。为了促进企业技术创新体系的发展，韩国政府明确了科技部、知识经济部等部门各自的职能，并对其进行监管。1998年，韩国成立科技部，其职能主要是：为科学技术活动提供核心的导向和计划，协调国内一切科技活动，并对全部科技活动进行评价。此外，韩国科技部还负责对科技政策、科技计划及科技项目提出规划，以促进国家核心技术的创新和发展。为了加大对智力资源的投入和储备力度，韩国建立了知识经济部，以替代原有的贸易产业能源部。知识经济部的主要职能是：负责产业政策、贸易政策及能源资源政策等的制定，最终目的在于建立一个由创新驱动的工业圈；此外，韩国政府还投入大量资金设立"韩国科学技术评价院"，并支持该院对各项技术开发计划开展广泛的监督工作（曹玲，2012）①。

我国香港特区政府为开展中小企业协调和服务而设立的机构众多，主要包括：（1）为了制定和执行符合香港实际的中小企业支持政策，1992年在香港总商会设立中小企业咨询委员会，成员包括中小企业的经营者、工商团体代表、工业支持组织及政府有关部门，该委员会提出发展中小企业发展的建议，同时积极向政府反映中小企业意见，提出并督促政府制定促进中小企业经商、发展、强化与内地联系的政策，开展管理顾问服务，推广电子商务和互联网技术，强化银企间的联系，举办培训讲座及其他交流活动。（2）为了强化对香港中小企业支持服务的协调与发展，工业署2000年4月1日成立了中小企业办公室，旨在确保政府制定有关增强中小型企业的竞争力的新政策既全面又有连贯性，统筹和推广、协调中小企业的支持和服务机构，如商会、生产力促进局、贸易发展局、职业训练局及私人

① 曹玲. 韩国企业技术创新体系建设及其启示［J］. 技术经济，2012（8）：70-74.

服务机构等。工业署通过设立中小企业网上资讯服务。（3）1996年成立特别行政区中小型企业委员会，成员包括政府及工商机构的代表和中小型代表；旨在协助中小型企业经营，帮助中小企业稳定成长。（4）香港贸易发展局和生产力促进局专为中小企业开设服务中心，积极为中小企业排忧解难。贸发局开展了多项中小企业服务：通过在全球建立51个海外办事处，提供市场变化信息，使中小企业能以最低廉的成本随时掌握国际市场动态和贸易规则；通过商贸图书馆，向中小企业提供全球市场贸易资讯，包括工商目录及客户咨询等贸易咨询服务；通过建立中小型企业服务中心，为中小企业提供咨询服务，定期开展商贸专题研究，探讨影响中小企业的热点问题，在互联网提供经贸问答资讯，举办展览会及商务活动；通过建立中小企业服务站，为中小企业提供各种资讯，包括外地专家名单、索取及咨询该局各项服务及商务培训课程资料等；通过建立中小企业训练中心，增加市场、贸易、法规等管理知识，提高其出口和商业技能。（5）生产力促进局设立非营利的顾问服务机构，主要为中小企业开展产品、工艺技术开发及人力资源管理等咨询服务（许先国、汪永成，2003）。

6.1.3 提供有效的科技型中小企业融资配套支持

美国对中小企业的贷款援助以贷款担保形式为主，美国的小企业信用担保体系由 SBA 直接操作的全国性小企业信用担保体系、地方政府直接运作的区域性担保体系和社区担保体系三个层面构成。美国政府于1958年正式成立中小企业管理局（SBA），设立了专门的贷款担保机构，主要通过担保方式支持金融机构向中小企业发放贷款。SBA 不干预贷款机构的贷款决策，但有权决定是否为贷款担保；贷款发放后，SBA 也不干预企业的运作，只是在企业确实不能偿还贷款时才出面代还。为了信贷的安全，SBA 对借款企业的资格有明确的界定：（1）企业的现金流量不仅能够偿还担保贷款，而且能够偿还所有债务；（2）企业须有足够的流动资金保证企业的正常运行；（3）企业和业主须提供一定数量的贷款抵押。一般 SBA 担保每笔贷款总额的75%～80%，其余部分由贷款机构自己承担。SBA 对贷款机构在担保期限和担保限额内遭受的违约损失进行补偿，同时中小企业作为借款方仍有偿还全部债务的义务，SBA 有权追索企业所欠的债务。美国中小企业局（SBA）的主要任务就是以担保方式诱使银行向中小企业提供贷款；帮助小企业融资是其最主要职能。（1）政策性贷款与风险投资。SBA 根据中小企业的申请，向中小企业发放总金额不超过 15 万美元、贷款利率低于同期市场利率的政策性贷款。创业投资是美国高科技中小企业获取资金融通的重要渠道。1958 年，美国政府制定了小企业投资公司（SBICS）计划，允许私营风险投资公司向 SBA 举借 3 倍于自身资产的款项、享受低息及税收优惠，向中小企业技术创新提供长期信贷与股权投资。风险投资具有融资成本低、手续简便灵活、可享受政府的资本利得税优惠等特点。目前，经官方批准的中小企业风险投资公司有 300 多家、民间中小企业风险投资公司 600 多家（高正平，2003）。（2）贷款担保。根据《小企业法》，小企业贷款可通过与 SBA 有合作关系的商业银行进行，全美有 7000 家商业银行参加小企业信用担保计划；商业银行将审查后的中小企业贷款申请送 SBA 审核、担保。一旦发生坏账，SBA 将在担保范围内赔偿商业银行的损失：15 万美元及其以下的贷款担保率不超过 85%，15 万美元以上的贷款担保率不超过 75%，担保的最高贷款额度为 200 万美元，担保率为 50%。SBA 对 75 万美元以下的贷款提供总贷款额 75% 的担保；对 10 万美元的贷款提供 80% 的担保，贷款偿还期最长可达 25 年；SBA 对少数民族和妇女所办中小企业的贷款可提供 25 万美元以下的 90% 的担保；少量的"快速车道"贷款担保、出口及国际贸易企业的贷款担保。（3）SBA 通过遍布全美的注册开发公司（CDC）为小企业提供诸如土地、厂房等主要固定资产方面的长期债务融资。SBA 通过社区民间借贷中介网络向小企业提供不超过 3.5 万美元的小额贷款，平均每笔贷款大约为 1.05 万美元，最长贷款期为 6 年。注册开发公司为非营利性公司，主要以促进所在社区小企业增加就业岗位和区域经济发展为宗旨，其资金由 SBA 全额保证。注册开发公司贷款的发放由 SBA、注册开发公司、商业银行共同进行。商业银行提供借款总额 50% 的贷款，SBA 通过注册开发公司提供 40% 的贷款，借款企业自身提供 10% 的资金。SBA 先向小额贷款中介提供资金，中介继而转贷给小企业，主要用于小企业的兴办和启动，从而以最小成本促进地方经济发展。（4）创业引导资金。SBA 通过贷款担保调动小企业投资公司（SBIC）以创业投资基金和私募资金，加上从政府获得的低息援助基金，向小型的、新开办的企业进行股本或债权投资。该项融资通常持续 7 到 10 年。（5）赈灾贷款。SBA 赈灾贷款办公室有 4 个地区办公室，分别负责 10 多个州的赈灾贷款事务。小企业遭受灾害后，要向所属的地区办公室提出贷款申请。遭受灾害损失的小企业最高可获得 150 万美元的贷款，最长期限可达 30 年，用于重置或重建被灾害损坏的企业用地、厂房和机器设备。（6）直接融资支持。美国在发展间接融资手段的同时，大力发展资本市场完善中小企业直接融资手段。1971 年，美国开设了全美证券交易协会自动报价系统（NASDAQ），专为科技型中小企业上市融资提供直接的融资平台。

加拿大中小企业的融资扶持体系包括直接融资支持、间接融资扶助和政策性担保，以及专为中小企业融资提供信息、咨询、评估等配套服务的中介服务机构。（1）直接融资主要有以创业者和"天使基金"等个人为主体的股权投资、通过证券交易所与并购市场获得的股权资本、以互助基金或银行等投资机构为主体的创业与风险投资等不同的渠道。（2）间接融资则主要来源于开发银行、出口发展署等政策性银行，加拿大帝国商业银行（CIBC）；皇家银行（Royal Bank of Canada，RBC）、多伦多道明银行（TD Canada Trust）、蒙特利尔银行（Bank of Montreal，BOM）、丰业银行（Bank of Nova Scotia）等八大全国性商业银行，以及 1500 多家分布在各地的中小金融机构和社区金融机构。（3）政策担保体系包括全国性中小企业贷款担保体系、区域性中小企业贷款担保体系和中小企业出口信用担保体系。加拿大政府对中小企业的金融支持，主要体现在向小企业提供政策性贷款担保、出口信用保险等金融服务，鼓励各类金融机构向中小企业提供贷款，保证银行在不能收回贷款时得到适当补偿。融资机构提供了资金的来源，而信用担保体系在保障中小企业以较低的成本贷款时，保证银行在不能收回贷款时获得适当补偿。加拿大联邦政府通过加拿大中小企业融资计划（CSBF）为中小企业的发展提供融资支持；根据加拿大《小企业贷款法案（SBLA）》，联邦政府为中小企业提供固定资产和设备的贷款担保，金融机构对中小企业的贷款额最高可达 25 万加元；政府可补偿金融机构 85% 的贷款损失。加拿大全国性中小企业贷款担保体系的服务对象为年营业额在 500 万加元以下的中小企业的固定资产银行贷款，每笔担保贷款额不超过 25 万加元，且不超过 10 年的最长担保期；提供担保贷款的授信银行应按担保贷款的 1.5% 和 1.25% 分别向联邦工业部中小企业贷款管理局交纳担保手续费与年度管理费，当然，此费用最终仍由贷款企业承担。政府承担 85% 的担保贷款风险：当企业不能清偿到期贷款时，由银行在 3 年内追偿，不能追回的部分联邦工业部中小企业贷款管理局通过对银行提交的申请审核后，对损失的 85% 予以补偿（苏哲，2006）[①]。加拿大商业发

---

① 苏哲. 加拿大鼓励和保护企业技术创新及知识产权的相关政策措施［J］. 全球科技经济瞭望，2006（9）：24－26.

展银行（Business Development Bank of Canada，BDBC）在向加拿大中小企业提供金融、投资和咨询服务方面扮演着重要的角色，其服务对象主要是技术密集型和出口导向型企业，业务范围包括融资、咨询、次级融资以及风险投资等。加拿大中小企业信用担保体系由全国性中小企业贷款担保体系、区域性中小企业贷款担保体系、出口信用保险体系三部分组成。全国性中小企业贷款担保体系旨在帮助中小企业以较低的成本获得银行贷款，保证银行在不能收回贷款时得到适当补偿。该体系的服务对象是营业额在500 万加元以下的营利性中小企业的固定资产贷款。2001 年 1 月，经联邦议会通过，租赁和非营利项目亦可申请政策性担保。担保贷款每笔不超过25 万加元，担保期限为 10 年。加联邦政府还设立了 4 个区域经济发展部，实施了包括特定行业中小企业贷款担保计划、微型企业贷款担保计划和社区创办小企业贷款担保计划在内的中小企业区域性贷款担保体系。加拿大中小企业间接融资的来源和渠道主要包括开发银行、出口发展银行等政策性银行、皇家银行、蒙特利尔银行、丰业银行等全国 8 大商业性银行，以及 1500 多家分布在各地的中小金融机构和社区金融机构。有关统计表明，加拿大中小企业间接融资中的 50% 来自银行，其中八大商业银行又占贷款总量的 80%，完善的担保体系为加拿大中小企业获得贷款支持创造了良好的条件。

德国在第二次世界大战以后，通过欧洲复兴基金（ERP）以及德国清算银行、德国复兴信贷银行（KFW）、储蓄银行、合作银行、大众银行、德国平衡银行等国家政策性银行为中小企业的创立、竞争力的提升、研究开发、环境保护以及节能等提供融资。其中，储蓄银行拥有信贷市场超过50% 的份额；自 2001 年开始，大量由地方性非政府组织经营的小额信贷项目相继出台（曾驭然，2007）。政策性银行还向中小企业贷款的商业银行提供长期、稳定的融资服务。如复兴信贷银行主要从国际市场融资并以低息向中小企业发放贷款或进行利息补贴，幅度在 2%～3%，利用自身较高的信用等级从国际市场筹集资金并向中小企业发放贷款，可较好地解决中小企业融资难问题；此外，德国政府通常以净资产援助项目形式向初创期企业提供融资支持；贷款的全部违约风险 100% 由国家承担；被投资公司每次融资额最大为 140 万欧元，利率视创业投资公司的回报而定；2000年末的利率稳定在 8.44%（含 2.2% 的年担保率）；马歇尔计划援助对等基金是德国政府为中小企业提供金融支持的重要资金来源。德国建立了较为完善的担保体系，全国 16 个州至少每个州有一家担保银行。德国的新技术企业资本运作计划采取商业化运作模式，并与民间商业资本结合、有偿使用，旨在发挥政府引导资金的杠杆和带动作用。

欧盟对中小企业的融资支持包括：对中小企业的贷款、担保和风险投资。（1）欧盟通过欧洲投资银行（EIB）全球基金对区域内各成员国金融机构进行贷款，间接对中小企业贷款。（2）中小企业贴息贷款。1994年欧盟部长理事会决定设立10亿欧元的中小企业贷款，5年期优惠利率为2%。（3）欧洲投资担保基金，设立于1994年，主营商业投资和担保。（4）欧盟委员会出资、委托欧洲投资基金管理的中小企业担保基金。（5）欧洲投资银行和欧盟委员会出资、委托欧洲投资基金管理、主要对风险基金投资的欧洲技术基金。（6）通过对风险基金注资设立的种子基金。（7）设立的旨在促进欧洲风险投资市场建设、协助中小企业寻找资金的欧洲风险投资协会。早在1987年，欧盟委员会建议采用政府资助的风险资本措施，据此2002年又推出了风险资本融资地区政策指南，其中载明使政府的融资支持效益最大化和影响最大化的融资技巧。在欧洲风险投资协会的推动下，巴黎证交所开设了一个拥有完全自主权的附属市场NM，专为新兴企业融资提供平台。（8）设立EASDAQ股票市场，专为高成长的小公司融资提供服务。处在前种子期的企业，风险高、投入多，往往要经历一段营业额为负数的"死亡谷地"阶段。启动企业的原始资本往往很难从正式机构的投资者以及风险投资人那里得到。商业天使（或称"天使投资"）在此时期发挥越来越重要的作用；中小企业可以根据欧盟所推出的高成长创新性中小企业计划（GIF），申请种子期以及初创期的风险资本基金。当企业进入创业期，需要寻求更广范围内的融资渠道：欧盟便致力于在成员国范围内形成统一的资本市场，吸引国内外投资者的加入；鼓励对中小企业的小额信贷。同时，随着企业的成长，企业逐渐从非正式的风险融资转向债务融资。为了增进银行和企业之间的相互了解，欧盟委员会定期召开中小企业及银行家圆桌会议，并形成制度和备忘。当企业的规模进一步扩大，在政府担保的前提下，正式的风险资本基金也将进入中小企业资本市场。最终，为满足企业发展壮大的需要，中小企业趋势上会寻求上市融资的渠道。2000年以来，波兰、匈牙利、爱尔兰等国也纷纷建立旨在促进科技型企业成长和研发的各种政策与计划。各国政府资助科技型中小企业的政策力度不断增大，据2002年对OECD国家统计，大多数成员国中小企业得到政府资助研发经费的份额高于中小企业所占全部研发经费的比例（《公共财政与中小企业》编委会，2005）。欧盟中小企业创业投资政府支持体系如图 6 - 1 所示。

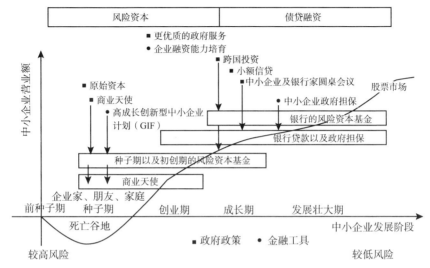

图 6 - 1 欧盟中小企业创业投资政府支持体系

资料来源: 曾驭然. 欧盟中小企业创业投资政府支持体系 [J]. 国际经贸探索, 2007 (12): 71 - 74.

英国拥有强大而不断增长的小额信贷部门, 机构包括社会资本、信贷联盟、小额信贷机构以及社区发展风险资本等, 推出的公共支持措施包括支持社区发展金融机构的凤凰基金, 该基金提供税收、资金以及担保方面的支持; 另外, 还有税收贷款用于推进私人在社区发展金融机构的投资, 后者为弱势企业提供贷款 (曾驭然, 2007)。英国 1945 年成立了专门的 "3I" (Investors in Industry) 金融公司, 以便对中小企业提供长期信贷支持, 解决所谓 "麦克米伦缺口" 问题[①]。3I 公司经过评估, 对任何富有活力的中小企业在各个不同阶段都提供资金支持。资金可划分为种子资金、

---

① "麦克米伦缺口 (Macmillan Gap)" 是指现代中小企业由于普遍存在着金融资源短缺, 特别是长期融资由于金融资源供给不足而形成的巨大资金配置缺口。在 20 世纪 30 年代, 世界经济危机大爆发时, 英国政府为制定摆脱危机的措施, 指派以麦克米伦爵士为首的 "金融产业委员会" 调查英国金融业和工商业。1931 年, 该委员会在提交的报告中提出了著名的 "麦克米伦缺口" 论断。报告认为, 在英国中小企业发展过程中存在着资金缺口, 对资金的需求高于金融体系愿意提供的数额。此种融资缺口又称为 "信用配给不足", 其定义为 "资金的供给方不愿意以中小企业所要求的条件提供资金"。此后, 世界银行的大量有关中小企业发展的调查报告, 如 Bolton 报告 (1971)、Wilson 委员会报告 (1979)、Aston 商学院报告 (1991) 等, 都证实许多国家中小企业普遍存在融资缺口。

启动资金、发展资金。转换资金（收购其他股东出让的股份），以及在经济不景气时提供的援救资金和结构调整资金。3I 支持中小企业的项目主要是新产品或能开辟新市场的产品、高新技术开发、收购国内或国外公司、资本重组等。单项投资金额少至 10 万英镑，多到 2500 万英镑，甚至更多。英国威尔逊委员会于 1979 年提出"小企业信用担保计划"，旨在为具有市场潜力却缺乏足够抵押物的小企业提供贷款担保，担保比例为 70% ~ 85%；自 1981 年起，开始实施"小企业信用担保计划"，为那些已有可行的发展方案、却因缺乏信誉而得不到贷款的小企业提供借贷担保，最高限额为 10 万英镑的中小企业贷款项目提供 80% 的贷款担保；1995 年后英国政府又加大贷款担保计划的实施力度；借助政府增多贷款担保，贷款银行由商业银行及其他金融机构组成，零售商业银行贷款约占 95%，期限多为 2 年 ~7 年。政府设立的风险投资基金非英国主流模式，主要着眼于管理层收购（MBO），对于初创期中小企业的资金投入仅为 5% 左右（苏哲，2006）。

法国政府十分重视中小企业发展，专门成立了独立于一般商业银行的金融机构，比如法国中小企业发展银行，旨在为中小企业提供商业银行贷款担保、并发放部分小额贷款，着力解决中小企业融资难问题。该行创建于 1996 年，注册资本 3.2 亿欧元，是国家控股的投资银行（部分民营投资银行入股），在全国各地设有 37 个分支机构，形成了一个覆盖全国的专门为中小企业融资服务的网络体系，主要业务是为中小企业提供信贷服务与担保业务。法国还设立了具有互助基金性质的会员制中小企业信贷担保集团，如大众信贷、互助信贷和农业信贷等。法国除了对中小企业给予 1.5% 的贷款利率补贴之外，还专门为新办的中小企业提供高贴息率的特别计划贷款（范柏乃、沈荣芳，2000）[①]。

意大利的中小企业金融支持政策包括：（1）专门设立了为中小企业融资服务的中小企业银行，如合作银行、互助银行、国民银行等，以比较便利的条件向中小企业提供贷款。（2）意大利政府与银行共同出资设立了中小企业基金，为中小企业特别是发展前景较好、风险适中的中小企业提供融资支持。（3）信贷担保基金是在政府的资金支持下建立的，在借款人违约与拖欠时，以政府资助作为放款机构的补偿。但由于信贷担保基金需要政府资助，且与欧盟相关规定冲突，故使用较少。（4）互助担保制度是指

---

① 苏哲. 加拿大鼓励和保护企业技术创新及知识产权的相关政策措施 [J]. 全球科技经济瞭望，2006（9）：24 - 26.

一批人互为其成员的贷款申请提供共同担保的制度，一般以省为基础组织。中小企业协会或手工业协会从社会公众和协会成员集资组建互助合作的担保基金会，然后将其基金存入参与担保基金的银行，银行则可向成员提供高于存款金额数倍的贷款。互助担保基金向中小企业提供低息贷款的效果较为显著，在意大利被广泛推广（朱坤林，2008）。

日本促进中小企业发展的主要政策手段是间接融资支持，对中小企业的贷款援助以政府设立的专门的金融机构为主。（1）成立国家政策性银行日本政策性金融公库，专为中小企业和小规模企业及个体创业者提供贷款和担保；向中小企业提供低于市场2～3个百分点的较长期的优惠贷款，类似的金融机构包括："中小企业金融公库""国民金融公库""商工组合中央金库""环境卫生金融公库"和"冲绳振兴开发金融公库"等；日本通过政策性金融公库用于支持中小企业担保和贷款机构的财政资金占当年GDP的1%。（2）日本政府还设立"信用保证协会"和"中小企业信用公库"以向中小企业从民间银行所借信贷提供担保。中小企业综合事业团通过所属的日本信用保证协会和信用保险金库，向中小企业发放政府的补助、贴息贷款，为中小企业的商业银行贷款提供信用担保和间接贷款；代中小企业偿还债务，可从保险金库获得偿还额70%～80%的保险金，从而解决了科技型中小企业技术创新所面临的融资问题。（3）中小企业投资育成株式会社、新规创业资源株式会社等全国性专业公司对新成立企业提供补助（袁红林，2010）。日本政府为在一般金融机构难以得到贷款的中小企业提供长期低息贷款；为新设立企业、经营困难的企业、金融机构不愿放贷的企业以及20人以下的小规模企业提供无抵押、无担保的小额贷款。日本政府为了扶持中小企业的发展成立了很多面向中小企业的专门金融机构，如中小企业金融公库，冲绳振兴开发金融公库，中小企业信用保险金库和中小企业投资扶持株式公社等。为了进一步提高贷款担保能力，政府还全额出资建立了中小企业信用保险公库，对担保协会进行再担保。当中小企业在担保协会的担保下从金融机构获得贷款后，保险公库对担保协会所担保的贷款额度进行再担保；当中小企业因某种原因无力偿还时，担保协会可以从信用保险公库获得相当于偿还全额70%～80%的保险金，代替中小企业偿还（范柏乃、沈荣芳，2000）。日本政府除了在政策上和利率上对中小企业贷款给予扶持外，还专门建立了信用辅助制度，为中小企业发展提供必要的经济担保。日本政府的这种制度由两个机构执行，即政府全额出资的中小企业信用保险金库和民间信用担保协会。保险金库与担保协会签订一揽子保险合同，即协会对某一企业的担保只要在一定的限额内，保险自动生效，这样可以分散担保协会的担保风险。

韩国中央银行通过强制性规定金融机构对中小企业贷款的最低比例、信用总量上限系统的支持、实施优惠贷款利率等措施，鼓励商业银行对中小企业贷款。韩国中小企业厅通过韩国技术信贷担保基金资助新办（设立不满 3 年）中小企业；韩国中小企业厅通过中小企业振兴公团（SMIPC）向新办（设立不满 7 年）中小企业发放贷款；韩国中小企业厅通过风险投资资助新办（设立不满 14 年）中小企业（徐希燕等，2014）①。韩国的政策金融包括财政拨款和政策性贷款。例如，在财政拨款方面，政府给予企业以研发费用的 50% ~ 90% 范围内的无偿支援。政策性贷款以低息向企业开发项目提供资金支持。韩国的技术开发基金大体包括科学技术振兴基金、产业技术开发基金等，这些基金被用于支援特定部门的技术开发活动。近年来，韩国政府的研发资金支出出现较大增长：2005 年韩国政府的研发资金投入约为 7.8 万亿韩元；2006 年为 8.9 万亿韩元，占当年韩国GDP 的 3.2%；2007 年达到 9.8 万亿韩元，科研支出总经费占 GDP 比例已处于世界前列（曹玲，2012）②。

我国香港特区的政府扶持资金主要由工业贸易署负责管理：（1）投入 19 亿港元分别设立了中小企业信贷保证计划（原中小企业营运设备及器材信贷保证计划）、中小企业市场推广基金、中小企业培训基金和中小企业发展支援基金，前三项基金所有在港注册的中小企业均可申请，而中小企业发展支援基金则用于资助非营利的支援机构、工商组织、专业团体和研究机构所实施的有助于提升中小企业整体或个别行业竞争力的项目（艾音方，2005）；旨在协助中小企业巩固实力、克服成长中的困难，以帮助其应对经济全球化、知识经济所带来的挑战。1997年亚洲金融风暴发生后，许多中小企业因银行及财务机构收紧借贷而出现资金紧绌，特区政府在 1998 年 8 月拨款 25 亿元，推出了"中小企业特别信贷计划"，由政府作为中小企业的信贷担保人，为成功获得银行及财务机构批出贷款的每家公司提供高达 200 万元或批出的贷款额的70% 的保证额。计划自设立至 2000 年 4 月，共有 9912 家中小企业参与了该计划，获得银行及财务机构贷款累计 91.6 亿元，所涉及的政府保证额为 58.1 亿元。工贸署及各支持机构也通过举办专题研讨会及讲座，

---

① 徐希燕等. 科技型小微企业政策研究［M］. 北京：中国社会科学出版社，2014（12）.
② 曹玲. 韩国企业技术创新体系建设及其启示［J］. 技术经济，2012（8）：70 - 74.

加强中小企业对财务管理的认识及技巧，以协助中小企业达到金融机构的放款要求，从而获取贷款。为了更好地协助香港小型企业筹集资金，特区行政长官在 1997 年发表的施政报告中已表示，支持香港联交所研究设立第二板市场，1999 年 11 月，被称为"创业板市场"的第二板市场成立，在协助小型科技公司进行集资、发展和扩充业务方面发挥着重要功能（许先国，汪永成，2003）。

6.1.4 设立扶持科技型中小企业发展的专项基金

美国政府对符合相关条件的小企业开展创新活动给予专项补贴。设立的"中小企业创业研究基金"，要求政府各有关部门按照一定的比例向中小企业创新发展计划提供资金，用于援助中小企业开展科技创新；美国国家科学基金会与国家研究开发经费的 10% 要用于支援中小企业的技术创新。美国国会于 1982 年 7 月通过了（SBA）制定的《小企业创新发展法案》，并分别于 1982 年和 1992 年批准实施了小企业创新研究计划（SBIR）和小企业技术转让计划（STTR）项目政策性补助。SBIR 规定，联邦部门研发经费须拿出 2.5% 作为研发项目基金，资助有市场潜力的小企业。据统计，从 1983~2003 年，通过此计划给予小企业的资金约有 154 亿美元，共资助了 7.6 万多个项目。STTR 也规定，联邦部门研发经费须拿出 0.3% 给小企业与非营利研究机构的技术转让项目使用；《小企业创新发展法案》规定，每年研究开发经费超过 1 亿美元的政府部门，要将财政预算的 1.3% 用于支持中小企业开展技术创新与开发活动（袁红林，2010）[①]；鼓励中小企业参与联邦的研发活动，鼓励大学或研发机构的创新成果向中小企业的转移。

加拿大政府有多个计划支持中小企业企业的研发，最有名的为技术伙伴计划（Technology Partnerships Canada，TPC）和工业研究援助计划（IRAP）。"加拿大技术伙伴"计划是加拿大联邦政府于 1996 年创立的对加拿大私有部门的科研和创新活动进行资助的联邦基金计划。TPC 每年从联邦政府获得 3 亿加元预算支持，约有 95% 支持的是项目经费超过 50 万加元的项目，剩下 5% 的经费则通过产业研究援助计划支持项目经费在 50 万加元以下的项目。截至 2005 年 3 与 31 日，技术伙伴计划共支持 693 个

---

① 袁红林. 完善中小企业政策支持体系研究［M］. 大连：东北财经大学出版社，2010.

项目，其中 614 项（占总数的 89%）为支持中小企业项目；累计投资 28 亿加元，其中 20.7 亿加元已经支付，吸引社会投资 111 亿加元投入创新活动（技术伙伴计划每 1 加元吸引 4 加元社会投资）。截至 2003 年 3 月 31 日，累计创造就业 43000 多个，吸引外国直接投资 120 亿加元，获得技术转让费 3400 万加元，回收投资 4930 万加元。）[①] 2005 年 9 月，加拿大工业部长戴维（David L. Emerson）宣布，为促进创新和新技术的采用，加拿大推出"创新技术计划"（Transformative Technologies Program，TTP）计划，以取代原来的"加拿大技术伙伴计划"（Technology Partnerships Canada，TPC）。TTP 计划面向所有的企业和所有的技术领域，并向中小企业倾斜、使更多的企业能直接参与；更强调具有经济竞争能力的技术创新，对纳税人也更加透明；TTP 与企业分担创新与技术采用的费用，使政府与企业共同承担创新风险。而 IRAP 创立于 1947 年，是由加拿大联邦政府提供财政支持，由国家研究理事会具体牵头组织实施，专门支持加拿大中小企业研究开发的一项计划。每年国家研究理事会拿出将近 1/4 的经费支持 IRAP 计划的实施。IRAP 计划主要支持人数在 500 人以下的中小企业，包括由科研机构中派生出的高新技术企业，为中小企业培训专业人员，提供技术支持，并帮助中小企业发展国际合作，开拓国际市场。（1980 年，工业研究援助规划为小企业提供无偿援助。IRAP 计划每年约援助 1.2 万个客户、资助 3300 个项目，投入产出比达到 1:20。）[②] 2002 年，IRAP 制定了新的战略计划，主要内容为：一是更多地支持高风险、高回报的早期研发项目，以促进小企业发展成中企业，中企业发展成大企业；二是进一步帮助加拿大中小企业走向国际，通过访问、合资、合伙和联合开发等多种方式推动中小企业积极开展国际合作；三是支持中小企业积极参与以技术产业群为基础的新兴社区的建设，加强社区产业基础设施建设；四是建立国家竞争技术情报体系，帮助中小企业快速作出技术决策；五是加大 IRAP 资助项目的商业化力度，鼓励研究机构与中小企业合作，促进中小企业的技术开发，增强中小企业的技术接受能力（苏哲，2006）。据加拿大广播公司（CBC）2017 年 3 月 9 日报道，加拿大联邦政府财政部长摩尔诺（Bill Morneau）各大银行和保险公司将创建达 10 亿加元的"加拿大商业增长基金"（Canadian Business Growth Fund），旨在帮助中小企业获得资

---

① 李铄. 加拿大"技术伙伴计划"的评估与审计 [J]. 全球科技经济瞭望，2004 (12)：22 - 23.

② 余应敏、智海玲. 加拿大扶持中小企业成长的财税政策安排及启示 [J]. 财务与会计（理财版），2010 (3)：68 - 69.

金、发展壮大。加拿大帝国商业银行（CIBC）首席执行官维克多·多迪格透露，成立上述发展基金对经济发展意义重大，CIBC 正与加财政部以及其他金融机构探讨成立一支规模较大的企业成长基金，该基金由私营部门出资，主要用于帮助中小企业发展。（该基金将获得价值 5 亿元的来自各大银行、保险公司的资金，未来 10 年，基金将增长到 10 亿加元。对小企业的投资将从 300 万加元逐渐增加到 2000 万加元）；① 该基金将帮助加拿大公司，获得在全球发展和成功的资本。该基金将作为一个独立的管理实体运营，董事会成员由提供资金支持的公司组成。参与发起的金融大公司包括：满地可银行（BMO）、加拿大帝国商业银行（CIBC）、皇家银行（RBC）、道明银行（TD）、丰业银行（Scotia bank）、太阳保险公司（Sun Life）、泛西人寿保险公司（Great – West Life）、宏利人寿保险公司（Manulife）、国家银行（National Bank）和汇丰银行（HSBC）、ATB 金融、劳伦斯银行（Laurentian Bank）和加西银行（Canadian Western Bank）等。

德国对科技型中小企业提供了多项财政支持，包括一般性财政援助、促进研究与咨询补贴、新建企业资助、改善地区经济结构补贴、设立中小企业创新基金等。（特别是德国国家研究与技术部、经济部都单独列示科技型中小企业扶持专项资金，设立中小企业开发促进奖励基金和高科技创业基金，对科技型中小企业开展技术创新实施专项贷款和财政补贴，高科技创业基金主要通过参股方式扶持新设科技型中小企业，支持新企业技术创新与研发，每个企业最高可获得 50 万欧元的入股，用于研发、样机制造乃至市场推广，1 ~ 2 年后以转让股份或抽取收益方式退出）② （徐希燕等，2014）；为具有较高科技含量、较强市场潜力的中小企业提供风险资本投资支持，对中小企业科研开发人员的经费与技术项目投资予以补助；并设立专项科技开发基金，扩大对中小企业科技开发的资助。联邦研究部建立的"示范中心"和"技术对口的访问和信息计划"为中小企业在技术转让方面提供帮助，向它们提供最新的研究成果和研究动态，帮助其进行技术改造和技术引进（孔德兰等，2012）。据统计，20 世纪 90 年代，德国政府每年用于扶持中小企业发展的资金约 60 亿马克，其中 70% 由政府财政补助拨款解决。

1992 年，欧洲理事会（European Council）提出设立欧洲投资基金

---

① 中华人民共和国商务部网站. 加拿大五大商业银行将设立中小企业成长基金. www. mofcom. gov. cn/article/i/jyjl/l/201703/20170302539090. shtml.

② 马秋君. 科技型中小企业融资的国际经验借鉴 [J]. 科技管理研究，2013 (7)：09.

（European Investment Fund，EIF），旨在促进欧洲经济复苏。1994 年，EIF 正式设立，总部位于卢森堡，以公私合作（PPP）方式为中小企业（SMEs）融资提供担保服务，使其能参与欧洲铁路网的建设；1995 年，EIF 代表欧盟委员会（the European Commission）开展针对中小企业的经济增长和环境保护计划；1997 年起，EIF 代表欧洲投资银行开展科技型中小企业技术发展融资项目；2000 年 3 月，里斯本峰会提出加大为中小企业提供风险资本融资支持的力度；同年 6 月，EIF 通过股东会决议进行改组，欧洲投资银行（EIB）成为 EIF 第一大股东，EIF 成为欧洲投资银行（EIB）为欧洲金融市场提供风险资本的专业部门；自 2001 年起，EIF 专注于扶持中小企业，成为专为中小微企业提供风险资本、担保融资等支持的政策性金融机构，为缓解欧洲国家中小企业融资困境发挥了至关重要的作用，促进了欧洲科技型中小企业的发展。作为欧盟所属政策性金融机构，EIF 的主要任务是向中小企业提供金融支持和服务，是欧洲中小企业融资的主要提供者。截至 2013 年底，EIF 的对外股权投资存量为 79 亿欧元，同时带动了 421.58 亿欧元的社会资本投入，共支持了 481 家服务于中小微企业的各类基金。其中，通过成果转化、天使投资、创业投资等方式投入初创期企业等资金约为 41.16 亿欧元、带动社会资本 183.83 亿欧元；通过成长基金等方式投入扩张阶段资金约为 37.88 亿欧元、带动社会资本约 237.75 亿欧元（贾康等，2015）。欧盟委员会于 1989 年制定了一项引导计划，以激励"创业资本基金"的建立。1995 年 1 月，23 个基金已经募集了 4100 万欧元，其中 2700 万欧元已经投资于 228 个新企业（平均 26% 的资本参与率），创造 2085 个直接工作岗位。这些基金的基本使命包括向"胚胎"阶段的企业提供"种子"资本。欧盟帮助这些基金投资于创新较少的公司，支持商务天使网络的建立，指导中小企业进入股票市场，实施增长就业计划和风险资本行动计划。1996 年 6 月欧盟又推出类似美国 NASDAQ 的专为中小企业融资设立的二板市场——EASDAQ（张远鹏，2001)[①]。

英国技术战略委员会（Technology Strategy Board，TSB）于 2011 年 12 月推出创新券计划（Innovation Vouchers Scheme），设立的"创新货币"旨在鼓励和支持中小企业进行创新，专门支持中小企业创新活动。作为英国政府推出新的创新资助工具之一，该计划资助对象明确、资助目标清

晰、资助重点突出，该计划推出的目的是为中小企业提供免费获得大学和学术机构的学术支持和专业服务的机会，促进中小企业利用外部专业知识等创新资源，提高创新能力（李振兴，2013）。英国采取投贷联动新模式，于2011年4月设立并正式运营"中小企业成长基金（Business Growth Fund，BGF)"。在监管部门的支持下，英国几家主要银行作出25亿英镑承诺、委托汇丰银行牵头，携手解决英国成长型中小企业的融资困境，BGF投资对象为极具发展潜力和国际化前景的中小型英国企业，旨在帮助其进入新的发展阶段并构建可持续发展平台。BGF在全英共设6个办事机构，通过专业化信息网站接受投资申请并运行投资审批流程，为高成长企业提供200万~1000万英镑不等的投资资金，弥补初创融资和主流风投基金之间的市场空白；自从2011年成立以来，已向超过100家公司投资5亿余英镑，成为英国最活跃的成长资本投资机构，从支持企业发展与解决就业等方面为英国经济做出了巨大贡献。鉴于BGF的规模效应和可用相对低的成本多元化组合投资中小企业，英国金融监管局将其投资纳入银行风险加权资产，允许银行利用杠杆工具投资BGF的项目（中国银行业协会商业银行投贷联动研究课题组，2015）。

　　法国政府自20世纪80年代以来，采取多种方式资助中小企业发展，包括直接资助项目和专门用以支持创业投资发展的公共基金，以及企业创新计划、创新企业项目竞赛等促进科技型中小企业发展的计划；其中，法国政府设立的风险投资共同基金成立于1979年。至20世纪80年代末，已有120多个机构进行风险投资，资本超过1亿法郎的风险投资机构有20多家。法国提供的财政补贴包括就业补贴和研究与开发补贴，主要形式是设立政府专项基金，制定中小企业技术创新与开发计划，对符合计划条件对科技型中小企业给予专项补贴（孔德兰等，2012)①。财经部门的对外经济合作司，负责执行政府的对外经济政策，具体负责扶持中小企业拓展海外业务，帮助中小企业寻找并评估国外合作伙伴、有目的地进行国际贸易等；政府财政补贴资金扶持业务分两类：一类是直接对中小企业的补贴，如海外市场调查，政府补贴50%的费用（上限不超过1.5万欧元），到海外参展也是补贴50%（上限4000欧元）；另一类是政府财政提供资金，委托法国对外贸易保险公司管理运作的，扶持中小企业外贸的无息、低息贷款和补贴等，针对不同业务

---

① 孔德兰等．基于发展方式转变的中小企业金融支持体系研究［M］．北京：中国金融出版社，2012 (10).

设有上限规定（孙晓文，2003）①。

意大利仅 2004 年，就拨款 2.46 亿欧元主要用于支持中小企业的研发创新活动，具体措施就是通过政府设立创新基金，对中小企业的创新进行支持；创新基金包括应用研究基金、技术创新基金和购买高技术产品基金。应用研究基金主要为低息贷款，意大利政府规定，贷款额原则上不超过全部研究经费的 55%，对于中小企业，比例可达 65%；技术创新基金对大企业产业领域有一定限制，对中小企业不受产业领域的限制，所有产业领域的中小企业都可以申请资助。购买高技术产品基金则是意大利政府专门为了对购买或租借高技术设备的中小企业提供补助而创立的②。

日本政府早在"明治维新"时期，便利用财政资金创办了官营的模范工厂；在 1868～1885 年，政府投资总额达 2.1 亿日元，占财政预算资金的 20%。日本模范工厂引进国际上先进的技术与设备，通过其向民营科技型中小企业传授技术，以此提升民营科技型中小企业的技术水平与实力；随后，日本政府总结模范工厂的成功经验，设立了劝业博览会、工业试验所，以快速实现技术向现实生产力的转移；明治 19 年（1886 年），日本政府建立了专门针对科技型中小企业的技术指导所为中小企业提供技术指导。此外，日本政府为帮助中小企业进行产品研发，专门制定了技术开发补助金制度，对中小企业的技术开发给予 50% 的赞助，资助下限为 500 万日元，上限为 2000 万日元③。

我国香港特区政府积极推动企业应用科技及向高增殖产业转型，推行了多项措施，推广科技的应用及高增殖的工商活动，主要的受惠者都是中小型企业。（1）设立 7.5 亿元的应用研究基金，向科技为主的公司直接提供股本资金。（2）1999 年推出了 50 亿元的"创新及科技基金"，旨在资助有产业创新或提升技术水平的项目。基金下设有"小型企业研究资助计划"，以等额出资方式，提供每个项目高达 200 万元的财政支持，协助科技型中小企业进行一些还未有创业基金投资但具商业潜质的研究发展项目，为向具有良好创新意愿的中小企业提供财政支援、协助中小企业实施

---

① 孙晓文. 法国、意大利中小企业发展与扶持措施考察 [J]. 甘肃社会科学，2003（02）：130－133.

② 于海峰. 欧盟与中国支持中小企业技术创新财税政策的比较研究 [J]. 税务研究，2009（11）.

③ 王新生. 政治体制与经济现代化："日本模式"再探讨 [M]. 北京：社会科学文献出版社，2002.

尚未获创业投资资助的商业研究[①]。（3）通过香港工业科技中心公司举办"企业培育计划"，为新成立的科技公司提供低成本的办公场所，以及在管理、市场推广、财政、基本设施和技术方面提供协助，帮助这些公司度过最初几年的创业期。（4）在创新科技署下设立专利申请资助计划，鼓励拥有新发明的公司及个人为其产品的知识产权作专利注册申请，每家公司或申请人的最高获资助额为 10 万元或专利申请费用总额的 90%（许先国，汪永成，2003）。

6.1.5 落实科技型中小企业减免税等政策性优惠

美国政府为激励小企业增加科技投入，对小企业的科技创新活动依据国会通过的相关法案给予了多种税收优惠政策。1954 年，美国政府修订《内部收益法典》，在第 174 条加大了有关研发创新的税收支持，允许企业在计算企业所得税款时全额扣除当年实际发生的研究开发支出，或者予以资本化，在未来五年内递延扣减；1981 年通过了《经济复兴法案》规定，企业在任何一年的研究开发支出超过前 3 年研发支出均值的部分可获得 25% 的税收抵免；对企业投资于使用年限 5 年以上的技术更新设备的 10% 可抵免当年应交所得税款；对于委托大学或科研院所的研发支出，新增支出的 20% 可抵减应纳税所得额；1990 年，美国国会通过《R&D 减税修正法案》，根据企业的研发支出规模给予相应的减免税额度，降低企业所得税率、减少对企业新投资的税收负担；推行加速折旧；实行特别的科技税收优惠、实施企业科研经费增长额税收抵免等；克林顿政府更是进一步加大对企业研发投入的相关税收优惠，如根据 1993 年通过的《综合预算调整法案》，对 4000 万中低收入者和 90% 的小企业给予了减税，对小企业的研发设备投资给予永久性税收减免[②]。根据 2001 年《经济增长与减少税收法案》，布什政府允许小企业将更大数额的新增投资列入费用，该项政策 10 年内可为小企业节约 70 亿美元；美国政府许可一定的非公开企业拥有同个人独资企业相同的选择课税的权利。2017 年 12 月 1 日，美国参议院以 51 比 49 通过特朗普总统税改法案，将企业所得税从 35% 降低到 20%，允许企业主从企业收入中扣减 20%；个税从七档减至四档，分别为 12%、

① 袁红林. 完善中小企业政策支持体系研究 [M]. 大连：东北财经大学出版社，2010.
② 付剑峰. 美国 SBA 小企业技术创新服务模式及其对我国的启示 [N]. 科技日报，2014 - 04 - 20.

25%、35%和 39.6%。

加拿大扶持中小企业成长的税收政策通常采用包括低税率、减免税收、返还税收和延长征收期等政策工具实现。如通过降低企业所得税率、科研和技术开发投资减税、资本所得税扣除以及商业投资损失扣除等实施所得税优惠；其他税收安排如对于收入少于 20 万加元的小企业，提供较长期的交税宽限期，对微型企业更免除按月缴纳税款的要求；此外，加拿大政府在薪酬、资本交易和货物销售与服务等方面也实施了支持小企业的特殊税收优惠政策。加拿大联邦政府规定，对由加拿大人控制的民营公司在加拿大国内开展科学研究与实验开发合理支出 200 万加元以内部分可以得到 35%的投资税抵税的优惠政策，200 万加元以上则可以享受 20%抵税的优惠政策；其他加拿大公司、股权公司、合伙企业或信托公司在加拿大进行科学研究与实验开发合理支出 20%的投资抵税的优惠政策。具体言之，加拿大联邦政府对企业投资研发的主要激励政策包括：对符合条件的科学研究与实验开发成本包括主要设备给予 100%的减税；对科学研究与实验开发支出给予 20%的抵税；抵税额可以 100%冲抵当年应纳税额，或者可以抵消前 3 年或推后 10 年的税款；对加拿大人控制的小型公司，对每年 200 万加元以内的研发支出部分抵税额可以增加到 35%；即使公司没有足够的应纳税额可以抵消，抵税额可以全部或部分现金返还。此外，各省对企业在本省区内进行研发的投入还给予附加的税收激励，如安大略省规定：企业在安大略省投资研发获得的联邦投资税减免收入免于征收收入税；对与符合条件的安省研究机构如大学、应用工艺技术学院和研究型医院签订合同研究的支出给予 20%的安省商业研究机构税收抵税退款；同时对中小型公司还给予 10%的安省创新税收抵税退款。为积极推进企业的投资策略，加拿大政府为企业提供了投资减免税收政策（ITGs，Investment Tax Credits）规定：研发投入减免税可以直接冲抵当年应缴税款；并且当年未用完的减税额度可以向前追溯 3 年或向后延长 7 年抵免所得税。总之，税收扶持政策对加拿大中小企业的理财活动有着广泛的影响，无论在筹资、投资、营运资金管理，还是收益分配等企业理财的各个环节，无不体现税收政策对中小企业的种种呵护与关爱（赵文成，2010）。根据普华永道（PwC）和世界银行集团的最新税务评估报告，在全球 190 个经济体中，加拿大名列第 16；加拿大中小企业的综合税率（Total Tax & Contribution Rate）为 20.9%；在七国集团中，加拿大的中小企业税负最低；最高的是法国，为 62.2%。

德国对中小企业的税收优惠措施包括：将营业税起征点从 2.5 万马克提高至 3.25 万马克；对个体经营实行较低的继承税和赠与税；落后地区新建中小企业可免交营业税 5 年；新建中小企业的不动产投资，免征 50% 的所得税；提高固定资产折旧率，由 10% 提高至 20%，将科技型中小企业长期资本所得税的最高税率由 49.5% 下调至 20%，1999 年 6 月废止研究与实验税收减免法允许公司 R&D 支出免缴 20% 的税额，加快技术进步、切实降低科技型中小企业的税务负担①。

欧盟实施了鼓励风险资本进入中小企业的政策措施。荷兰为了资助中小企业的技术创业已经建立了四种参与基金，这些基金将为企业提供风险资本和鼓励人们参与技术型企业的创办；法国、芬兰、荷兰、挪威和瑞典推出向股票基金提供担保的措施（一般占基金总额的 50% 左右），鼓励他们向中小企业投资②。

英国对年收入不足 30 万英镑的法人企业所得由 33% 的基本税率降至 25% 征收（比大中型企业低 10 个百分点），对年销售额不足 3500 英镑的企业免除增值税。英国政府 1983 年实施了 5 项促进中小企业发展的税收鼓励措施：（1）规定中小企业投资者收入的 60% 可以免所得税，每年免税的最高额为 4 万英镑；（2）公司税率从 38% 降到 30%；（3）将法人税的税率（42%）的起征点从 4 万英镑提升到 5 万英镑；（4）印花税从 2% 削减到 1%，起征点从 2.5 万英镑提高到 3 万英镑；（5）取消投资者收益附加税和国民保险附加税③。1999 年，中小企业的法人所得税从原来的基本税率降至 25% 消减到 20%；2000 年，中小企业利润的纳税起点也由原来的 4 万英镑提高至 5 万英镑，并对企业的科研和开发投入实行税收减免，延长对企业生产性投资的税收减免期限；处于初创期的中小企业，废除了预缴所得税、降低了投资收益所得税④。

法国政府规定 1977 年 1 月 1 日以后设立的中小企业，国家减免企业所得税 3 年；1983 ~ 1986 年设立的中小企业，实行三免两减税收优惠；对新建的、职工在 150 人以下、年营业额在 3000 万法郎以内的中小企业，

———————————

　①　于海峰. 欧盟与中国支持中小企业技术创新财税政策的比较研究 [J]. 税务研究，2009 (11).

　②　张远鹏. 欧盟中小企业政策措施的新发展 [J]. 外国经济与管理，2001 (07)：33 - 35.

　③　范柏乃、沈荣芳. 发达国家发展中小企业的政策措施 [J]. 经济管理，2000 (5).

　④　孔德兰等. 基于发展方式转变的中小企业金融支持体系研究 [M]. 北京：中国金融出版社，2012 (10).

前 3 年全部免税，第 4 年和第 5 年免税 50%[①]；同时对新建企业的固定资产折旧率，由 10% 提高至 20%，对在高失业率地区雇员人数在 50 人以下的小企业还可以减免所得税或公司税；将中小企业税率从 30% 降至 19%；中小企业的承继税可缓缴 5 年、减免部分出口税，凡雇员达到或超过 10 人的中小企业在 5 年内可以逐步减轻运输税和建筑税；法国《技术开发投资税收优惠制度》规定，凡研发投资比上年增加的企业，均可减免投资额 50% 的企业所得税、最高限额 800 万法郎；对中小企业专利、可获专利的发明或工业生产方法等无形资产投资所获利润等增值额推迟 5 年征税；中小企业为提高产品质量、改进技术工艺提出首次咨询申请的，政府资助 80% 的咨询费用[②]。法国于 2001 年率先实施了一项名为专利盒（patent box）的税收优惠制度，规定对企业从专利或专利产品的商品化过程中取得的收入减免部分税收。专利盒制度是对转让知识产权（IP）产生的所得提供税收优惠，侧重于研发之后的商业活动，增强创新成果的商业化应用水平。目前法国对符合条件的知识产权项目转让与商品化收入适用 15% 的优惠税率，远低于普通商品或服务适用的 33.10% ~ 38.00% 的一般税率。截至 2014 年底，已有包括英国、荷兰、西班牙等在内的 12 个国家都先后实施了内容相似的专利盒制度，在客观上促进了这些国家的技术创新和技术成果商品化的发展[③]。

意大利对于法律规定的中小企业创新投资，自 20 世纪 90 年代起提供相当于投资额 25% 或 20% 的税收优惠（增值税除外），每个企业享受的最高额不超过 4.5 亿里拉；对于将一部分利润用于研发投资的科技型中小企业，可享受免税待遇，其免税额相当于研究投资利润额的 30%，但每个企业享受此项优惠总额不得超过 5 亿里拉[④]。

日本政府激励企业技术创新也采用了税收优惠政策。为鼓励企业购置或更新研发设备，日本政府制定了研发设备折旧优惠制度，1952 年税法规定，试验研究中使用的机械设备实行高于正常折旧率的折旧扣除；1956 年，日本政府规定，企业因技术研发需要购进日本国内难以生产的高性能机械设备，进口环节免征关税；企业因技术研发购进的原材料、机器和电子设备、高级机器人等发生的支出，其 7% 的部分可直接抵免当年应纳所

① 范柏乃、沈荣芳. 发达国家发展中小企业的政策措施 [J]. 经济管理，2000 (5).

②④ 于海峰. 欧盟与中国支持中小企业技术创新财税政策的比较研究 [J]. 税务研究，2009 (11).

③ 王鸿貌、杨丽薇. 欧洲十二国专利盒制度的比较与借鉴 [J]. 知识产权，2016 (4)：108.

得税额。1958年进一步专门制定了高新技术企业机械设备加速折旧制度；对研发设备实行抵免税制度，如规定重大技术研发使用的设备，其买价的70%可以直接抵免当年应纳所得税额；总资产超过10亿日元的高新技术产业区内企业，因研发活动购入的固定资产，除按正常方法折旧外，第一年还可按购置成本加提特别折旧；对某些特定产业，加提的特别折旧率高达55%；如属于国家认定的重点产业，企业购入的技术设备在第一年可折旧其购入成本的一半；对符合政策要求的中小企业实行特别减免税；日本1963年制定的《中小企业基本法》规定，对研究开发型中小企业给予特别的税收优惠①。自20世纪80年代起，联合集团化的中小企业集群可享受远低于法人税率的优惠税率；科技型中小企业进行技术更新改造购入的设备，在正常折旧的基础上，第一年可按买价的30%计提特别折旧；1985年，日本政府制定的《加强中小企业技术基础税制》法案规定，科技型中小企业技术研发的6%可以直接抵免应纳所得税额，但上限为公司所得税的15%；企业当年发生的技术开发支出超过上年的部分，其增加额的70%减免所得税；企业转让专利技术所得的18%不计入应纳税所得额；当年实验研究费超过历史最高水平时，其增加部分的20%可以抵免当年应纳税额；为鼓励生物科技的研发，日本税法规定，对1985年至2000年期间新购置的机械设备，3年内免征1/3的地方税；为加速技术研发成果的商业化转换，规定对于创业投资企业初期发生的损失，可以在以后三年结转弥补亏损后再计算缴纳所得税。日本对于中小企业实行低税率法人税（税率为22%而非普通法人税30%）；允许中小企业从利润中提取16%的公积用于投资扩张；中小企业进行设备现代化改造，可实行特别折旧；新兴产业的设备折旧期限缩短至4~5年②。

韩国1972年《技术开发促进法》规定，企业可根据所属行业提取3%~5%的技术开发准备金，并允许在3年内用于技术研发与技术引进等③。企业研发设备投资额的5%享受税前扣除，采购国产设备的扣除比例为10%；技术和人才开发培养费的5%可在税前扣除（中小企业的扣除比例为15%）；当年技术与人才开发支出超过前两年均值的部分给予50%扣除；企业因技术研发从国外进口所需设备等物品，免征进口环节关税和

————————
① 徐希燕等. 科技型小微企业政策研究［M］. 北京：中国社会科学出版社，2014（12）.
② 孔德兰等. 基于发展方式转变的中小企业金融支持体系研究［M］. 北京：中国金融出版社，2012（10）.
③ 杨志安. 韩国技术创新的税收政策及启示［J］. 税务研究，2004（1）：58–61.

特别消费税。为促进科技成果转化，对企业发生新技术应用资产投资实行税前扣除和加速折旧制度，企业资产投资的 3% 可在税前扣除，采购国产设备的扣除比例为 10%；且购置设备的 30% 可以采用加速折旧政策（采购国产设备的加速折旧比例为 50%）；转让专利、技术和新工艺取得的收入，减免个人所得税和企业所得税（转让给国内个人和企业，全额减免；转让给外国企业或个人，减半征收）。对于初次进入市场的技术开发产品，暂免征收特别消费税；对于政府认定的技术密集型中小企业，其初创期给予税收减免；风险投资取得的红利收入按照 20% 的税率征收所得税，风险投资转让其股份产生的投资收益免征所得税。韩国政府对处于技术创新阶段的企业给予税收优惠，主要表现为实施激励企业技术创新的优惠措施。1996 年颁布的《中小企业创业支援法》明确韩国政府所提供的中小企业税收优惠主要包括：（1）新创办企业实行"三免两减半"所得税优惠；地区中小企业的创业者减免所得税、财产税及注册税；购进机器设备按购进额的 30% 抵免所得税。（2）实施技术开发准备金制度。政府允许不同类型的企业提取不同比例的收入作为技术开发准备金，允许企业将所提取的技术开发准备金计入成本，并予以免税；对因债务人拖欠债务而陷入困境的中小企业，提供一定比例的税收减免，在其为偿还金融机构负债目的而转让不动产免征让渡所得税、特别附加税①。（3）制定鼓励科技成果转化的税收政策。根据韩国的《租税特例限制法》，政府对于申请专利或实用新型技术或自我开发的技术工艺的所得，给予全额或部分免征个人所得税或法人所得税的待遇；政府对于处于市场开发适应期的技术转让产品，给予减免特别消费税的优惠待遇。（4）给予新技术开发与引进、技术及人才开发费税金减免。政府对于企业支付的技术及人才开发费，按纳税年度给予一定比例的法人税或所得税减免。政府对于国内不能生产只能进口的试验研究用物品实施免除消费税的税收优惠②。

我国香港特别行政区行政长官林郑月娥表示，由于具备法治完善、资本自由、税制简单等条件，香港向来是全球公认最具竞争力及自由度的经济体之一，香港一向奉行简单低税制，按地域来源征税，并以直接税为主，香港特区政府即将推出的 2018 年"两级制利得税"改革，可减轻中小企业及初创企业税务负担，将企业前 200 万港元利润的利得税率由原来

---

① 孔德兰等. 基于发展方式转变的中小企业金融支持体系研究 ［M］. 北京：中国金融出版社，2012（10）.

② 曹玲. 韩国企业技术创新体系建设及其启示 ［J］. 技术经济，2012（8）：70 - 74.

的 16.5% 降至 8.25%，即利得税的一半，其后的利润则继续按照标准税率 16.5% 扣税；亦会为投资研发的公司减免税务、鼓励投资①。

6.1.6　搭建产学研协作平台，纳入政府采购体系

美国是产学研合作的发源地，出现过多种不同的产学研合作模式，代表性的有：科技工业园模式、企业孵化器模式等。在美国，科技工业园的主要功能是在大学、研究机构和企业之间建立一个技术转让、技术交流的平台，加快大学高技术成果形成专利并向产品转化；高校是美国产学研合作模式中的主角，是科技创新的源头，如仅 2003 年斯坦福大学即提交了 300 多件专利申请，由斯坦福大学科技成果转化而诞生的世界知名企业有惠普、雅虎和谷歌等（徐希燕等，2014）。联邦政府有 10 个机构的研发预算超 1 亿美元，美国国会于 1982 年颁布的《小企业技术创新发展法案》规定，联邦机构有义务将研发外包的一定比率分配给小企业；1982 年，推出的"小企业技术创新研究计划（Small Business Innovation Research Program，SBIR）"，将其授予小企业的研究与开发经费逐年提高至预算总额的 1.3%，为获得政府立项中标的中小企业提供研发资助；与此同时，依据《小企业技术创新发展法案》实施的小企业技术转移计划（STTR），该计划旨在通过联邦基金的运作，推动研究机构和小企业以项目方式直接合作；筹措技术开发经费、资助研究开发项目；政府通过拨款在大学设立小企业综合指导中心开展产学研结合研究工作。1988 年实施了旨在资助技术研发的先进技术计划（ATP），鼓励企业、高校和研究机构的产学研结合；同年推出的旨在提升制造业技术水平、加快科技型小制造企业技术应用等制造业合作伙伴计划（MEP），组织 1600 多名制造业专家、在全美 443 个地区建立了 59 个服务机构。美国小企业管理局（SBA）下设政府采购部，保证中小企业在政府采购中占有一定比例②，美国法律规定有义务从中小企业进行采购；美国法律规定，联邦政府采购合同份额的 23% 必须给予小企业，并要求大企业将政府采购合同份额的 20% 转包给小企业。SBA 还通过"搁置购买""拆散购买"及提供"能力认证证书"等措施，努力为小企业从联邦政府的采购计划中获得合理份额的商品和劳务合同。如 2006 ～

① 陈然. 香港税改：为经济注入新动力. 人民日报（港澳在线），http：//paper. people. com. cn/rmrb/html/2017 – 09/28/nw. D110000renmrb_20170928_1 – 18. htm
② 徐希燕等. 科技型小微企业政策研究［M］. 北京：中国社会科学出版社，2014（12）.

2008 年度美国小企业获得政府采购合同金额分别为 777 亿美元、833 亿美元、933 亿美元。值得指出的是，美国作为联邦制国家，当联邦立法与地方立法发生冲突时，在当地适用的还是地方法律，比如洛杉矶郡政府的政府采购政策规定，凡涉及联邦政府采购合同的，须按照《联邦政府采购法》的规定，将合同总额的 23% 以上授予一般小型企业，而其余合同按照当地规定仅要求 10% 以上份额授予小企业[①]。

加拿大联邦政府为中小企业提供多方位的技术支持：一是联邦企业发展银行聘请了 1300 名专业技术人员，担任中小企业会计、市场、生产和人事管理顾问；二是组织召开会计、纳税、金融、技术开发、市场营销等方面的管理学术研讨会或咨询会，中小企业可以免费随时或定期参加；三是在社区学院及其他的教育中心开设培训班；四是为企业开展战略服务（范柏乃、沈荣芳，2000）。联邦政府和省政府对技术革新的支持，还表现为十分重视大学、研究单位和企业、市场之间的联系，为其牵线搭桥。政府在各部门和各地区普遍建立和健全技术开发机构，各种技术中心是促进技术发展的有力组织形式。各中心均集中一批技术人员和研究设备，进行研究与现场服务。2004 年加拿大联邦预算专门拨出 2.5 亿加元给加拿大商业发展银行，加强其风险投资，并要求该行拿出实施种子基金和风险投资运作的详细计划，5000 万加元直接投资初创期的创新企业，进一步支持技术的商业化（赵文成，2010）。加拿大制定了鼓励企业从事科学研究和技术开发活动的税制，促进科研成果的推广应用与商业化，制定研发减税等扶持政策。设立加拿大创新基金，旨在增强高等院校、研究型医院以及其他非营利机构开展世界级研究和技术开发的能力。科技活动可分为研发及相关科学活动（RSA）两类；近年来，加拿大政府对高校的研发投入逐渐增加，越来越重视高校研发工作，注重加强政府部门与高校之间的科研合作活动。此外，科研经费逐渐向拨款机构倾斜，旨在加强跨学科、跨领域、跨部门合作（赵文成，2010）。

德国自 20 世纪 70 年代开始，先后制定了 5 次技术革新资助计划，对科技型中小企业高科技项目予以倾斜性资金扶持，进一步提升了科技型中小企业的核心竞争力。德国特别重视企业与高等院校等科研机构等合作，政府建设产学结合等高科技园区；重视理论知识的实际应用，规定工程技

---

① 龙小燕，景婉博. 美，日促进中小企业发展的财税政策比较研究 [J]. 中国财经信息资料. 2013（1）28（33）：42－7；王铁山，冯宗宪. 政府采购对产品自主创新的激励机制研究 [J]. 科学学与科学技术管理，2008，29（8）：126－130.

术专业博士在企业工作七年后可申请大学教授；为提升科技型中小企业技术创新能力，德国政府鼓励中小企业积极参与高校等科研机构的研发项目，或者推动中小企业与高校等科研机构合作开展研发活动，从而加速科技成果的转化。自1995年开始实行资本参与计划，专项拨款加强产学研联合研究，针对研究开发人员的继续教育实行补助，为具有高科技含量中小企业的创业创新活动化解风险，通过成立专门的科技成果转让机构，推动科研成果迅速向生产力转化。于1999年启动促进创新网络计划（In-noNet），旨在促进知识向科技型中小企业转移，推动竞争前的研究合作，鼓励德国研究机构和高校的研究成果更多地面向中小企业的实际需求，项目的资助申请至少要有四家企业和两个研究机构参与，联邦经济技术部最多可提供项目90%的资助，参加企业承担至少10%的费用（徐希燕等，2014）。德国弗朗霍夫协会是德国乃至欧洲最大的应用科学研究机构，下属58个研究所，对德国中小企业技术开发和新产品试制发挥了极为重要的作用；慕尼黑工业技术大学等高校集中开设工业工程和自然科学专业课程，为德国制造业的技术创新培养了大量人才。

欧盟在产学研合作领域进行了许多尝试，出台的政策包括促进产业界、学术研究单位研究和培训的联系；促进大学创办的公司发展；促进大学与公立研究机构科技成果的转化、开展示范项目等。欧盟于1983年推出了首个促进企业技术创新计划，1989年更发展为创新与技术转移战略计划（SPRIN），旨在促进成员国在信息网络、企业技术创新等方面展开交流与合作。同时，于1989年实施了旨在加强工业技术开发和使用科技成果的VALUE计划，特设探索奖和技术交流奖，以鼓励中小企业积极利用科研成果。1994年，欧盟将上述计划纳入1994～1998第四个总体研究规划，对于中小企业间的合作，自项目建议书起草时的市场调研、项目可行性研究、寻找合作伙伴等所需的调研费用，欧盟可提供部分补贴；建立一种合作研究机制，使缺少必要研究能力的中小企业可有效利用其他科研机构、大专院校完成部分甚至全部的研发工作。许多大公司和企业联合会在确定本公司、本企业的科研任务或制定科研计划时都邀请高校参与协作，从而使高校与企业界优势互补，共同来发展科技产业，促进经济腾飞。欧盟通过实施有效的政府采购政策来促进中小企业对科技研发的投入、激励企业的创新活动，提高核心竞争力以保持技术领先地位，规定公共部门在中小企业采购时，支付期间不能超过60天。

英国依靠贸易工业部（Department of Trade and Industry，DTI）管辖、

成立于 2000 年 12 月的小企业服务局（Small Firms Service）为中小企业提供政府采购相关信息和建议。英国政府于 2009 年重启了小企业研究计划，新计划鼓励政府部门与公共机构通过分阶段的开发计划，采购具有可控风险的新技术。

利用公共采购为杠杆、通过与企业签订采购合同、利用公共资金支持正在开发和创新技术的小企业。小企业研究计划由技术战略委员会管理，后者通过网站公布政府部门的采购计划、向企业广泛征集，可为创新型企业提供商业机会、也可满足政府部门的采购需求；企业参与小企业研究计划，政府部门作为其新技术的先期用户，通过签订合同由政府部门承担技术可行性示范的全部费用，成为新技术市场化的有效途径，对中小企业和初创企业而言尤为重要（徐希燕等，2014）。为进一步利用公共采购推动创新，英国政府提出要增加面向小企业的公共采购，规定 25% 的政府合同要与中小企业签订；建立网站（supply2. gov. uk），专门向小企业宣传较小数额（10 万英镑以下）的公共部门采购机会（黄军英，2012）①。英国对员工不足 500 人的企业开展新产品和新工艺的研究开发项目实行补贴制度。英国政府以项目为载体，促进大学与企业的合作，通过设立高校创新基金和科技创新园等方式，促进企业创新。

法国政府针对困难的中小企业创办者和经营者进行重点资助，并在政府工业部设立中小企业发展局，具体制定扶持中小企业的发展规划；设立科技型中小企业技术创新推广专门基金，鼓励科技型中小企业加强技术研发与运用；设立国家科研推广局，向科技型中小企业提供科研贷款和可高达投资额 70% 的技术开发津贴。法国科技协作行动计划支持由一个单位牵头，组织公共研究机构、大学实验室、或私营研究机构合作或与大型企业的科研中心联合，设立无隔离墙的科研机构。

意大利为支持中小企业技术创新，吸收科技人员开展合作研究，1997年，意大利政府出台了"税款信用"，即国家不以资金形式支持企业的科技活动，而是根据企业在科研和技术创新方面的经费开支按一定比例在企业应缴税款中扣除。根据企业规模大小分别给予不同力度的支持（赵颖、戴淑芬，2005）。意大利政府为了支持中小企业科技开发活动，解决中小企业科技人才短缺的问题，特提出攻读博士学位的人员，如果与中小企业签订雇用合同，政府可提供 60% 的奖学金。

---

① 黄军英. 后危机时代英国政府的科技与创新政策［J］. 中国科技论坛，2012（4）.

日本国家创新体系建设中，政府发挥了核心作用，其成功之处在于由政府主导的"产学研"合作创新模式。日本政府在全国各地设立了200多个公立试验机构，通过可行性研究与实验，对中小企业所存在的问题提出改进建议，籍以提升中小企业的技术水平。1992年推行确保中小企业技术开发的劳动力对策，创办国际技术创造研究；同时，开办技术交流市场，支持中小企业技术交流与合作。日本政府通过产学研国家创新模式构建国家创新体系战略获得了全球的普遍认可：在1975～1985年日本政府组织的大规模集成电路研究中，政府补贴5.91亿美元，占全部项目研究经费的22%，在政府主导的产学研合作模式引导下，日本的半导体制造企业都积极参与了项目研究，最终取得了1000多项专利；1979～1988年的光电子生物技术、1981～1991年第五代计算机技术、1983～1988年的语音识别分析系统、1985～1995年的生物计算机技术等重大科技攻关项目均是在日本政府组织的产学研合作创新下实现的；据统计，从1982～1992年的10年间，日本研制的70%新产品是产学研合作创新的结果。日本实施《促进中小企业技术开发临时措施法》，对都、道、府、县等地方政府知事认定的研发项目的中小企业及其创业者，实行财政补贴和融资、税收等优惠；都、道、府、县推行中小企业技术人员研修制度；对国家研究机构和公立实验机构面向中小企业技术开发的给予指导支持。自20世纪70年代起，日本开始从引进消化国外先进技术向自主科技研发转变。1980年3月，日本通产省发布《80年代通商产业政策构想》，提出将科技创新作为国家发展战略，强调日本要发展基础研究和原创技术。1993年，为鼓励产学研合作创新的开展，日本政府税法规定，若企业与大学等科研院所开展基础性科学技术领域的研发活动，企业发生的研发支出可享受税收减免；科技型中小企业用于职工教育和培训支出，可以在计算交纳所得税时全额扣除。

韩国政府提供财政支持，鼓励产学研各界建立合作研究体系，共同为研究与开发项目中出现的技术难题寻找解决方法（见国家计委高技术产业发展司，2001）。自20世纪80年代后期，韩国开始制定法律法规以促进和支持产学研各方建立合作研发关系；先后于1994年和1997年颁布《合作研究开发促进法》和《科学技术革新特别法》，对产学研开展的联合研究开发活动优先提供研究经费、投资意见、法律咨询、研究设施和信息，确定和介绍潜在商业伙伴、协助获得政府批文等方面支持（李伟铭、李春燕，2011）。在政府的推动下，韩国中小企业进一步加强了与产业、科研机构、政府的技术创新合作，主要采取共同研究、技术指导、技术人员培训、关键技术信息共享、专利使用等形式进行一体化合作。韩国还设立了研究开发信息中心作为国家科技信息中心，旨在整合科研力量、提高企业研发效率并加速科技成果转化。目前该中心在提供国内外科研动向、各产业技术发展状况、最新技术成果等信息方面发挥了巨大作用。韩国企业进行产学研协同创新所采取的主要形式有：（1）建设以大学为中心的工业、学校合作研究园区，集科技开发、教育、生产于一体，促进产学合作研究活动的开展和研究成果的转化；1996年，为加强大学研究开发活动和研究机构联系，在全国各地设立科技园区。（2）制定和设立科学研究中心、工程研究中心和地区合作研究中心，旨在促进基础研究、跨区域与学科的合作研究。（3）建立地区合作开发支援团，加速地方的高新技术产业化。当然，无论采取哪种形式实现产学研合作研究，活动的重点都在于：充分发挥各研究型大学、科学技术研究院的人才基地作用，通过合作研究参与方的共同努力，逐步形成大学与研究院的技术创新体系（曹玲，2012）。韩国于1995年颁布了《政府作为采购合同一方当事人的法令》，规定政府采购的基本原则和基本程序，并规定了集中和分散相结合的采购制度与管理体制，建立相应的申诉处理机制。强调政府以采购方式介入科技型中小企业的初期发展，能够有效降低创新的风险、增强投资者信心，从而影响对科技型中小企业产业的资本投资行为（李伟铭、李春燕，2011）。

我国香港特区政府通过香港工业科技中心举办"企业培育计划"，为新成立的科技型中小企业提供低成本的办公场所、在管理、市场推广、财务、基础设施和技术研发等方面提供支持，帮助其度过高风险的创业初期。

6.1.7 推行以创业促进就业等相关扶持政策措施

美国政府认为，高技术产业发展的国际竞争力对劳动力素质的依赖性越来越明显，知识、信息和技术能力正在成为决定就业机会和财富的关键因素；先进的信息、通信和制造技术，正在创造以知识为基础的新经济，需要具有收集、处理和分析信息能力的高素质人才。为此，美国政府出台了一系列政策，包括"国民服务计划""贷款改革计划""终身学习计划"和"再培训计划"等（李伟铭、李春燕，2011）。小企业管理局（SBA）组织大批退休专家和专业技术人员长期坚持为小企业提供专业性、学术性帮助，开展科技与商业咨询；通过商会、大专院校贸易协会和职业教育主办各种研修、远程培训、经营咨询及与经营相关的研讨会；提供技术、营销、决策管理等相关培训；通过其官网（http//：www. sba. gov）向中小企业提供政策法规、市场行情、服务网络等信息；更可便捷地链接到其他相关政府机构、银行系统和遍布各地的小企业服务中心，完成企业资格认证、纳税申报、申请贷款、政府采购竞标、获得技术支持等；由其开发维护的美国商业资讯（US Business Advisor）、贸易网（Trade NET）为中小企业免费提供信息服务。2001 年，所有办事机构全部实现宽带上网；并把推动中小企业上网列入重要的议事日程，开设网上教室、选定合格技术公司为合作伙伴，为中小企业开展信息化提供相关咨询服务；美国参议院小企业委员会通过其官网（http//：www. senate. gov/sbc）进行立法调查、接受立法建议，为中小企业提供及时便捷的创业法律资讯。

　　加拿大工业部于 2002 年提出了加拿大的创新战略，加大科技投入，加强创新实体的创新能力建设；加强决策咨询，促进科学决策；加强政府部门间的协调，加强拨款机构间的合作，努力提高工作效率和经费使用效率；加强各创新实体之间的协调和合作，提高创新效率；大力支持交叉学科和新兴学科研究；支持小型大学、社区研究机构的创新活动，鼓励全民创新；重视社会科学和人文研究在国家创新体系建设中的作用；建设科技项目信息系统，建立国家科学、技术和医学信息网络。加拿大政府主要通过公共信息服务、提供税收和融资支持、科技创新支持、出口支持、解决年轻人的就业等对中小企业予以支持；服务方式包括免费培训、政策讲座、网站服务等多种。例如，安大略省小企业厅更是积极推进简化办事程序、减轻小企业的负担，方便中小企业与政府沟通。为促进区域经济发展和解决地区间经济发展不平衡问题，加拿大联邦政府设立了 4 个由联邦工业部负责管理的区域经济发展部，实施了特定行业中小企业贷款担保计划、微型企业贷款担保计划和社区创办小企业贷款担保计划在内的中小企业区域担保计划，通常由担保机构选择协作银行（包括商业银行和信用合作社等中小金融机构）并实施授信管理；担保机构将担保资金存入协助银行，银行按 5 倍向企业发放担保贷款；发生担保贷款损失时，担保机构和银行分别承担 80% 和 20% 的损失；担保机构经审查后由担保资金账户直接划给银行①。

---

　　① 　苏哲. 加拿大鼓励和保护企业技术创新及知识产权的相关政策措施［J］. 全球科技经济瞭望，2006（9）：24 – 26.

德国在 1992～2002 年资助东部中小企业吸引高科技人才，规定在一定期限内，企业每聘用一名研发人员，人员开支的 60% 由政府补贴（徐希燕等，2014）。德国制定的《职工技术培训法》规定，青年人必须参加技术培训会，企业有义务提供青年工人技术培训的岗位。对开设职工培训的企业，政府给予资助。政府在各州设立跨行业的培训中心，采取脱产、半脱产、业余培训等多种方式，为中小企业培养各类专门人才（刘合生，2012）。德国政府高度重视科技型中小企业的成长，重视对高失业人群所创办的中小企业的扶持，着眼点在于扩大就业（徐希燕等，2014）。

欧盟设立专为中小企业服务的中小企业全球信息网（www. gin. ipa. go. jp），下设企业之窗，为中小企业提供信息服务。中小企业借此可了解欧盟乃至国际市场变化、寻找商机，向欧盟委员会反映所遭遇的困难；企业合作网（BCNET）专为中小企业提供物色合作伙伴的服务。为促进就业，在欧盟层面，推出中小企业贷款便利（The SMEs Facility）计划，对创造就业的中小企业提供补助贷款。从 1994 年 9 月开始，10 亿欧元的总贷款已经被全部分配给了 4435 家中小企业，并且创造了 45000 多个工作机会；1996 年设立"欧洲就业贷款保险"计划，欧盟将承担欧洲投资基金提供担保的保险费支出；对小企业（雇员少于 50 人）和跨国项目将给予特别优惠，该计划预算为 10 亿欧元，创造了 3 万个就业机会（张远鹏，2001）。采用多种方式为中小企业培养人才，如由政府买单、向企业派驻高级专业人才，出台政策鼓励博士到企业工作，实行股份与股票期权激励机制吸引高科技人才。

英国对失业者开设新公司，实施相当于失业救济金的补贴；英国政府成立中小企业服务局，在帮助新建中小企业熟悉和遵循监管法规、提供贷款担保和国外市场信息以及如何采用先进经营手段等方面提供多方面专业化服务（孔德兰等，2012）；设立专为中小企业服务的网站（www. enterprisezone. com）为中小企业提供信息服务。英国教育部规定，学校必须在学生毕业以前要求学生在小公司进行 15 个星期的商业培训，以此改变就业观念；设立"技术与出口"女王奖，授予英国工业和技术杰出贡献者（池仁勇、汤临佳，2013）。

法国政府为小企业主负担企业第一年 50% 的专业人才聘用费用。法国政府从 1982 年开始实行"电子行业活动计划"，1985 年开始实行"全民信息计划"以及"尤里卡计划"，重点扶持高技术产业中的科技型中小企业；1995 年，法国政府推出了"振兴中小企业计划"；1996 年，法国国民议会通过了旨在维护中小企业利益的相关立法；1997 年，实施简化对中小企业行政管理的 37 项具体措施；设立专门传播技术信息网络，组织研究机构为中小企业提供新思路、介绍新技术，帮助其进行技术评估与鉴定，开发新产品和新工艺，介绍技术人员和工程师，进行技术和管理人员知识更新，促进研究所与中小企业合作（朱松、高明华，2016）。

意大利全国有 70 多个中小企业专业化区。在每个专业化区内，中小企业间实行着严密的分工协作，其主要形式有：以一家大企业或中型企业为龙头，周围众多的小企业为之供应零件或从事一道工序的加工的卫星式；无形大工厂式；分散生产、使用统一商标、集中销售方式（戎殿新，1996）。

日本从三个方面加强中小企业的人才培养工作：一是建立中小企业诊断指导制度，在各地成立中小企业指导机构，应中小企业经营者的请求，由中小企业诊断师对企业的经营管理现状进行诊断，帮助其发现和解决问题；二是政府出资创办中小企业大学，实行非学历教育，服务中小企业经营管理者、各地政府机构中小企业指导员、中小企业团体成员及创业者；三是利用各种社会力量，如中小企业政策审议会、中小企业事业团、商公会、中小企业协会等为中小企业培养人才与技术骨干（刘合生，2012），日本在都、道、府、县建立中小企业技术人员研修制度，为中小企业技术人员提供进修和培训（徐希燕等，2014）。培训班原则上脱产学习，学员需要在中小企业大学住宿，旨在促进不同行业中小企业经营者进行交流与信息交换。日本实施《中小企业劳动力确保法》，对采取改善劳动环境、充实劳动福利措施的中小企业以及进入新领域和新创业的中小企业，实行财政补贴、低息贷款和减免税收等措施；向各地中小企业支持机构提供资金，协助其建立门户网站、利用跨区信息网络，为中小企业提供经营、技术创新等资讯服务。

韩国中小企业厅制订了多种计划支持中小企业发展，其一，企业孵化器（BI）中心计划，通过下设中小企业振兴公团（SMIPC），专门开办了一个小企业培训学院，一方面为有兴趣创业的人群提供与新办企业有关的专门信息、培训和建议；另一方面，该学院培训的专业人员将帮助中小企业改善工作环境和更新技能以提高企业的生产力，学院提供全方位的技术与管理课程，鼓励中小企业增强研发能力；其二，技术企业孵化器（TBI）中心计划，在韩国产业技术研究院和九个地区代表性大学设立了 10 个技术企业孵化器（TBI）中心，支持拥有新技术的教授、研究人员和专家进驻。

我国香港特区政府工贸署中小企业办公室成立了中小企业咨询中心及网上资讯中心，联络并组织政府部门、工业支援部门、工商团体、大专院校为中小企业提供有针对性的服务，以"一站式"理念提供相关资料，详细介绍各行业在香港经商所需资质、牌照、许可证等申领手续；工贸署在2001年推出了一项旨在为中小企业提供专家式辅导与帮助的"中小企业经商友导试验计划"；香港贸易发展局每年在世界各地举办300多项贸易拓展活动，帮助企业寻找商机；特区政府致力于为中小企业提供适当受训人才，帮助中小企业开发、培育和发展新的人力资源，通过在基础教育上投放大量资源，加快实施一连串的配套政策，以提升当地中小企业人才素质（朱松、高明华，2016）。

6.2 发达国家和地区政府扶持科技型中小企业成长的启示与借鉴

6.2.1 立法保障中小企业的合法权益与创新成长机会

完善的立法与严格的执法是中小企业发展的基础（袁红林，2010）。许多国家（地区）都通过立法对中小企业技术创新实施政策支持，并在法令中阐明中小企业支持政策的目标。综上所述，发达国家高度重视立法保护中小企业的成长环境，始终坚持保护和扶持的立法理念；立法体系以确保自由竞争的市场环境为重点，限制过度垄断行为，保障众多的科技型中小企业在激烈的市场竞争中的合法利益与地位；同时，发达国家和地区通过建立完善的科技型中小企业法律体系保证政策和具体措施的有效实施，在促进科技型中小企业技术创新方面发挥了重要的作用，有力地推动了科技型中小企业的成长与发展。

从我国经济发展的情况来看，中小企业数量巨大，遍及国民经济的各个行业、领域及城乡各地。随着我国经济的快速健康发展，科技型中小企业在国民经济中的地位和作用将显得更加重要，更应当将促进中小企业技术创新、缓解科技型中小企业融资难和开拓国际市场作为财政政策的立足点和出发点，通过促进我国中小企业技术创新、产业升级、市场开拓和扩大就业，提升科技型中小企业的综合素质和竞争力，促进经济发展方式转变。这既是保持我国经济平稳较快发展的需要，也是扩大社会就业的有效途径。2017 年 6 月 27 日是联合国确定的首个"中小微企业日"，我国人大常委会分组审议了《中华人民共和国中小企业促进法（修订草案）》，2017 年 9 月 1 日第十二届全国人民代表大会常务委员会第二十九次会议修订，明确了税收优惠、解决融资困难、降低创办成本等多项规定，旨在进一步为中小企业减负、以促进其健康发展。应当说，我国已在科技型中小企业扶持方面有很健全的立法和法律体系，国家制定的相关扶持政策不应只是挂在墙上、停留于口头上，如何让相关法规更配套、更持续有效地实施，使其发挥净化市场、规范运作、保驾护航、引领带动等作用，还需要深入思考。

6.2.2 构建统一协调的政府宏观管理和技术指导体系

前已述及，发达国家和地区都设立了专门的、协调统一的政府宏观管理机构与技术指导体系，使得政府的鼓励与扶持效果明显、作用巨大，科技型中小企业均得到了蓬勃发展和壮大。

长期以来，我国实行按所有制和行业对中小企业宏观管理与指导监督，国家发改委、工业与信息化部、经贸委、科技部等都设有中小企业相关管理指导机构，貌似很重视中小企业的成长与发展，然而，在科技型中小企业的管理体系上仍然存在着：职能定位不科学、机构重叠、政出多门、多头管理、效率低下、不当干预、相互扯皮打架等问题，严重影响和制约了中小企业的发展。我国《促进法》（2017）第五条规定："国务院制定促进中小企业发展政策，建立中小企业促进工作协调机制，统筹全国中小企业促进工作。国务院负责中小企业促进工作综合管理的部门组织实施促进中小企业发展政策，对中小企业促进工作进行宏观指导、综合协调和监督检查。国务院有关部门根据国家促进中小企业发展政策，在各自职责范围内负责中小企业促进工作"。笔者认为，在此问题上，可以考虑借鉴美国的做法，应当单独设立专门直属于中央政府的专职中小企业管理机构，负责履行对中小企业事务的管理职责，做好统筹规划、完善法律制度、强化指导监督、提供咨询服务，甚至可以考虑赋予科技型中小企业管理机构为中小企业提供融资管理与服务的功能。

6.2.3 重视对科技型中小企业的融资支持与政策引导

资金短缺是制约科技型中小企业技术创新成长的主要因素，发达国家和地区重视采取措施为中小企业提供资金支持，积极建立完善的担保体系和发挥多元化融资渠道的作用，努力解决中小企业融资难问题。一般而言，政府对科技型中小企业的直接资金扶持包括：税收优惠、财政补贴、贷款援助、政府基金等；间接的政策扶持：担保、风险资本（对投资公司的支持、政策引导）、资本市场（中小板块、创业板）等政策性倾斜。即便在市场化程度高的美国等西方发达市场经济国家，对科技型中小企业也实行了力度极大的财政扶持政策；在扶持方向上，主要以激励小企业技术创新、帮助小企业解决融资困难和开拓国际市场作为政策取向。

借鉴美国等发达国家与地区支持科技型中小企业融资的经验，可考虑重点从以下两个方面加以突破：一是完善中小企业贷款担保体系。众所周知，银行等金融机构出于风险防范的考虑，一般将担保作为向中小企业发放贷款的重要条件。为充分发挥财政资金四两拨千斤的政策引导作用，增强科技型中小企业的信用度和获取银行贷款的能力，中央财政可以通过安排科技型中小企业担保机构补助资金，对担保机构开展的科技型中小企业贷款担保业务给予一定的鼓励和引导；同时，适应我国科技型中小企业担保市场发展的要求，尽快研究建立再担保体系，发挥再担保机构增信、分险等功能，为担保公司创造良好的生存和发展环境。二是鼓励发展创业型投资。采取无偿资助及股权投资等方式，建立政策性的创业投资基金和科技创业投资公司，引导创业投资机构支持初创期科技型中小企业创业和技术创新，鼓励创业资本增加对种子期、起步期科技型中小企业的投资，以弥补市场失灵，推动科技创新和科技成果转化。政府通过支持和引导，构建多层次、多元化的中小企业金融服务体系，政府通常从建立信用担保体系、成立政策性金融机构、出资设立风险（创业）投资机构和引导基金来吸引社会资本支持企业创业等方面，为中小企业融资提供资金保证。间接融资是中小企业融资的主渠道，发展风险（创业）资本市场也是各国开拓直接融资渠道的重要手段。在确立科技型中小企业政策时，应坚持创新驱动战略与科学发展观，以产业政策和促进就业为导向，更加注重增强政策的针对性和持续有效性，在促进我国中小企业可持续发展的同时，着力推动经济结构的战略性调整和经济发展方式的转变。根据我国《促进法》

（2017）规定："国务院银行业监督管理机构对金融机构开展小型微型企业金融服务应当制定差异化监管政策，采取合理提高小型微型企业不良贷款容忍度等措施，引导金融机构增加小型微型企业融资规模和比重，提高金融服务水平"；"国家推进和支持普惠金融体系建设，推动中小银行、非存款类放贷机构和互联网金融有序健康发展，引导银行业金融机构向县域和乡镇等小型微型企业金融服务薄弱地区延伸网点和业务。国有大型商业银行应当设立普惠金融机构，为小型微型企业提供金融服务。国家推动其他银行业金融机构设立小型微型企业金融服务专营机构"。

6.2.4　取缔一切不合理的收费，真正减轻中小企业负担

为减轻科技型中小企业的税收负担，各国政府对科技型中小企业采取了降低税率等一定的税收减免措施，换言之，对科技型中小企业采取税收优惠政策是各国的普遍做法。各国（地区）都在税收上给予科技型中小企业优惠待遇，规定由中央和地方财政共同出资，补助正在开发有利于地方产业发展的新技术或新产品的中小企业，或是规定对重要技术研究开发和有发明的中小企业的经费给予相当比例的补助等。

近来在我国，福耀集团董事长曹德旺认为中国制造业综合税负比美国高35%等观点，引起了社会广泛关注与讨论，天津财经大学的李炜光更提出我国的税率过高、是"死亡税率"。根据范柏乃等调查研究，我国目前中小企业的税负并不太重，但税外收费却十分沉重，中小企业上缴的税外费用大约是税收的1.48倍，可把此种"税费倒挂"的现象概括为"头税轻、二费重、三费四费无底洞"（范柏乃、沈荣芳，2000）。而据笔者的问卷调查与实地走访，社会保险33%、企业所得税率20%、增值税率17%、个税累进（10%起）、贷款利息10%，还有各种名目繁多的收费项目，受房地产租买涨价的间接影响导致办公费用加剧，在一个二线城市开店设厂，主要生产要素都在涨价：劳动力（人工）成本（工资社保）每年增加12%～15%，房租是长期合同、一般每年也上涨；办公设备、食堂菜价、水价、气价等税费都在涨，起步每年40万元、10人公司每年要100万元；一旦开业，环保、卫生、广告、消防、街道居委会等动不动就要检查罚款；知识产权保护不够，山寨盗版充斥市场、屡禁不绝，合同履行不到位、货款难以收回，高速路收费站林立、物流成本居高不下，而出厂价持续下跌、销售降到冰点，在实体经济普遍遭遇的经济寒冬，处于产

业链条中低端的中小企业的生存条件苦不堪言、每况愈下。为推动大众创业万众创新，加大对科技型中小企业的精准支持力度，我国政府已制订发布了多项激励措施，包括建立特别创新示范区、加大对科技型中小企业进行投资的风险投资和天使投资人的税收优惠力度、加大对科技型中小企业的现有创新激励优惠措施力度；财政部、国家税务总局、科技部《关于提高科技型中小企业研究开发费用税前加计扣除比例的通知》规定，科技型中小企业开展研发活动中实际发生的研发费用，未形成无形资产计入当期损益的，在按规定据实扣除的基础上，在 2017 年 1 月 1 日至 2019 年 12 月31 日期间，再按照实际发生额的 75% 在税前加计扣除；形成无形资产的，在上述期间按照无形资产成本的 175% 在税前摊销；同时规定，自 2017 年1 月 1 日至 2019 年 12 月 31 日，将小型微利企业的年应纳税所得额上限由30 万元提高至 50 万元，对年应纳税所得额低于 50 万元（含 50 万元）的小型微利企业，其所得减按 50% 计入应纳税所得额，按 20% 的税率缴纳企业所得税。我国新修订的《中华人民共和国中小企业促进法》（简称《促进法》），2017 年 9 月 1 日获得通过，2018 年 1 月 1 日起施行规定："国家实行有利于小型微型企业发展的税收政策，对符合条件的小型微型企业按照规定实行缓征、减征、免征企业所得税、增值税等措施，简化税收征管程序，减轻小型微型企业税收负担"；"国家对小型微型企业行政事业性收费实行减免等优惠政策，减轻小型微型企业负担"。根据 2018 年 7月 11 日财政部、国家税务总局发布的《关于延长高新技术与科技型中小企业亏损结转年限的通知》自 2018 年 1 月 1 日起，当年具备资格的企业，其具备资格年度前 5 年发生的尚未弥补的亏损，准予结转弥补年限由 5 年延长至 10 年。根据著名财税专家贾康研究员的研究，目前我国进行总体上普惠制的减税空间并不大，但科技型中小企业引入高端人才高薪酬是形成不了进项税额进入抵扣链条抵扣，可考虑特别针对科技型中小企业的结构性减税；此外，让科技型中小企业感受痛苦的往往是各种政策成本，即企业跑审批、办事情所需花费的时间与打交道成本，"门难进、事难办"的现象仍为常态，各种非税性缴费的可压缩空间比较大，特别是各种行政事业收费与政府性基金项目，"五险一金"企业缴纳部分的比例，以及各种生活收费，如停车费、路桥费、通行费等，真正降低企业的非税负担、隐性负担、各种制度成本的综合负担。其实，即使再抬高起征点，实际减税的规模已不大。因为一则小微企业的税收贡献比重并不高；二则即使再给降低一些，但具体到一家小微企业，降低的税额也解决不了太多问题。

因此笔者认为，对于科技型中小企业而言，（理想的状态将是：将增值税率降低至低税率11%或依照双软行业标准实行增值税14%即征即退，加大对科技型中小企业的增值税免征额，提高纳税起征营业额月标准至10万元或对被认定为科技型中小企业的小规模纳税人直接予以免除；将社保费率降低到工资薪金总额的30%左右；减除其政府与事业单位的税外行政性收费；将政府全部收入规模控制在GDP的30%以内；切实降低物流运输成本、融资成本、能源成本、房地产成本等；改变政府相关部门的衙门式作风，提高公务人员的办事效率与服务意识。）

6.2.5　加大中小企业科技成果转化支持力度与政策倾斜

科技型中小企业是科技创新的主体，发达国家和地区政府都十分重视产学研合作对于促进中小企业的技术进步的重要作用，采用研发补贴、人员培训、技术指导以及新技术推广等措施，充分发挥大学的教学、科研和直接为经济服务的三重作用，推动科技型中小企业的技术升级，实现产业结构的优化和调整。发达国家政府通过规定采购比例的直接手段，或建立采购信息平台等间接手段帮助中小企业进入政府采购体系，调低中小企业进入市场的门槛；实施由政府支持、市场化推进的促进科技型中小企业产学研融合的经验十分值得我国借鉴。各国政府都极其重视科技型中小企业科技成果的转化，在政府预算与相关文件中都明确将采购科技型中小企业的科技产品列入政府采购的内容，从销路上扶持科技型中小企业科技产品的转化，带动科技型中小企业产品的市场化与商业化，"扶上马再送一程"，促进科技型中小企业的投身科技创新的积极性，增强其持续经营与成长发展的能力。各国政府均重视中小企业的教育培训，政府和社会共同参与建立培训机构，重视旨在增强中小企业的劳动保障能力的机关制度。

根据我国《促进法》（2017）规定："国家鼓励中小企业参与产业关键共性技术研究开发和利用财政资金设立的科研项目实施；国家推动军民融合深度发展，支持中小企业参与国防科研和生产活动；国家支持中小企业及中小企业的有关行业组织参与标准的制定"。"国家鼓励中小企业研究开发拥有自主知识产权的技术和产品，规范内部知识产权管理，提升保护和运用知识产权的能力；鼓励中小企业投保知识产权保险；减轻中小企业申请和维持知识产权的费用等负担"。"国家鼓励各类创新服务机构为中小企业提供技术信息、研发设计与应用、质量标准、实验试验、检验检测、技术转让、技术培训等服务，促进科技成果转化，推动企业技术、产品升级"；"县级以上人民政府有关部门应当拓宽渠道，采取补贴、培训等措施，引导高等学校毕业生到中小企业就业，帮助中小企业引进创新人才；国家鼓励科研机构、高等学校和大型企业等创造条件向中小企业开放试验设施，开展技术研发与合作，帮助中小企业开发新产品，培养专业人才；国家鼓励科研机构、高等学校支持本单位的科技人员以兼职、挂职、参与项目合作等形式到中小企业从事产学研合作和科技成果转化活动，并按照国家有关规定取得相应报酬"。"国务院有关部门应当制定中小企业政府采购的相关优惠政策，通过制定采购需求标准、预留采购份额、价格评审优惠、优先采购等措施，提高中小企业在政府采购中的份额。向中小企业预留的采购份额应当占本部门年度政府采购项目预算总额的30%以上；其中，预留给小型微型企业的比例不低于60%，中小企业无法提供的商品和服务除外。政府采购不得在企业股权结构、经营年限、经营规模和财务指标等方面对中小企业实行差别待遇或者歧视待遇"。

第 7 章

完善我国科技型中小企业
政府扶持政策的若干构想

7.1 制约我国科技型中小企业快速成长的障碍分析

根据科技部、工业和信息化部统计资料，截至 2016 年底，我国科技型中小企业总量达 20 余万家，总营业收入 6.8 万亿元，就业人数 1130 万人。尽管科技型中小企业只占我国中小企业总数的 3.3%，但承担着国内 65% 的专利发明，75% 的技术创新和 80% 的新产品开发任务，代表着先进生产力、国民经济核心竞争力和经济增长点，其快速成长有力地支持了我国国民经济的持续、快速发展；近 10 年来，科技型中小企业研究开发投入和科技人员数量年均增长均在 40% 以上。"中国也有数十万家科技型中小企业，大众创业、万众创新蓬勃兴起"[1]。科技型中小企业迅速成长壮大，已成为高新技术产业化的主力军和科技进步的主要力量。我国政府的科技支持政策已改变了过去单一的科技财政拨款模式（从 1995 年到 2006 年，我国的科技财政拨款主要包括由新产品试制、中间试验和重大科研补助费组成的科技三项经费、财政预算拨款中"专款专用"的科技事业费、由科研事业单位基本建设工程与设备更新费组成的科研基建费），逐步演变为以政府优化环境、提供公共服务政策为主导，以部门预算（始于 2006 年）为边界、直接投放与间接扶持相结合的格局。但是，受自身条件和体制、制度等方面的影响，我国政府在扶持与促进科技型中小企业成长与发展中仍普遍存在着下述问题：

---

① 李克强. 做创新合作的"黄金搭档". "中德论坛——共塑创新"主题演讲，2017 年 6 月 1 日，柏林.

7.1.1 产权不清仍制约着我国科技型中小企业的发展壮大

推进产权制度改革已成为科技型企业发展的必需。我国企业的产权问题，一直是企业发展过程中最棘手的问题。科技型中小企业，过去大多属于集体所有制和其他公有制企业，但根据相关法律，企业中的所有资产都是共有共享，并不能分割到人，因此，集体所有制企业中的所有者事实上并没有到位。科技型中小企业的成长历史和实践经验证明，企业的经营者与所有者的利益追求往往存在显著差异、甚至经常出现利益冲突，所有者往往追求企业长远利益、追求未来的发展，而经营者更关注眼前利益、短期的发展；科技型中小企业在经营权与所有权分离的情况下，经营者往往因为没有约束而盲目膨胀、代理问题严重，从而给企业的发展带来一系列问题；没有清晰的受法律保护的自然人投资主体或控股主体，本质上就不可以产生对投资回报和企业长远发展的足够关怀，不能激励科研人员充分发挥自己的聪明才智，把智力资本变成现实的财富，也就难以形成规范科学有效的企业内部治理机制，不能保证科技型中小企业健康成长。在现代经济中，产权不仅仅是一种权益，更是一种资源，通过对产权的经营，利用产权的纽带，可以实现资源的优化配置、推动科技成果转化。此外，明晰企业与科研成果的产权（确权），仍是我国广大科技型中小企业面临的重要课题。

7.1.2 外源融资不足不利于我国科技型中小企业的快速成长

融资难、融资贵问题是制约科技型中小企业的快速成长的主要瓶颈，而近年来席卷全球的金融危机更是使此问题雪上加霜。尽管国家和地方也出台了一些鼓励措施[①]，甚至提供一些担保，但也主要针对那些有一定实

---

① 自1998年以来，中国人民银行先后出台《关于进一步改善中小企业金融服务的意见》《关于扩大对小企业贷款利率浮动幅度的通知》《关于加强和改进对中小企业金融服务的指导意见》《关于进一步加强对有市场、有效益、有信用信贷支持的指导意见》等文件，分别就从完善金融服务体系、增加对中小企业的信贷投入、调整信贷结构、支持以创业带动就业、为中小企业提供多元化金融产品等方面，制定一系列政策扶持措施。1999年6月，国家经贸委发布《关于建立中小企业信用担保体系试点指导意见》；2001年3月，财政部下发《中小企业融资担保机构风险管理暂行办法》；2001年4月，国家税务总局发布《关于中小企业信用担保机构、再担保机构免征营业税的通知》、2004年2月23日，国家发改委和国家税务总局联合发布《关于继续做好中小企业信用担保机构免征营业税有关问题的通知》。

力的科技型中小企业。由于中小企业缺乏相应的抵押品、信用记录和担保者，加之其技术开发活动导致的信息不对称，事实上难以在这些政策中获益。金融资源在不同领域的分布情况表明，在商业银行、资本市场、创业投资等几个方面，我国科技型中小企业没有获得与其地位或作用相当的金融支持。

科技型中小企业面临的融资环境是：资本市场对企业业绩、股权融资规模的进入限制多，信贷资金投放量少、国有商业银行贷款门槛过高、信用担保体系不健全、银行金融服务品种单一、银行经营策略难以适应中小企业交易频繁的特点，难以满足其资金需求；而中小企信用担保机构尚存在推广力度不够、融资担保费偏高（常达4%）、无借贷价格优势、对提供抵押品或反担保要求过严等问题，远未发挥其应有的作用。

（1）商业银行的间接融资对科技型中小企业的支持不断下降。我国银行业中国有商业银行占贷款市场的60%以上，自1997年亚洲金融危机以来，我国实行了较为严格的信贷审批制度，科技型中小企业一般较难通过银行审贷程序。股份制和其他商业银行也采用了类似国有银行的风险管理措施，因而也难以发挥中小银行支持科技型企业的作用。传统银行体制在资金的配置上存在着"逆向选择"，即最需资金、资金生产率最高的项目往往因为风险较高，得不到贷款，而发展成熟、收入稳定的企业又成为银行追捧的对象。自1998年废止了科技贷款之后，商业银行贷款在我国科技活动经费筹集额所占比例不断下降，从1991年的16.85%下降到2003年的7.5%。以民营企业为大多数的科技型中小企业通过银行来间接融资比较困难。既有的研究文献表明，中小企业融资难问题表现为融资渠道狭窄、规模小、成本高且成功的机会小，作为有限理性的经济人，商业银行本身是以规避风险、追求利润为目的的金融企业，决定了其不会雪中送炭、只会锦上添花。银行将中小企业贷款列为高风险贷款、属于"高压线"，单纯依赖商业银行信贷，无法解决其融资难、融资贵问题。其原因在于：一是中小企业资信较差、知名度低、社会影响小、历史记录欠缺，不能提供足够的机器、厂商、土地等银行要求的抵押、担保品或质押物；财务报表可信度低、融资能力不足。二是信贷市场的信息不对称性及其所导致的高昂签约成本、检查成本以及重新谈判（缔约）成本。银行提供的信息服务也不全面，中小企业贷款量小、急促、频数多的特点使银行的审查监督成本与潜在收益不对等，降低了银行放贷的积极性；银企间的信息不对称问题严重。三是企业管理与融资观念相对落后、融资渠道单一。企业经营带有明显的主观性，缺乏企业长远发展规划，公司管理层家族、个人特征明显，未建立起现代化企业管理制度，公司治理机制不完善。四是社会信用环境差，制度不健全，中介信息筛选社会信用机制缺失；银行对中小企业的盈利前景、项目风险、管理水平的评估结果不理想。五是银行的贷款利率虽较低，但是手续繁杂、条件苛刻、审批时间长、存在大量不确定的额外费用，难以满足中小企业的融资需求；不少中小企业资产负债率偏高、盈利能力较差，银行一直在进行垂直化管理改革，权限高度集中，贷款审批集中省级分行，对项目贷款负责人实行"终身连坐制"的终身追究制度，为规避风险，银行只愿提供抵押贷款或担保贷款，但由于大多数科技型中小企业经营风险大，而且其可资抵押的有形资产少，又不能提供充分有效的担保，商业性银行往往不愿意提供贷款。即使对中小企业贷款采用基准利率上浮 30% ~ 40% 的 8.13% ~ 9.18% 的年化利率，不少商业银行对缺乏房产等抵押物的中小企业贷款依然避之唯恐不及、热情不高。

（2）科技型中小企业很难使用债券、股票等直接融资方式，目前的证券市场同样不能满足其融资需求。2004 年中小企业板的设立，在一定程度上缓解了少数部分科技型中小企业的融资要求，但资金的短缺仍然是其发展与扩张的瓶颈。2004 年 6 月中小企业板开市，但上市标准仍未突破《公司法》和《证券法》关于上市公司股本规模必须在 5000 万元以上，以及连续三年盈利的规定，因此科技型中小企业很难获得此类金融方式的支持。因此，对大部分科技型中小企业来说，融资难度大可能是其面临的最主要困难。即使在我国，设立了中小企业上市板块，笔者认为，也难以从根本上缓解这一问题，因为能上市的毕竟是少数企业，这些企业能够获得上市资格，往往是已经突破了资金"瓶颈"。科技型中小企业尤其是民营企业直接上市有严格的资格审查，海外融资必须得到中国证监会的备案审核以及不菲的融资成本，通过股市融资对于大部分科技型中小企业仍旧是难上加难。我国虽然采取了种种措施扶持中小企业发展，但在深交所中小企业板与创业板上市的公司不过几百家，获得过创新基金支持的科技型中小企业也只有 20000 多家，与我国科技型中小企业总数相比较而言，还显得远远不够。

从国际比较上看，几乎所有的创业板市场均将鼓励成长型科技型中小企业发行上市作为其设立的主旨。作为企业股权融资的主战场，我国目前已形成了包括主板、中小板、创业板等多层次的证券市场体系，2009 年推出的创业板市场更有望拓宽科技型中小企业的直接融资渠道、突破其融资瓶颈。

主板具有比创业板更高的上市门槛，但创业板在公司治理和经营业务方面又有不同于主板的更为特殊的额外要求，如表7－1所示。

表7－1　　　　　　　　　主板与创业板上市条件比较表

比较项目	创业板	主板（含中小板）
经营业务	主要经营一种业务；持续经营3年以上；业务经营与盈利不依赖于关联交易	具有完整的业务体系和直接面向市场独立经营的能力；持续经营3年以上
盈利能力	可二选一：（1）最近两年连续盈利、净利润累计超过1000万元，且持续增长；（2）最近一年盈利、且净利润不少于500万元；营业收入不少于5000万元、最近两年营业收入增长率均不低于30%	同时满足：（1）最近3个会计年度净利润均为正数且累计超过3000万元；（2）最近3个会计年度经营活动现金流量净额累计超过5000万元，或最近3个会计年度营业收入累计超过3亿元；（3）最近一期期末不存在未弥补亏损
总股本	发行前净资产不少于2000万元，发行后的股本总额不少于3000万元	股本总额发行前不少于3000万元、发行后不少于5000万元
资产结构	（1）无形资产最高可达注册资本的70%；（2）最近一期末净资产不少于2000万元且资产不得全部或主要为现金、短期融资或者长期融资	发行人最近一期期末无形资产（扣除土地使用权、水面养殖权和采矿权等后）占净资产的比例不高于20%
公司治理	（1）最近2年主营业务、董事和高级管理人员无重大变动，未变更实际控制人；（2）依法建立健全股东大会、董事会、监事会以及独立董事、董事会秘书、审计委员会制度；（3）发行人及其控股股东、实际控制人最近3年内不存在：①损害投资者合法权益和社会公共利益的重大违法行为；②未经法定机关核准，擅自公开或变相公开发行证券；③3年前发生的、仍处于持续状态的违法行为	（1）最近3年主营业务、董事和高级管理人员无重大变动，实际控制人没有变更；（2）董事会下设战略、审计、薪酬委员会，各委员会至少指定1名独立董事会成员担任委员；（3）至少1/3的董事会成员为独立董事

相对宽松的准入条件、相对较低的上市门槛、专为中小企业服务的市场定位，使创业板有望成为科技型中小企业上市融资的主战场。创业板市场的推出，可在一定程度上改善我国中小企业特别是科技型中小企业的融资环境、拓宽其直接融资渠道，缓解部分科技型中小企业融资难问题，可

望突破制约我国科技型中小企业发展的资金瓶颈，促进其实现快速成长；创业板也为我国经济的转型升级搭建了一个平台：让成功的富有活力与创造力的科技型中小企业在资本市场上顺利融到经营发展所需资金，可为广大科技型中小企业树立标杆并产生强烈的示范震撼效应，激发更多科技型中小企业创新技术与商业模式，尽快实现转型上市、成为时代的生力军，引导科技型中小企业加大对科学技术进步的研发投入，推动我国高新技术产业发展和经济增长方式转变①，促进我国产业结构调整和创新型国家建设。

（3）创业投资活性不足，难以对科技型中小企业起到应有的支持作用。（我国创业投资资本已经从 2002 年的 581 亿元缩减为 2003 年的 500 亿元，2004 年减少为 497 亿元。）② 我国的创业投资刚刚起步，覆盖面窄，支持力度较小，还不能作为科技型中小企业融资的主渠道。上述资本真正用于科技型企业投资的不足 30%，其中能用于科技型中小企业的资金量就更加稀少。由于缺乏可靠的投融资渠道，不仅高技术新项目立项建设受到制约，而且大批技术水平高、市场前景好的高科技项目难以实现商业化、产业化。目前，我国每年产生的约两万项科技成果，转化率不足 20%，远低于发达国家 60% ~ 80% 的水平①。而发达国家专利成果转化迅速、转化率高，风险投资起了关键性的作用。仅仅在美国硅谷，就有 400 多家风险投资公司。风险投资主要为处于产业发展初期阶段的非上市中小型科技型中小企业提供资金和经营管理支持，以股权、债权方式参与投资，但不取得对企业的控股权。风险投资追求的目标是，高新技术商品化、产业化后所能获取的高资本收益。然而在我国目前风险投资机制及市场机制尚不健全的情况下，科技型中小企业很难从资本市场获取其成长初期所必需的资金投入。这就迫切需要政府提供相对有利的政策环境和动力机制，实行优惠政策，弱化投资风险，鼓励风险投资。

7.1.3　政策不连续阻碍科技型中小企业的长期持续成长

尽管我国的科技型中小企业发展很快，但整体仍处于初始阶段，有

---

① 创业板上市具有显著的示范效应，美国的纳斯达克（NASDAQ）创业板市场，既孕育了微软、IBM 等一大批令世界瞩目的高科技企业，也让美国高新技术产业得到了飞速发展，创造了 20 世纪 90 年代美国经济的辉煌、奠定了美国的世界霸主地位。

② 巩曜平. 寻求系统支持创业业的新政策 [J]. 中国科技投资, 2015 (11)：18 - 20. 朱冰. 我国创业投资政策回顾 [J]. 中国创业投资与高科技, 2005 (12)：32 - 34.

90％的科技型中小企业都处于小规模运转状态。由于发展快，自身存量资产少，基础薄弱，企业管理水平、运作秩序与市场要求和现代企业运作要求相比都存在较大差距。更为重要的是，由于历史条件的制约，科技型中小企业的外部环境非常脆弱，在激烈的市场竞争中，大部分科技型中小企业只能依靠自身的微弱力量进行市场运作，缺乏强有力的配套政策的支撑。一方面由于计划体制和传统观念的影响，以非公有制经济为主体的科技型中小企业自身发展面临着种种困难和问题，还没有完全获得与国有经济和外资经济平等竞争、一视同仁的法治环境、政策环境和市场环境。另一方面，科技型中小企业生存周期短，一般只有 3 年多，存续 5 年以上的只有约 1/20，造成了企业一般只考虑眼前和短期利益；同时目前各级政府还缺乏一整套跟踪、监督、评价的办法和手段，社会信用体系不健全，企业经营者信誉观念淡漠，使得财政资金支持科技型中小企业的政策风险较大。

我国科技型企业一般成长较快，扩大的规模与落后的管理之间的矛盾也日渐突出，主要有以下几类：一是规模扩大带来的管理复杂性与高层管理人员技术偏好之间的矛盾，科技型企业的创始人及其他高层管理人员，一般都是技术专家，在初创阶段利于企业迅速地开发出新产品投入市场，但随着企业规模的扩大和经营领域的拓宽，管理日益复杂，急需高水平的管理人才；二是集权与分权之间的矛盾，随着企业的成长，多样化经营要求更多的分权，原来高度集权的管理体制就变得不相适应，必须进行改革以满足这一分权的要求；三是科技人员短缺与流失的矛盾，曾经伴随着企业成长，能力得到很大提高的科技人员，比较擅长于技术研究与开发，企业需要他们继续发挥更大作用，然而他们往往以不同途径、不同方式离开企业，短缺与流失产生矛盾。

毋庸讳言，在我国，存在中小企业相关扶持政策不连贯、朝令夕改的现象，科技型中小企业难以保有一个良好的政策预期。比如，科技型中小企业技术创新基金设立于 1999 年，"创新基金由科技部主管、财政部监管，通过无偿资助、贷款贴息和资本金投入三种方式，支持科技型中小企业创新创业，已形成了资助种子期、初创期企业的技术创新项目、资助中小企业公共技术服务机构的补助资金项目和引导社会资本投向早期科技型中小企业的创业投资引导基金项目"，正如本书前文所述，创新基金作为引导性财政科技资金，目标定位明确、有很强的针对性和可操作性，开创了政府以直接资助方式改善科技型中小企业成长过程中融资困境的先河，在其实施以来已取得了显著而良好的社会经济效益，培育了一大批优秀的科技型中小企业，在其激励下，这些科技型中小企业迅速成长为行业的龙头企业，成为科技小巨人。然而，由于众所周知的原因①，2014年被《关于印发〈中小企业发展专项资金管理暂行办法〉的通知》所取代，称"为促进中小企业特别是小型微型企业健康发展，规范和加强中小企业发展专项资金的使用和管理"，"专项资金的宗旨是，贯彻落实国家宏观政策和扶持中小企业发展战略，弥补市场失灵，促进公平竞争，激发中小企业和非公有制经济活力和创造力，促进扩大就业和改善民生"，强调"中小企业发展专项资金（以下简称专项资金），是指中央财政预算安排，用于支持中小企业特别是小微企业科技创新、改善中小企业融资环境、完善中小企业服务体系、加强国际合作等方面的资金"；自此，国家科技型中小企业技术创新基金被正式并入中小企业发展专项资金；根据财政部《关于印发〈中小企业发展专项资金管理暂行办法〉的通知》，"中小企业发展专项资金（以下简称专项资金），是指中央财政预算安排用于优化中小企业发展环境、引导地方扶持中小企业发展及民族贸易、少数民族特需商品定点生产企业发展的资金"，设立的宗旨是"专项资金旨在引领带动地方积极探索政府扶持中小企业的有效途径，支持改善中小企业发展环境，加大对薄弱环节的投入，突破制约中小企业发展的短板与瓶颈，建立扶持中小企业发展的长效机制，有效促进形成'大众创业、万众创新'的良好局面"；而在2016年12月30日财政部在"关于印发《中小企业发展专项资金管理办法》的通知"中称，"中小企业发展专项资金（以下简称专项资金），是指中央财政预算安排用于优化中小企业发展环境、引导地方扶持中小企业发展的资金"，设立的宗旨是"专项资金旨在引领带动地方积极探索政府扶持中小企业的有效途径，支持改善中小企业发展环境，加大对薄弱环节的投入，促进提升为中小企业提供公共服务的能力，突破制约中小企业特别是小微企业发展的短板与瓶颈，建立扶持中小企业发展的长效机制，有效促进形成'大众创业、万众创新'的良好局面"。其实，在支持中小企业的财政政策方面，财政部倾向于"阳光普照""雨露均沾"；而科技主管部门更倾向于优中选优、精准扶持。有人提出："中央和地方的财政支持，应当逐步改变过去以项目审查为主的财政资金补贴方式，尽可能采用普惠制的财政税收政策，即凡企业达到规定标准，政府便给予规

---

① 个中原因，项目筛选可能有偏差、出现逆向选择（政府支持对象选择出现偏误、"跑部钱进"现象）等问题，导致主管部门改变了资助方式。

定的税收优惠或财政补贴"①。然而，在 2017 年初举办的中国电动汽车百人会年度论坛上，财政部经济建设司副司长宋秋玲强调，我国新能源产业补贴政策"普惠制财政补贴容易使企业患上政策依赖症、软骨病，缺乏技术开发和产品升级的动力和压力，整个行业容易出现低水平的盲目扩张，不能适应企业由大变强的需要"。

笔者以为，政府扶持政策不能因噎废食或因人毁制、朝令夕改，必须保持政府扶持政策、制度的连贯性。唯其如此，才能让被激励的对象们形成一个良好的制度预期，方可有效发挥政策扶持的激励效果，也才有可能使政府政策的有效性凸显出来，不违背或偏离当初政策制定的初衷。

7.1.4　税收优惠政策尚不足以激励科技中小企业的持续成长

对科技型中小企业支持力度较大的是对中小企业实行的税收"普惠"制，如对每年应纳税所得额不超过规定限额的企业，实行低档所得税；对高新技术等类型的企业在一定期限内实行减、免所得税等税收优惠。根据财政部门的统计，我国现行开征的 18 个税种中，有税收优惠条款约 600 项，其中科技税收优惠政策有 118 项（流转税类 48 项、所得税类 58 项、财产税类 12 项）。如一般纳税人的增值税税率为 17%、13%，小规模纳税人按 3% 的征收率计算缴纳增值税；2008 年 1 月 1 日实施的《企业所得税法》规定，对小型微利企业实行 20% 的低税率；企业开发新技术、新产品、新工艺发生的研究开发费用②可以计入成本费用，计算应纳税所得额时加计 50% 扣除；未形成无形资产计入当期损益的，在按照规定据实扣除的基础上，按照研究开发费用的 50% 加计扣除；形成无形资产的，按照无形资产成本的 150% 摊销。根据财政部、税务总局和科技部 2017 年 5 月 2 日发布的《关于提高科技型中小企业研究开发费用税前加计扣除比例的通知》，"科技型中小企业开展研发活动中实际发生的研发费用，未形成无形资产计入当期损益的，在按规定据实扣除的基础上，在 2017 年 1 月 1 日至 2019 年 12 月 31 日期间，再按照实际发生额的 75% 在税前加计扣除；

①　见：蒋慧工等．科技成果转化精准服务的规律研究．搜狐科技，2017.02.16. http://www.sohu.com/a/126472008_466951
②　新技术、新产品、新工艺，是指国内尚未形成研究开发成果的技术、产品和工艺。企业的研究开发费用，包括新产品设计费、工艺规程制定费、设备调整费、原材料和半成品的试验费、技术图书资料费、未纳入国家计划的中间试验费、研究机构人员的工资、研究设备的折旧、与新产品的试制、技术研究有关的其他经费以及委托其他单位进行科研试制的费用。

形成无形资产的，在上述期间按照无形资产成本的175%在税前摊销"。国家重点扶持的高新技术企业减按15%的税率征收企业所得税；同时允许部分企业加快固定资产折旧，从优惠对象划分角度看，科技税收优惠政策数目在民政之后位列第二，科技税收减免额也位居前列。《高新技术企业认定管理办法》规定："具有大学专科以上学历的科技人员占企业当年职工总数的30%以上，其中研发人员占企业当年职工总数的10%以上"，科技人员占企业当年职工总数的30%以上的条件对科技型中小企业而言，显得较为苛刻。

但是，我国现行的科技税收优惠政策，对从事科技活动的科技型中小企业鼓励和支持力度不足，但在实际中落实情况并不理想，比如，在实际调研过程中，笔者经常发现，主管机关特别是税务主管部门在实际执行或落实税收优惠政策时，普遍存在施舍纳税人的思维意识，对科技型中小企业本应合法享有的税收优惠政策权利实施管、卡、压，导致设计良好的优惠政策的实施效果不好，科技型中小企业并未能享受到扶持政策的红利与阳光雨露，企业的相关经办人员去争取的积极性不高，严重影响了政府政策的有效性。从政府采购的角度讲，虽然《中小企业促进法》和《政府采购法》都有对中小企业支持的相关规定，但由于缺乏实施细则和实施平台，实际上还没有真正落实到科技型中小企业。西方发达国家支持科技型中小企业的采购政策，相当大一部分是使本国大企业承担相应的发包义务和责任。

科技型中小企业作为经济增长和科技创新的双重主体，需要在国家和政府制度设计层面进行统一规划和部署，进而形成对科技型中小企业成长和发展的系统培育格局。

7.1.5 受机会主义倾向的严重影响，研发创新投入不足

人是自利的，机会主义[①]作为一种潜在的行为倾向，只要存在相应的

---

① 人的机会主义倾向（man's opportunism tendency）由威廉姆森（Oliver Williamson，1975 & 1985）提出。其含义是指人们用欺诈等不当手段或行为方式来谋取私利的行为倾向，即"用虚假的或空洞的也就是非真实的威胁或承诺来谋取个人利益的行为（1975）"或"狡诈地追求利润的利己主义"（1985），其核心在于强调人们追求自身利益倾向的强烈性和复杂性，主要源于信息的不完全性。机会主义是指行为主体在追逐自利目标的交易活动中使用策略性行为，包括隐瞒真实信息、交易意图的不实陈述和欺诈等。机会主义意味着：人们要寻找交易对象就有搜寻成本（searching cost）、甄别成本（screening and selection cost）；人们不知交易对象的出价需要谈判成本（negotiation cost）与签约成本（contracting cost）；人们不知道交易对手在签约后是否会从事机会主义行为要发生防范成本（prevention cost）、监督成本（monitoring cost）；一方从事了机会主义行为就可能产生仲裁成本（arbitration cost）或诉讼成本（litigation cost），因而利益受损。

条件，如信息不对称、小数目条件等，即会转化为籍投机取巧手段谋利的现实行动，包括见机行事、有意隐瞒歪曲信息等。通常，在竞标者众多时，机会主义行为难以发生效力；但人数不多时，机会主义便会显著改变交易状况甚至结果，尤其是在签约后，契约被少数人控制，机会主义将难以避免。机会主义行为按照信息不对称发生的时间是在当事人签约的前后分类，可分为事前（ex-ante）机会主义行为和事后（ex-post）机会主义行为。（1）事前（ex-ante）机会主义行为指交易各方在签约时利用签约之前的信息不对称而采取的机会主义行为，这一行为通常在信息经济学的"逆向选择（adverse selection）模型"题目下讨论（谢德仁，2001），逆向选择问题通常发生在签约前，代理人拥有私人信息（private information）而委托人不拥有相关信息的情形下。常见的逆向选择问题的典型案例包括次品市场、文凭的含金量、保险政策的筛选和竞争性信贷市场等。根据1970年乔治·阿克莱夫（Akerlof，1970）的一篇经典论文的解释，旧车之所以比新车售价要低很多，其中一个根本原因是信息不对称引致的次品或"柠檬（lemons）"效应。逆向选择同样会发生于中小企业的融资困境中。在贷款合同签订前，银行会对中小企业及其融资项目进行贷前调查，而在社会信用评级制度缺乏的情况下，中小企业会隐瞒其真实信息，利用其信息优势误导银行的调查，使银行的调查成本上升、潜在风险加剧；由于总体风险高，往往拟订较高的贷款利率；风险低和信用高的中小企业可能无法接受此利率而退出，从而使信贷市场充斥着经营风险高、还款意愿低且准备相机行事的机会主义申请者，加大了银行贷款的潜在风险，也就加大了中小企业的融资难度（李辉富、吴晓东，2003）。在逆向选择问题中，关键是选择何种合同或机制来获得代理人的私人信息。反映到财务会计理论中，由此衍生出来的是财务报告的信号理论（signaling theory）。在出现逆向选择问题时，如果拥有私人信息的代理人有办法将其私人信息传递给不拥有信息的委托人，则交易便可成立，帕累托改进（Pareto improvement）[①]就可以获得。（2）事后（ex-post）机会主义行为则是指交易各方在签约之后利用信息不对称而采取的机会主义行为，通常可将此种机会主义行为称为"道德风险"或"败德行为（moral hazard）"。道德风险问题是指代理人和委托人在签约时所拥有的信息仍然是对称的，但在签约

---

　　① 由意大利经济学家菲尔弗雷多·帕累托（Vilfredo Pareto，1848~1923）提出，意指假定人群和可分配的资源固有或一定，若从一种分配状态到另一种状态的变化中，在没有使任何人境况变坏的前提下，使得至少一个人变得更好，即为实现了帕累托改进。

后，由于委托人观察不到代理人的行动本身或自然状态（the state of nature）本身（而代理人知晓），委托人只能观察到结果所产生的问题。对于道德风险问题，关键是如何设计一个有效的激励合约或机制来诱使代理人选择于委托人最有利或是其所期望的行动。如在贷款合同签订后，有限理性的科技型中小企业会利用其信息优势采取利己行动，贷款银行则面对道德风险；银行的关键是设计一个激励合同以诱使科技型中小企业采取对银行最有利的行动，比如向银行报告真实的现金流量。部分科技型中小企业的自身资信度不高或信用观念淡薄，个别企业甚至存在会计造假与舞弊行为，令贷款银行无法弄清其真实的财务状况；加之在市场经济发展的初期相关的市场立法及执法体系尚不健全，使得投机行为不能得到有效治理，直接导致我国对中小企业贷款的几乎为零的声誉成本，刺激了部分科技型中小企业的投机行为，加剧了银行贷款的整体风险；银行倾向于"惜贷"。中小企业的道德风险行动，或使资金成本高企，或使贷款申请失败、融资困难（李辉富、吴晓东，2003）。

与发达国家比较，我国研发投入的效益有待进一步提升，研发投入强度（即研发投入占 GDP 比重；就单个企业而言，通常按研发支出占销售收入计算）与发达国家（为 3% ~ 4%）相比还有一定差距。中央财政实行部门预算以前，我国财政科技拨款（"科学技术"项）占财政总支出的比重自 1985 年的 5% 逐年下降到 2006 年的 4%；2006 年起实行部门预算以后，我国加大了财政科技投入，财政拨款逐年增加，中央预算安排的科技财政拨款 1688.5 亿元，到了 2009 年，国家财政科技拨款增加到 3224.9 亿元。与此同时，我国科技型中小企业研发投入总量虽然不断上升，但研发投入强度则从 1992 年的 6.61% 下降到了 2000 年 2.77%；经认定的高新技术企业（在高新技术产业园区内），2003 年研发投入强度也仅为 2.9%，低于 1999 年以前科技型中小企业最低 3.98%（1997 年）的投入强度。科技型企业研发投入强度的下降，对于一个正在建设中的创新型国家来说，是一个必须扭转的严重问题。由中国国家统计局、科学技术部、财政部联合发布的《2015 年全国科技经费投入统计公报》显示：2015 年，中国研究与试验发展（R&D）经费支出 14169.9 亿元，比上年增加 1154.3 亿元，增长 8.9%；研究与试验发展经费投入强度（与国内生产总值之比）为 2.07%，比上年提高 0.05 个百分点。据科技部统计，2015 年，我国 R&D 经费总量为 14169.9 亿元、R&D 经费投入强度达到 2.07%，比 2014 年上升了 0.05 个百分点。而在 R&D 经费来源中，企业投入的资金为 10881.3

亿元，占全社会 R&D 经费的 76.8% 。财政科技拨款达到 7005.8 亿元，占财政总支出的 3.98% 。2015 年财政科技拨款达到 7005.8 亿元，占财政总支出的 3.98% ，较上年下降 0.27 个百分点；"十二五"（2012～2015 年）期间，我国财政科技拨款占财政总支出的比重，呈现出不断下降的趋势①。企业主持或参与的国家科技计划或基金项目的 70% 以上。

7.1.6　政府扶持政策的成效缺乏持续的关注，科技成果转化率偏低

我国创新基金未针对科技型中小企业的寿命周期的相应阶段有针对性地制定支持政策，在实务中（特别是在珠三角等沿海经济发达地区），有些企业对于获得几十万政府的无偿拨款不是十分感冒，部分科技型中小企业认为费了九牛二虎之力获得的资助远不如多卖几件产品的获利，对获得创新基金支持的重要性的认识不足，这也从侧面反映出国家科技型中小企业技术创新基金的规模仍需进一步提高，在财力十分紧张的当前情况下，应突出重点，集中财力重点精准扶持；然而也有另一种极端的情形：不少科技型中小企业热衷于申请国家科技计划支持的项目，由于持续的监管、追踪问效机制存在部分缺失或尚不完善，很多项目的实际实施效果并不十分理想；另外，由于产权界定及激励机制尚不尽完善，职务发明创造所形成的科研成果往往被所在单位所有或控制，相关个体难以分享到相应地收益，进行科技成果转化②的动力不足、积极性难以调动起来；同时，科技成果转化具有见效慢、风险高等特点，科技型中小企业出于保密或市场垄断利益的考虑；有些项目的研发科研成果易形成却不具有市场化的技术经济可行性、含金量（附加值）与真实的技术含量不高，或者因资源所限、缺乏实施产品化开发所必需的人力物力或财力，或者对产业化前景不明朗的担忧、信心不足，不愿冒风险进行科技成果转化。诚如（贾康等，2015）所指出的，缺乏对科技型中小企业的长期资金支持是我国创新支持政策的一个结构性缺陷，科技型中小企业最短缺的资金支持是初创期的资

---

① 科技部. 2015 年我国 R&D 经费特征分析，http：//www.most.gov.cn/kjtj/，2017.6.28
② 根据《中华人民共和国促进科技成果转化法》（1996 年 5 月 15 日发布、2015 年 8 月 29 日修订、2015 年 10 月 1 日起施行）以及国务院于 2016 年 2 月 26 日印发了《实施〈中华人民共和国促进科技成果转化法〉若干规定》，科技成果转化是指"提高生产力水平而对科技成果所进行的后续试验、开发、应用、推广直至形成新技术、新工艺、新材料、新产品，发展新产业等活动"。

金投入和长期资金投入，而创新基金虽也尝试按照企业不同成长阶段加以区分、对初创期科技型中小企业予以倾斜和专项资助，但总体上，精细化不足，仍缺乏针对处于生命周期不同阶段科技型中小企业差异化的资助措施，导致政府财政资金的运用相对粗放，难以具体照顾到科技型中小企业最紧需政府扶持的薄弱环节，比如对产学研相结合项目扶持的精准度尚显不足、有待进一步提升，客观上也会影响到创新基金的支持效果，导致弥足珍贵的财政科技资金的优势未得到充分发挥，据悉，我国科研成果闲置、浪费和被国外购买的现象仍较为突出，科研成果应用性和转化率亟待提高，创新支持资金项目设计面向国家创新驱动发展战略薄弱环节的针对性也有待进一步提升，设法促进科技型中小企业积极与科研院所合作，实现科技成果、知识向现实生产力转化的工作仍需进一步加强。

7.2 优化科技型中小企业成长的政策环境和运行机制

实施创新驱动发展战略、促进国民经济持续快速发展，作为我国技术创新主体的科技型中小企业，在增加就业、缓解环境资源压力、构建以自主知识产权为基础的产业核心竞争能力等方面大有可为、可以有更大的作用发挥空间。政府科技型中小企业的相关扶持政策应为此目标而努力，充分进行制度和机制创新，适应新的经济、科技发展环境，进一步改善促进中小企业科技创新的政策环境和运行机制，形成政府扶持和鼓励创新，创新驱动企业成长，企业成长促进社会经济发展的良好局面。

7.2.1 强化对扶持科技型中小企业成长的立法保护力度

尽管我国出台了如《技术合同法》《中华人民共和国促进科技成果转化法》等技术创新的法律法规，但立法仅仅侧重于企业的生产经营，可操作性较欠缺，对中小企业竞争地位的保护与扶持不足；需要基于《中小企业促进法》，尽快完善科技型中小企业创新支持的法律体系，对中小企业科技创新的战略地位、经费投入、风险投资、优惠措施、人才队伍建设等做出明确规定，并着重规范中小企业在技术创新方面、包括技术发明、技术推广，以及减免税等方面的法律法规，以鼓励科技型中小企业在技术发明、技术创新、技术推广及产权保护等方面的问题，充分运用法律手段，规范和保护中小企业技术创新活动，为科技型中小企业技术创新创造更好的制度环境和发展空间。为规范市场竞争、支持中小企业发展，各国都非常重视立法。美国在启动 SBIR 计划的同时，订定了《小企业创新研究法案》。日本相关立法多达 30 余部，如 1967 年颁布的《中小企业现代化促进法》、1985 年颁布的《中小企业技术开发促进临时法》等。英国也有多达 11 部有关中小企业的法律。

我国应在《中小企业促进法》和《科技进步促进法》的基础上，继续探索鼓励科技型中小企业和中小企业技术创新的专门法案，并考虑以立法形式规范科技型中小企业技术创新基金运作；以更好地发挥其全面抚育科技型中小企业的综合职能。保持政策的连贯性，促进科技型中小企业对政府政策持续性的良好预期。

7.2.2 创新政府扶持基金支持方式，实施竞争性分配

毫无疑问，技术创新作为我国创新驱动战略的重要内容，技术对于科技型中小企业而言无疑属于赖以生存的要素之一，但也应看到，技术只是企业在成长过程中一项重要因素，在技术研发项目商业化过程中，还要有资金、管理、市场营销、信息服务和法律、财务服务等要素共同发挥作用。这些资源科技型中小企业往往更加匮乏，因此在对科技型中小企业研发与技术开发活动资助的基础上，还要考虑在其他方面提供相应的资助，并且根据不同服务的性质和类别灵活安排资金的支出和使用方式。笔者非常赞同贾康等（2015）的观点，应"推动建立以企业为主体、市场为导向、产学研相结合的技术创新体系，加快推进科技计划和科技经费管理体制改革，促进政产学研用结合，综合运用无偿资助、偿还性资助、创业投资引导、风险补偿、贷款贴息以及后期补助等多种形式，引导和带动社会资本参与科技创新。"

（1）加大重点项目的无偿资助力度，支持竞争前技术开发活动。可以对政府创新扶持基金的使用范围进行调整，引入竞争性分配机制，加大竞争前技术开发活动的支持，包括对通过审核企业的研发活动和相关活动的经费补助，企业用于基础研究、应用研究、试验与开发、小规模中试等费用，专利或技术产权的购买，聘请专家和技术合作费用，检验或检测费用，委托专业咨询机构开展商业和市场评估、研讨会或技术发

布会等费用。鉴于政府扶持资金总是稀缺而非无限量的，在当前及未来一个相当长的时期内，政策创新扶持基金必须讲求实效，应坚持优中选优、择优扶持，这绝非方法论问题、而是一个涉及政府支持战略问题；政府无偿资助支持项目务必坚持择优扶持原则，突出扶持重点（重点企业、关键技术、特别项目）、具有针对性，确保关键项目与优势企业，把好钢用在刀刃上，充分发挥政府资金的种子作用。为提升无偿支持项目政府补助的有效性，对政府资助的每一重点项目，都应建立相应的事前审批、事中监管、事后审计机制，强化对政府财政科技资金支持项目的监督管理；制定具有可操作的应用指南与监理手册，承担项目的科技型中小企业必须严格遵守相应的应用指南与监理规程，对项目资金的使用与实施结果实行第三方强制绩效审计，从制度上杜绝政府支持资金被滥用的机会。

（2）积极采用贷款贴息方式、适当运用担保方式，支持将自主知识产权规模化生产活动。对应用自主知识产权开发具有一定市场和商业前景、规模效益显著的生产活动予以支持，帮助企业向银行取得第一笔贷款，用于批量生产能力的建立。在原有贴息支持方式下，对企业的支持可以适当向担保方式转变，尤其是那些为国民经济和行业带来显著社会效益但无法通过现行银行审贷条例的企业，如软件、生物、技术服务等企业。为提升科技成果转化效率，充分发挥政府财政科技资金的引导作用，政府创新扶持基金应更多地采用贷款贴息方式。

（3）研究试用母基金模式，探索财政资金运作新模式，充分调动、整合社会资金。科技型中小企业研发活动商业化历程一般比较漫长，企业必须有一定比例稳定的长期资金来源，各国都很重视增加科技型企业的股权资本。我国创业投资产业发展尚处在初期，其运作很大程度上还需要依靠政府资金的引导。可以考虑在政府创新扶持基金资金支出中安排权益资本投入，采取与社会资金一同发起成立投资基金（投资公司）、基于PPP的合作方式，由该投资基金（投资公司）投向企业的"母基金"运作模式。此种运作模式既可以增强财政资金的杠杆和放大作用，可改变单纯无偿资助消耗性投放方式、实现财政种子资金滚动式发展，壮大创新支持资金的规模与实力，也易于管理、符合国际规范。

（4）积极推进科技型中小企业环境建设，完善政府创新扶持基金工作体系和网络。财政资金尤其应重视优化科技型中小企业发展环境建设，应提供更多培训、管理、咨询、服务方面的资助。（截至2003年底，全国已

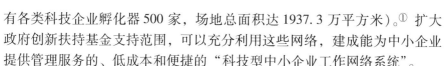
有各类科技企业孵化器 500 家，场地总面积达 1937.3 万平方米）。① 扩大政府创新扶持基金支持范围，可以充分利用这些网络，建成能为中小企业提供管理服务的、低成本和便捷的"科技型中小企业工作网络系统"。

（5）加强中小企业的产学研合作，吸收各方面科技力量参与技术创新。提高科技成果转化或产业化率，是实施创新驱动发展战略的重要举措。科技型中小企业与高校进行合作，既可提高高校科技成果的转化率，更能使中小企业快速实现科技创新，提高市场竞争力。要实现研究机构和大学的科技成果向中小企业实现技术转移，有赖于政府的大力支持，包括资金支持和合理的技术转移机制。比如政府可以每年从财政收入中拿出一部分资金，设立技术创新专项基金，制定科技型中小企业技术创新专项计划。政府可以通过构建公共服务平台，鼓励科技型中小企业与大学和科研机构联合开展技术创新，促进产学研结合，推动中小企业、大学和科研机构组建技术战略联盟，共同研究与开发，加速科技成果向生产力的转化。

7.2.3 落实事权财权匹配原则，推进地方创新基金设立

正如贾康等人（2015）指出的，"在认识民营经济、中小企业重要性和中小企业融资难题的基础上，需要发展政策性金融来破解难题，把相关的体制、机制建设摆在战略高度，从中央到地方推动'政策性资金、市场化运作、专业化管理、信贷式放大'创新机制的探索和开拓，抓住风险共担和支持对象合理遴选两大要领，发展中国现代化崛起中的 PPP（公私合作伙伴关系）机制"。"政策性资金、市场化运作、专业化管理，追求的是一种信贷式放大的效应，就是要体现以财政资金拉动信贷资金的乘数效应，发挥四两拨千斤的作用。近年来，财政放出 3 亿多元的资金作贷款贴息，不论是国有还是民营企业，只要其申请的项目是符合国家产业政策和技术经济政策的，是财政政策应支持的，即可以用贴息方式支持。贴息拉动的是商业性的贷款。从 1998 年应对亚洲金融危机以来，中央坚持运用财政资金以贴息的方式支持企业技术改造和升级换代。财政出钱贴息比例的倒数，即为资金放大的倍数。放大倍数在中央层面为十倍以上。显然，贷款贴息是少花钱多办事、很好的运作机制。"

---

① 科技部．国家高新区积极引导和推动企业提高自主创新能力．www. most. gov. cn/gxjscykfg/dtxx/200505/t20050520_201786. htm.

美国、英国、日本等国的经验表明，对科技型中小企业的信贷资金与财政支持，应构建中央和地方政府相互配合的联动体系，建立以地方政府管理为着力点的创新基金管理体系，逐步改变地方对中央政府过度依赖的局面。科技部和财政部主管的中央级基金主要发挥引导启动与风险共担的作用，集中支持对国民经济和关键产业具有重大意义的项目与企业；地方主要协调地方企业与地方各金融机构、专业中介机构和科研机构的关系，配套基金重点支持有地方特色、对地方经济有拉动意义和重要影响的项目与企业。

7.2.4 完善有利于科技型中小企业成长的财税支持体系

政府通过财税政策支持，可以激励中小企业加大科技创新的投入。可考虑适当减免中小企业创新投资的税额，特别是新产品、新技术产品应给予较大的税收减免，扩大用于研究开发支出的减免税比例；对重大工业科技开发攻关项目免税或减税，对科技成果商品化的可以实行一定期限内的低税率。此外，可考虑提供中小企业技术创新优惠贷款，包括财政贴息贷款和低息贷款。

税收优惠逐步实现以直接优惠为主转向间接优惠为主，除继续对科技活动的所得税直接给予一定的优惠税率之外，应加速制定税前扣除（包括升值扣除）、税前抵免以及延迟支付等符合高新技术开发活动规律的税收政策。允许对科研活动使用的先进设备、专用装置、房屋实行加速折旧，积极推动生产型增值税向消费型增值税发展。

改进我国科技型中小企业研发投入的信息披露，使政府扶持其成长的努力变得更加透明、充分有效。

7.2.5 搭建企业资信增信共享平台，拓宽科技型企业融资渠道

我国应该建立多层次、多渠道的科技型中小企业技术创新的融资渠道。通过搭建融资平台，为科技型中小企业打包增信，拓宽其融资渠道。首先应建立中小企业信贷担保制度，充分发挥政府的信贷担保作用，有效引导金融机构向中小企业（特别是高成长的创新型科技型中小企业）发放科技贷款。此外，政府可以制定专门的政策措施向中小企业提供风险资

金，如设立中小企业的创业基金、科技开发基金，鼓励风险资本对中小企业的科技创新提供支持。当前政府采购、信用担保等政策对科技型中小企业未能很好地实施，一个重要原因是缺乏对中小企业信用情况的掌握，没有监督和协助执行的平台。创新基金在以往的受理、评审、监理过程中形成了一整套工作机制，拥有庞大的咨询专家队伍，与各地科技孵化器、生产力促进中心等机构，建立起了密切的工作关系，建立了一大批企业的基础信息。应当充分利用这些宝贵的数据库资源，形成创新基金信用数据库和信用共享平台，建立以诚信为基础，以约束条款为网络构架的管理体系，为科技型中小企业享受政府采购、信用担保等政策发挥作用，同时加强与国家有关部门的协作，为推动面向科技型中小企业的政府采购、信用担保等提供资信服务。创新基金在衔接科技政策方面已经积累了一定的经验，还可以更多地衔接产业、金融政策，形成对科技型中小企业综合抚育与支持的格局。各地应在积极做好科技型中小企业的认定工作的同时，推动创业孵化、企业转型升级和快速成长。根据 2013 年工业和信息化部印发的《关于促进中小企业"专精特新"发展的指导意见》以及 2016 年 6 月工业和信息化部发布的《促进中小企业发展规划（2016～2020 年）》，引导科技型中小企业走"专、精、特、新"发展道路，推动中小企业转型升级，做为当前深入推进供给侧结构性改革的重要举措，2017 年 3 月 28 日，上海市推出"'专精特新'中小企业'千家百亿'信用担保融资计划"，为符合条件的"专精特新"中小企业提供单户 300 万元，最高 1000 万元的无抵押信用担保贷款，破解轻资产的高成长型中小企业融资难题，助推"专精特新"中小企业创新发展[①]。上海市推出的"'专精特新'中小企业'千家百亿'信用担保融资计划"即为一个很好的尝试，可资各地借鉴。

7.2.6　改进监管评价机制，确保创新扶持基金安全高效使用

管好用好政府创新扶持基金等中小企业科技创新资金，需要财政部门同科技部门密切配合，加强协作；建立更加完善的管理监督评价机制。一是项目资金改为国库集中支付，纳入财政部中央补助地方专款国库集中支付试点，进一步提高资金的使用效率，减少资金运行环节，及时、足额地

---

① 工业与信息化部中小企业局．中小企业简报 2017 年第 3 期，总第 149 期．

将资金拨付到企业。二是加大地方财政部门的责任（主要是省级和地市级）。以前项目的申报、资金的拨付等均没有经过地方财政部门。三是建立新的监督和评价机制，确保监管贯穿于资金运行的事前、事中、事后全过程。事前由推荐单位会同当地财政部门，对本地区企业报送申请材料的真实性、准确性进行审核；事中通过国库集中支付，将资金及时足额拨付到企业，对项目执行情况进行监督；事后进一步完善项目验收环节，加强政策资金使用的跟踪问效。

7.3　研究结论、研究局限和未来展望

科技型中小企业的发展壮大对于活跃我国经济、推动技术创新、提升我国企业的国际竞争力都具有至关重要的作用。科技型中小企业成长性的高低直接影响着企业其他目标能否实现，从而也会影响到各利益相关者的行为决策。本书从科技部科技型中小企业技术创新基金视角出发，评价科技型中小企业的成长性，旨在采用适当的方法构建评价模型，客观和公正地评价我国科技型中小企业的成长状况，为促进我国科技型中小企业持续稳定成长和创新基金的恰当投放提供一些有益的借鉴与参考。

通过对前述内容的研究，本书得出以下结论。

第一，企业成长与企业成长性是两个既相互区别又相互联系的概念。企业成长是指企业从小到大、从弱到强的发展过程。企业成长性是企业所蕴含的一种潜力，此潜力可以通过一些外在指标表现出来。成长性高表示企业在将来能够实现快速稳定的成长，成长性低则表示企业在将来难以实现快速稳定的成长。

第二，对科技型中小企业进行成长性评价，需要设立完整的评价指标体系，在对已有评价指标体系的评析基础上，提出了设立评价指标体系的思路，把反映科技型中小企业成长性的因素分为企业所拥有的资源与企业利用资源的能力两方面。其中，企业资源可以分为物质资源、智力资源和市场资源，相应的，企业能力可以分为运营能力、研发能力、盈利能力。

第三，在设计好的评价指标体系基础上，需要选用合适的评价方法对科技型中小企业的成长性进行评价。主成分分析法利用评价指标之间的相关关系，将多个指标的影响力反映在少数几个主成分上，既能充分利用评价指标提供的信息，又避免了主观评价法的随意性与不确定性。

第四，结合评价指标和评价方法，构建综合评价模型，运用数据对评价模型进行检验。评价结果显示，总体而言，政府创新扶持基金支持的企业表现出了更高的成长性，从而表明企业可利用资源的明显增加，而利用资源的能力还需进一步提升。

尽管本书研究取得了一定的阶段性成果，但笔者深知，由于主客观条件的限制，本书还存在不少缺憾与不足之处：虽然本书设计了一套较为全面的评价指标，但仍主要考虑了定量指标，而未考虑定性指标，势必影响评价指标体系的科学性与评价结果的准确性；本书报告所提供的实证研究数据尚不尽充分，缺少创业板中获得过创新基金立项支持的中小企业数据，仅选择了在中小板上市的公司作为样本，但是由于中小企业板的运行时间仍不长，数据主要来自上市公司的招股说明书，仅为3年的数据、而非公司上市后的连续数据，同时，仅根据企业是否获得政府R&D支持设置虚拟变量，并未充分考虑支持强度（即"支持资金/公司规模"）差异的影响，也未对研究结果进行稳健性检验，在一定程度上影响了研究结论的普适性与信度，评价结果可能不太准确。

笔者认为，有关本课题可继续研究的方向主要包括以下几个方面。

第一，深化对科技型中小企业成长性影响因素的研究。鉴于企业成长性的表现形式多种多样、其影响因素也较多，而随着全球化市场的形成，我国在世界经济中的地位势必进一步提高，科技型中小企业必须练好内功方可应对竞争更趋激烈的全球化市场，有必要对影响企业成长性的构成要素作深入分析。

第二，进一步改进科技型中小企业成长性的评价指标体系，使其更为科学、合理、全面，更富有可行性。

第三，鉴于企业能力的提升是一个渐进的发展过程，可从更长的时间跨度来研究政府创新扶持基金支持的财务有效度。

第四，运用多类样本实证检验政府扶持资金不同扶持方式的效率与效果（有效性）差异，为优化相关扶持政策提供更有针对性的参考。

参 考 文 献

［1］艾音方．香港中小企业的发展与社会支援政策［J］．国际经济合作，2005（08）．

［2］安同良，周绍东，皮建才．R&D 补贴对中国企业自主创新的激励效应［J］．经济研究，2009（10）：87－98．

［3］白俊红，李婧．政府 R&D 资助与企业技术创新——基于效率视角的实证分析［J］．金融研究，2011（6）：181－193．

［4］白仲光，张维．基于随机边界定价模型的新股短期收益研究［J］．管理科学学报，2003，6（1）：51－59．

［5］［意大利］保罗·西洛斯·拉比尼（Paolo Sylos Labini）．寡头与技术进步［M］．哈佛大学出版社，1975：26．

［6］鲍新中，李晓非．基于时序数据的高技术企业成长性分析［J］．科学学研究，2010（2）：275－281．

［7］蔡根女，鲁德银．中小企业发展与政府扶持［M］．北京：中国农业出版社，2005（5）．

［8］蔡宁，陈功道．论中小企业的成长性及其衡量［J］．社会科学战线，2001（1）：15－18．

［9］蔡忆宁．创新基金使江苏中小企业如虎添翼［J］．中小企业科技，2004（11）：39－40．

［10］曹玲．韩国企业技术创新体系建设及其启示［J］．技术经济，2012（8）：70－74．

［11］曹玉书．法国政府是如何扶持中小企业发展的［J］．宏观经济管理，2000（3）：53－55．

［12］陈聪，李纪珍．科技型中小企业创新基金效果评估［J］．技术经济，2013，32（10）．

［13］陈佳贵．关于企业生命周期的探讨［J］．中国工业经济丛刊，1988（2）．

［14］陈佳贵．关于企业生命周期与企业蜕变的探讨［J］．中国工业经济，1995（11）：5－13．

［15］陈乃醒等．中国中小企业发展报告（2008～2009）［M］．北京：中国经济出版社，2009：141－142．

［16］陈乃醒，胥和平．企业改革：从中小企业突破［J］．中国软科学，1995（12）．

［17］陈乃醒．中小企业经营与发展［M］．北京：经济管理出版社，1999（3）．

［18］陈乃醒．我国中小企业发展现状及对策研究［J］．武汉理工大学学报：社会科学版，2004，17（6）：677－680．

［19］陈宁，余旭．科技型中小企业技术创新基金绩效分析［J］．理论探索，2010（5）：76－79．

［20］陈小悦．对会计实证研究方法的认识［J］．会计研究，1997（7）：8．

［21］陈晓，李静．地方政府财政行为在提升上市公司业绩中的作用探析［J］．会计研究，2001（12）：20－28．

［22］陈晓红，邹湘娟，佘坚．中小企业成长性评价方法有效性研究［J］．当代经济科学，2005（5）．

［23］陈晓红．我国中小企业的经营模式和产业政策［J］．系统工程，2001，19（4）：4－8．

［24］陈心德，邱羚．完善中小企业政策和服务体系的系统思考［J］．系统科学学报，2010（1）：46－49．

［25］陈旭东，胡平．创新基金中存在机会主义行为的原因及影响［J］．科学学与科学技术管理，2005（12）：98－101．

［26］陈雅玲．创新基金推动科技型中小企业技术创新问题研究［D］．合肥工业大学硕士论文，2012．

［27］陈泽聪，吴建芳．小型上市公司成长性指标的统计分析［J］．财经科学，2002（S2）．

［28］程国婵．发展中小企业的财政税收政策探讨［J］．财经科学，2001（1）：72－74．

［29］程红丹、吴松强、邓泽宏．台湾发展中小企业的财税支持体系研究［J］．贵州财经学院学报，2003（04）：34－36．

［30］池仁勇、汤临佳．科技型中小企业发展政策研究［M］．北京：

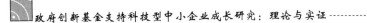

经济科学出版社，2013（8）．

[31] 迟宁，邓学芬，牟绍波．基于技术创新的中小科技企业成长性评价——我国中小企业板上市公司的实证分析 [J]．技术经济与管理研究，2010（5）：46-49．

[32] 仇保兴．小企业集群研究 [M]．上海：复旦大学出版社，1999（10）．

[33] 丛佩华．浅谈企业的成长性及其财务评价方法 [J]．财会研究，1997（09）；企业的成长性及其财务评价 [J]．广东审计，1997（09）．

[34] 邓聚龙．灰色系统理论教程 [M]．武汉：华中理工大学出版社，1990（10）．

[35] 邓彦．发达国家的科技型中小企业融资政策对我国的启示 [J]．中国管理信息化，2007，10（5）：55-57．

[36] 邓泽宏．台湾中小企业辅导政策体系的社会性特点解读 [J]．经济社会体制比较，2007（3）：86-91．

[37] 邓子基．关于扶持、发展我国中小企业若干问题 [J]．福建论坛（人文社会科学版），2010（05）．

[38] 杜沔，王良成．我国上市公司配股前后业绩变化及其影响因素的实证研究 [J]．管理世界，2006（3）：114-121．

[39] 杜运周，任兵，陈忠卫，张玉利．先动性，合法化与中小企业成长——一个中介模型及其启示 [J]．管理世界，2008（12）：126-138．

[40] 段小华．科技公共投入支持新兴产业发展的有效性研究 [M]．北京：中国社会科学出版社，2012．

[41] 范柏乃，沈荣芳，陈德棉．中国风险企业成长性评价指标体系研究 [J]．科研管理，2001，22（1）：112-117．

[42] 范柏乃，沈荣芳．发达国家发展中小企业的政策措施 [J]．经济管理，2000（5）．

[43] 付剑峰．美国 SBA 小企业技术创新服务模式及其对我国的启示 [N]．科技日报，2014-04-20．

[44] 傅红岩．吉布莱特定律与西方企业成长理论评述 [J]．经济学动态，1998（08）．

[45] 高松，庄晖，牛盼强．科技型中小企业政府资助效应提升研究——基于企业生命周期的观点 [J]．中国工业经济，2011（7）：150-158．

［46］高正平．政府在风险投资中作用的研究［M］．北京：中国金融出版社，2003．

［47］顾江．规模经济论［M］．北京：中国农业出版社，2001．

［48］顾颖，房路生．中小企业创业影响因素研究——基于陕西省经验的案例分析［J］．西北大学学报（哲学社会科学版），2006，36（2）：25－29．

［49］顾颖，房路生．中小企业支持政策体系问题研究——基于陕西省经验的实证分析［J］．经济管理，2006（18）：82－89．

［50］管晓永．论中小企业融资担保的投资主体［J］．科技进步与对策，2002，19（10）：157－159．

［51］郭国庆．营销方式新进展：从 CRM 到交叉销售［J］．管理评论，2003，15（2）：40－44．

［52］郭晓丹，何文韬，肖兴志．战略性新兴产业的政府补贴，额外行为与研发活动变动［J］．宏观经济研究，2011（11）：63．

［53］郭晓丹，何文韬．战略性新兴产业政府 R&D 补贴信号效应的动态分析［J］．经济学动态，2011（9）：88－93．

［54］郭研，郭迪，姜坤．市场失灵，政府干预与创新激励——对科技型中小企业创新基金的实证检验［J］．经济科学，2016（3）：114－128．

［55］郭研，郭迪，姜坤．政府资助，项目筛选和企业的创新产出——来自科技型中小企业创新基金的证据［J］．产业经济研究，2015（2）：33－46．

［56］韩福荣，徐艳梅．企业仿生学［M］．北京：企业管理出版社，2002．

［57］韩太祥．企业成长理论综述［J］．经济学动态，2002（5）：82－86．

［58］郝臣．中小企业成长：政策环境与企业绩效［J］．上海经济研究，2006（11）．

［59］贺远琼，田志龙，陈昀．企业高管社会资本与企业经济绩效关系的实证研究［J］．管理评论，2007，19（3）：33－37．

［60］胡鞍钢，唐啸，杨竺松，鄢一龙．中国国家治理现代化［M］．中国人民大学出版社，2014（9）．

［61］胡兰．创新基金培育科技型中小企业的希望工程［J］．中国高

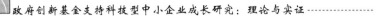
新区，2006（5）：25-27.

[62] 胡萍．创新基金实施效果与制度安排研究：以浙江省为例 [D].浙江大学硕士论文，2005.

[63] 黄军英．后危机时代英国政府的科技与创新政策 [J].中国科技论坛，2012（4）.

[64] 黄倩．中国创业板上市公司成长性评价 [D].云南财经大学硕士论文，2011.

[65] 黄小花．借鉴美，日，法三国经验加强对我国中小企业的金融支持 [J].经济管理，1997（6）：60-62.

[66] 黄新建，李若山．中国上市公司配股融资前后经营业绩研究——来自上海股市的经验证据 [J].生产力研究，2007（11）：46-47.

[67] 惠恩才．关于上市公司成长性分析 [J].财经问题研究，1998（4）：49-51.

[68] 贾康等．建设科技型中小企业金融服务体系的政策优化 [M].北京：经济科学出版社，2015（4）：68-79.

[69] 蒋伏心．我国科技型小企业发展的困难与对策 [J].中国工业经济，1999（9）：009.

[70] 解维敏，唐清泉，陆姗姗．政府 R&D 资助，企业 R&D 支出与自主创新——来自中国上市公司的经验证据 [J].金融研究，2009（6）：86-99.

[71] 荆浩，赵希男，从少平．成长型科技中小企业识别研究 [J].管理评论，2007，19（9）：3-7.

[72] 孔德兰等．基于发展方式转变的中小企业金融支持体系研究 [M].北京：中国金融出版社，2012（10）.

[73] 孔祥敏．加强对中小企业的援助：中国产业发展道路的重要选择 [J].长白学刊，1998（5）：38-42.

[74] 黎志成，刁兆峰．论企业成长力及其形成机理 [J].武汉理工大学学报：信息与管理工程版，2003，25（5）：86-88.

[75] 李柏洲，马永红，孙立梅，李晓娣．中国中小型高科技企业成长性评价 [M].北京：经济管理出版社，2006.

[76] 李柏洲，孙立梅．基于 β 调和系数法的中小型高科技企业成长性评价研究 [J].哈尔滨工程大学学报，2006，27（6）：908-913.

[77] 李浩研，崔景华．税收优惠和直接补贴的协调模式对创新的驱

动效应 [J]. 税务研究, 2014 (3)：85-89.

[78] 李纪珍、闫立罡. 欧盟创新驿站网络对中国科技中介机构发展的启示 [J]. 科学学与科学技术管理, 2006 (5)：36-40.

[79] 李玲. 中小企业板上市公司成长性综合评价研究 [D]. 天津商业大学硕士论文, 2010.

[80] 李维安, 张国萍. 经理层治理评价指数与相关绩效的实证研究 [J]. 经济研究, 2005 (11)：87-98.

[81] 李维安. 为什么要推出中小企业经济发展指数 [J]. 南开管理评论, 2005, 8 (4)：1.

[82] 李伟铭, 李春燕. 高技术产业发展与政策研究——培育竞争优势 [M]. 北京：科学出版社, 2011 (8).

[83] 李远远, 蔡翔. 国外政府对小企业发展的支持策略研究 [J]. 技术经济与管理研究, 2010 (6)：107-110.

[84] 李振兴. 英国实施创新券计划支持中小企业创新 [J]. 全球科技经济瞭望, 2013 (06).

[85] 李祖平. 创新基金, 四大功能"激"科技 [J]. 今日科技, 2005 (3)：26-26.

[86] 梁达. 研发投入对创新创业有超常作用 [J]. 中国中小企业, 2016 (02)：76-79.

[87] 梁寒冰, 安杨. 科技型中小企业创新基金运作模式的构建 [J]. 科技进步与对策, 2009 (10), 26 (5)：82-84.

[88] 梁军. 中小企业劣势之源及产业组织方式选择 [J]. 生产力研究, 2007 (15)：132-134.

[89] 林海明、林敏子、丁洁花. 主成分分析法与因子分析法应用辨析 [J]. 数量经济技术经济研究, 2004 (9).

[90] 林海明. 对主成分分析法运用中十个问题的解析 [J]. 统计与决策 (理论版), 2007 (8).

[91] 林汉川, 管鸿禧. 我国东中西部中小企业竞争力实证比较研究 [J]. 经济研究, 2004 (12)：45-54.

[92] 林汉川, 周晖. 试论我国中小企业的行业结构与行业定位, 改革 [J]. 2003 (4)：33-40.

[93] 林汉川, 魏中奇. 中小企业发展与创新 [M]. 上海：上海财经大学出版社, 2001.

[94] 林毅夫，李永军．中小金融机构发展与中小企业融资 [J]．经济研究，2001，1 (10)：10-18．

[95] 刘合生．政府促进中小企业发展政策研究——基于金融危机背景下的思考 [M]．北京：中国社会科学出版社，2012 (10)．

[96] 刘金林．创业板上市企业成长性评价指标体系的设计及实证研究 [J]．宏观经济研究，2011．

[97] 刘伟东，陈凤杰．中小企业现代经营 [M]．大连：东北财经大学出版社，2002 (7)：1．

[98] 刘小川．我国对科技型中小企业的财政政策扶持体系 [J]．南京师大学报（社科版），2006 (6)．

[99] 刘迎秋．国际金融危机与新自由主义的理论反思 [J]．理论参考，2010 (1)：54-56．

[100] 鲁德银，蔡根女，陈正，张小青．中小企业成长中企业制度变迁的作用及借鉴 [J]．财经研究，2003，29 (12)：60-67．

[101] 鲁德银．中小企业成长机制分析 [J]．经济问题探索，2004 (2)：49-52．

[102] 陆立军，朱海就．浙江民营科技型中小企业技术创新能力与区域经济增长的实证研究 [J]．科技进步与对策，2004，21 (3)：93-95．

[103] 陆正飞，施瑜．从财务评价体系看上市公司价值决定——"双高"企业与传统企业的比较 [J]．会计研究，2002 (5)：18-23．

[104] 罗红波，戒殿新．欧盟中小企业与中-欧合作 [M]．北京：中国财政经济出版社，2001．

[105] 吕国胜．中小企业研究 [M]．上海：上海财经大学出版社，2000，(1)．

[106] 吕一博，苏敬勤．中小企业成长的影响因素——不确定条件下资源的经济寻租视角 [M]．北京：科学出版社，2011．

[107] 马永红，李柏洲，刘拓．我国中小型高科技企业成长环境评价研究 [J]．科技进步与对策，2006，23 (6)：95-97．

[108] 梅建明，王琴．我国科技创新基金绩效评价研究——以中部D市W区为例 [J]．中南财经政法大学学报，2012 (3)：68-73．

[109] 欧阳峣等．中国支持中小企业发展的政策和服务体系研究 [M]．北京：中国社会科学院出版，2009．

[110] 潘勤燕．基于生命周期理论的科技型中小企业扶持政策研究

［D］．江南大学硕士论文，2012．

［111］潘越，戴亦一，李财喜．政治关联与财务困境公司的政府补助——来自中国 ST 公司的经验证据［J］．南开管理评论，2009，12（5）：6－17．

［112］潘镇，鲁明泓．基于价值链之上的企业竞争力——一项对 457 家中小企业的实证研究［J］．管理世界，2003（3）：119－125．

［113］彭国莉．面向中小企业自主创新的信息服务［J］．情报杂志，2007（6）．

［114］秦辉，傅梅兰．渐进性创新与突破性创新：科技型中小企业的选择策略［J］．软科学，2005，19（1）：78－80．

［115］秦雪征，尹志锋，周建波，等．国家科技计划与中小型企业创新：基于匹配模型的分析［J］．管理世界，2012（4）：70－81．

［116］任国良，蔡宏波，郭界秀等．政府 R&D 政策评价研究的实证沿革与最新进展——综述与评价［J］．世界经济文汇，2013，3（6）：55－88．

［117］戎殿新．意大利中小企业的管理新动向［J］．中外管理，1996（09）：45－46．

［118］尚增健．我国中小企业成长性的实证研究［J］．财贸经济．2002（9）：65－73．

［119］石定环．大力促进科技型中小企业的发展［J］．机电产品开发与创新，1999（10）：1－3．

［120］宋建彪．中小企业成长性评价：一个亟待研究的课题［J］．华南金融研究，2004，19（3）：64－68．

［121］宋来，常亚青．中小企业成长性及其决定变量的研究－基于企业价值增长决定模型上的分析［J］．华东理工大学学报（社会科学版），2008（1），23（2）：43－48．

［122］苏哲．加拿大鼓励和保护企业技术创新及知识产权的相关政策措施［J］．全球科技经济瞭望，2006（9）：24－26．

［123］孙瑞华．中小板幕后的创新基金背影：创新基金上演雪中送炭？［J］．新经济导刊，2004（13）：54－58．

［124］孙同徽．加大财政支农力度促进农业经济快速发展［J］．吉林财税，2002（5）：22－23．

［125］孙晓文．法国、意大利中小企业发展与扶持措施考察［J］．甘肃社会科学，2003（02）：130－133．

[126] 唐清泉，罗党论．政府补贴动机及其效果的实证研究——来自中国上市公司的经验证据 [J]．金融研究，2007 (06A)：149 – 163.

[127] 汪玲．中小企业信用担保：他国的模式及借鉴意义 [J]．国际经济合作，2005 (8).

[128] 汪强．从成长性分析看企业成长模型研究 [J]．现代会计，2003 (2).

[129] 王国顺．企业理论：能力理论 [M]．北京：中国经济出版社，2006：17.

[130] 王鸿貌、杨丽薇．欧洲十二国专利盒制度的比较与借鉴 [J]．知识产权，2016 (4)：108.

[131] 王会芳．从创业到成长——首批深圳 23 家创业板预选企业的变迁与比较分析 [R]．深交所，2006 (2)：89 – 98.

[132] 王会芳．中小科技企业成长性评价问题研究 [R]．深圳证券交易所综合研究所研究报告，2006.

[133] 王瑞瑾．创新基金对科技型中小企业财务成长性影响的实证研究 [D]．中央财经大学硕士论文，2010.

[134] 王文华，夏丹丹，朱佳翔．政府补贴缓解研发融资约束效应实证研究——来自高新技术上市公司的经验证据 [J]．科技进步与对策，2014，31 (8)：22 – 26.

[135] 王向阳，徐鸿．企业成长性标准的界定研究 [J]．中国软科学．2001 (7)：63 – 66.

[136] 王学栋．中小企业技术创新与法律规范：美国的经验 [J]．软科学，2001 (5).

[137] 王芝文，周密，周萍等．2012 年国家科技型中小企业技术创新基金江苏省实施情况分析 [J]．江苏科技信息，2013 (9)：3 – 5.

[138] 王芷萱．高新技术企业 R&D 支出与成长性的研究 [D]．浙江财经学院硕士论文，2012.

[139] 邬爱其，贾生华，曲波．企业持续成长决定因素理论综述 [J]．外国经济与管理，2003，25 (5)：13 – 18.

[140] 吴世农，李常青，余玮．我国上市公司成长性的判定分析和实证研究 [J]．南开管理评论，1999 (4)：49 – 57.

[141] 吴翌琳，谷彬．科技金融服务体系的协同发展模式研究——中关村科技金融改革发展的经验与启示 [J]．中国科技论坛，2013，1 (8)：

134 – 141.

[142] 徐根兴，陈勇鸣. 民营企业加速发展期的运行方式［M］. 北京：中共党校出版社，2005.

[143] 徐伟民，李志军. 政府政策对高新技术企业专利产出的影响及其门槛效应——来自上海的微观实证分析［J］. 上海经济研究，2011 (7)：77 – 83.

[144] 徐希燕等. 科技型小微企业政策研究［M］. 中国社会科学出版社，2014 (12).

[145] 许先国，汪永成. 香港特区政府中小企业扶持政策分析［J］. 武汉大学学报（社科版），2003 (02)：177 – 182.

[146] 许小青，黄小勇，钟铃. 完善江西中小企业信息化服务体系的思考［J］. 企业经济，2005 (6).

[147] 杨杜. 企业成长论［M］. 北京：中国人民大学出版社，1996 (6).

[148] 杨松令. 中小企业会计管理问题研究［M］. 北京：中国人民大学出版社，2004.

[149] 杨小凯. 企业理论的新发展［J］. 经济研究，1994 (7)：60 – 65.

[150] 杨小凯，杨有光. 专业化与经济组织［M］. 北京：经济科学出版社，1999.

[151] 杨志安. 韩国技术创新的税收政策及启示［J］. 税务研究，2004 (1)：58 – 61.

[152] 于海峰. 欧盟与中国支持中小企业技术创新财税政策的比较研究［J］. 税务研究，2009 (11).

[153] 余明桂，回雅甫，潘红波. 政治联系，寻租与地方政府财政补贴有效性［J］. 经济研究，2010，45 (3)：65 – 77.

[154] 余应敏. 谁能解当前中小微企业的生存之困［J］. 财会学习，2015 (1)：13 – 15.

[155] 余应敏. 科技型中小企业财务预测数据的信息含量：来自创新基金立项影响因素的经验证据［J］. 中央财经大学学报，2008 (11).

[156] 余应敏. 中小企业财务报告行为：理论与实证［M］. 北京：中国财政经济出版社，2006 (7).

[157] 袁红林. 完善中小企业政策支持体系研究［M］. 大连：东北

财经大学出版社，2010.

[158] 袁红林. 小企业成长研究 [M]. 北京：中国财政经济出版社，2004：13.

[159] 袁建明. 科技型中小企业创业发展生命周期特征分析 [J]. 合肥工业大学学报（社会科学版），2000，14 (4)：58 - 61.

[160] 袁美娟. 世界小型企业的发展与借鉴 [M]. 天津：天津人民出版社，1999.

[161] 原红旗. 股权再融资之"谜"及其理论解释 [J]. 会计研究，2003 (5)：16 - 21.

[162] 岳宝宏，王化成，谢丽. 中小企业技术创新基金投资体制研究——从"支持模式"到"投资模式"的转变 [J]. 科学学与科学技术管理，2007，28 (9)：59 - 64.

[163] 曾萍，邬绮虹. 政府支持与企业创新：研究述评与未来展望 [J]. 研究与发展管理，2014 (2)：98 - 109.

[164] 曾驭然. 欧盟中小企业创业投资政府支持体系 [J]. 国际经贸探索，2007 (12)：71 - 74.

[165] 张炳申，罗明忠. 中小企业发展的产业组织分析——以广东中小企业产业组织的发育为例 [J]. 暨南学报：哲学社会科学版，2003，25 (1)：42 - 48.

[166] 张春霖著. 企业组织与市场体制 [M]. 上海：上海人民出版社、上海三联书店，1996 (1)：1.

[167] 张慧丽. 中小企业技术创新能力与成长性关系的实证研究 [D]. 山东大学，2010.

[168] 张杰，陈志远，杨连星等. 中国创新补贴政策的绩效评估：理论与证据 [J]. 经济研究，2015 (10)：4 - 17.

[169] 张俊瑞，李彬. 基于财务信息视角的高新技术上市公司成长性评价研究 [J]. 科技进步与对策，2009，26 (1)：127 - 130.

[170] 张丽玮等. 科技型中小企业在技术创新中的作用和对策研究 [J]. 科技管理研究，2008 (11)：9 - 10.

[171] 张维迎. 危机中的选择 [J]. 中国税务，2009 (6)：025.

[172] 张炜，杨选良. 自主创新概念的讨论与界定 [J]. 科学学研究，2007，24 (6)：956 - 961.

[173] 张卫星，霍国庆，张晓东. 科技型中小企业技术创新基金的价

值及其测度研究 [J]. 中国软科学, 2013 (11): 123 –131.

[174] 张祥建, 裴峰, 徐晋. 上市公司核心能力盈利性与成长性的实证研究——以"中证·亚商上市公司50强"为例 [J]. 会计研究, 2004 (7): 72 –77.

[175] 张秀生. 国外中小企业的发展概况 [M]. 北京: 中国商业出版社, 1999: 71.

[176] 张远鹏. 欧盟中小企业政策措施的新发展 [J]. 外国经济与管理, 2001 (07): 33 –35.

[177] 赵光荣, 韩宝银. 雪中送炭促进发展创新基金让科技型中小企业插上腾飞的翅膀 [J]. 江苏科技信息, 2004 (8): 27 –29.

[178] 赵天翔, 李晓丽. 高新技术创业企业的成长性评价 [J]. 华北电力大学学报 (社会科学版), 2003 (1): 31 –34.

[179] 赵文成. 加拿大的科技体制和科技政策 [R]. 中国工程院战略咨询研究报告, 2010 (03): 22.

[180] 赵晓. 企业成长理论研究 [D]. 北京大学博士论文, 1999.

[181] 赵颖, 戴淑芬. 意大利模式对促进我国家族企业技术创新的启示 [J]. 现代管理科学, 2005 (6): 61.

[182] 赵玉林, 黄志刚. 科技型小企业发展的生命周期及其特点分析 [J]. 武汉工业大学学报, 2000, 22 (1): 76 –78.

[183] 郑晓. 科技类上市公司成长性评价模型及实证研究 [D]. 清华大学硕士论文, 2005.

[184] 郑之杰. 中外中小企业发展及其立法比较研究 [J]. 金融研究, 2004 (4).

[185] 中国企业评价协会等. 成长型中小企业评价的方法体系 [J]. 北京统计, 2001 (05).

[186] 中国银行业协会商业银行投贷联动研究课题组. 探索商业银行投贷联动新模式——英国"中小企业成长基金"启示与借鉴 [J]. 中国银行业, 2015 (7).

[187] 周建军, 王韬. 高科技企业成长性评价体系初探 [J]. 科技管理研究, 2002, 22 (4): 14 –17.

[188] 周三多, 邹统钎. 战略思想史 [M]. 上海: 复旦大学出版社, 2002.

[189] 周志丹. 成长型高新技术企业的成长性评估研究——基于宁波

市的实证分析 [J]. 评价与管理, 2010, 8 (1): 21 - 26.

[190] 周志丹. 高新技术企业成长性评价的实证分析 [J]. 工业技术经济, 2007 (11).

[191] 朱和平, 王韬, 颜节礼. 中小型高科技企业成长性评价研究 [J]. 证券市场导报, 2004 (5): 64 - 68.

[192] 朱和平, 王韬. 创业板上市公司成长性的实证分析 [J]. 华中科技大学学报 (自然科学版), 2004, 32 (10): 82 - 85.

[193] 朱和平. 创业板上市公司成长性及评价研究 [D]. 华中科技大学博士论文, 2005.

[194] 朱琥祥, 张帆. 公司上市前后经营业绩变化的经验分析 [J]. 世界经济, 2001 (11): 11 - 18.

[195] 朱坤林. 意大利中小企业融资政策及其启示与借鉴 [J]. 经济界, 2008 (6): 16.

[196] 朱平芳, 徐伟明. 政府的直接科技拨款资助和税收激励对工业企业 R&D 活动资金投入的影响——来自上海市大中型工业的实证分析 [J]. 经济研究, 2003 (6): 51 - 62.

[197] 朱松, 高明华. 政府扶持对中小企业的影响研究 [M]. 北京: 经济科学出版社, 2016 (6).

[198] 邹彩芬, 许家林, 王雅鹏. 政府财税补贴政策对农业上市公司绩效影响实证分析 [J]. 产业经济研究, 2006 (3): 53 - 59.

[199] Adizes, Ichak, Organizational passages – Diagnosing and treating lifecycle problems of organizations [J]. *Organizational Dynamics*, 1979.

[200] Akerlof G., The Market for Lemons: Quality Uncertainty and The Market Mechanism [J]. *Quarterly Journal of Economics*, 1970 (89): 488 - 500.

[201] Albaladejo M., A service centre approach to local innovative SMEs: The case of the Spanish toy valley cluster [J]. *The IUP Journal of Applied Economics*, 2005, 4 (1): 13 - 29.

[202] Alfred D. Chandler, Jr., *The Visible Hand: The Managerial Revolution in American Business* [M]. Cambridge, MA: Harvard Belknap, 1977. xvi: 608; Chandler A D., Organizational capabilities and the economic history of the industrial enterprise [J]. *The Journal of Economic Perspectives*, 1992, 6 (3): 79 - 100.

[203] Arrow K J. , The Economic Implications of Learning by Doing [J]. Review of Economic Studies, June, 1962, 29: 155 – 173.

[204] Arrow K. , Economic welfare and the allocation of resources for invention [M]. The rate and direction of inventive activity: Economic and social factors. Princeton University Press, 1962: 609 – 626.

[205] Barkham M, Rees A, Stiles W B, et al. , Dose-effect relations in time-limited psychotherapy for depression [J]. *Journal of consulting and clinical psychology*, 1996, 64 (5): 927 – 935.

[206] Barro R J. , Government Spending in a Simple Model of Endogeneous Growth [J]. *Journal of Political Economy*, 1990, 98 (Volume 98, Number 5, Part 2): 103 – 126.

[207] Beck T, Maksimovic V. , Financial and legal constraints to firm growth: Does size matter? [M]. World Bank Publications, 2002.

[208] Bennett R, Robson P. , Changing use of external business advice and government supports by SMEs in the 1990s [J]. *Regional Studies*, 2003, 37 (8): 795 – 811.

[209] Berggren, B. , C. Olofsson, and L. Silver, Control Aversion and the Search for External Financing in Swedish SMEs [J]. *Small Business Economics*, 2000, 15 (3): 233 – 242.

[210] Bergström F. , Capital Subsidies and the Performance of Firms [J]. *Small Business Economics*, 2000, 14 (3): 183 – 193.

[211] Bernstein J I. , The effect of direct and indirect tax incentives on Canadian industrial R&D expenditures [J]. *Canadian Public Policy/Analyse de Politiques*, 1986: 438 – 448.

[212] Blank D M, Stigler G J. , The demand and supply of scientific personnel [J]. 1957. URL: http: //www. nber. org/books/blan57 – 1.

[213] Bottazzi G, Dosi G, Lippi M, et al. , Innovation and corporate growth in the evolution of the drug industry [J]. *International Journal of Industrial Organization*, 2001, 19 (7): 1161 – 1187.

[214] Bottazzi G, Dosi G, Lippi M, et al. , Innovation and corporate growth in the evolution of the drug industry [J]. *International Journal of Industrial Organization*, 2001, 19 (7): 1161 – 1187.

[215] Bozkaya A, Van Pottelsberghe De La Potterie B. , Who funds

technology-based small firms? Evidence from Belgium [J]. *Economics of Innovation and New Technology*, 2008, 17 (1 – 2): 97 – 122.

[216] Busom Isabel. , An empirical evaluation of the effects of R&D subsidies [J]. *Economics of Innovation and New Technology*, 2000, 9 (2): 111 – 148.

[217] Cai J, Loughran T. , The performance of Japanese seasoned equity offerings, 1971 – 1992 [J]. *Pacific – Basin Finance Journal*, 1998, 6 (5): 395 – 425.

[218] Carpentier C, Suret J M. , The indirect costs of venture capital in Canada [R]. CIRANO, Working Papers 2005s – 25, 2005b.

[219] Cerulli G, Potì B. , Evaluating the robustness of the effect of public subsidies on firms' R&D: An application to Italy [J]. *Journal of Applied Economics*, 2012, 15 (2): 287 – 320.

[220] Chittenden, F. , G. Hall, and P. , Hutchinson. Small Firm Growth, Access to Capital Markets and Financial Structure: Review of Issues and an Empirical Investigation [J]. *Small Business Economics*, 1996, 8 (1): 59 – 67.

[221] Churchill N C, Lewis V L. , The 5 stages of small business growth [J]. *Harvard Business Review*, 1983, 61 (3): 30.

[222] Coase R H. , The nature of the firm [J]. *Economica*, 1937, 4 (16): 386 – 405.

[223] Colombo M G, Croce A, Guerini M. , The effect of public subsidies on firms' investment-cash flow sensitivity: Transient or persistent? [J]. *Research Policy*, 2013, 42 (9): 1605 – 1623.

[224] Colombo MG, Grilli L. , On growth drivers of high-tech start-ups: Exploring the role of founders' human capital and venture capital [J]. *Journal of Business Venturing*. 2010 Nov 30; 25 (6): 610 – 626.

[225] Cooper A C, Bruno A V. , Success among high-technology firms [J]. *Business Horizons*, 1977, 20 (2): 16 – 22.

[226] Corporative Executive Board. "Credit Scoring for High – End Small Business Customers. " Business Banking – Board Issue Brief, 2000.

[227] Cressy, R, and C. Olofsson, The Financial Conditions for Swedish SMEs: Survey and Research Agenda [J]. *Small Business Economics*,

1997, 9 (2): 179 –194.

[228] Cressy, R. , Business Borrowing and Control: A Theory of Entre-preneurial Types [J]. *Small Business Economics*, 1995, 7 (4): 291 –300.

[229] Czarnitzki D, Hanel P, Rosa J M. , Evaluating the impact of R&D tax credits on innovation: A microeconometric study on Canadian firms [J]. *Research Policy*, 2011, 40 (2): 217 –229.

[230] Davidsson, Per & Wiklund, Johan, Conceptual and Empirical Challenges in the Study of Firm Growth. In Sexton, D. & Landström, H. (Eds.) Handbook of Entrepreneurship. Blackwell Business, Malden, MA, 2000: 26 –44.

[231] Davidsson, P. , Entrepreneurship and After? A Study of Growth Willingness in Small Firms. Journal of Business Venturing, 1989, 4 (3): 211 – 226.

[232] Delmar F, Davidsson P, Gartner W B. , Arriving at the high-growth firm [J]. *Journal of Business Venturing*, 2003, 18 (2): 189 –216.

[233] Doh S, Kim B. , Government support for SME innovations in the regional industries: The case of government financial support program in South Korea [J]. *Research Policy*, 2014, 43 (9): 1557 –1569.

[234] European Commission, European Council Confirms Research and Innovation as Drivers of Growth and Jobs [R]. MEMO/12/153, Brussels, 2 March2012.

[235] Faccio M, Masulis R W, Mcconnell J J. , Political Connections and Corporate Bailouts [J]. *The Journal of Finance*, 2006, 61 (6): 2597 – 2635.

[236] Falk R. , Behavioural additionality effects of R&D – Subsidies: Empirical evidence from Austria [M]. Österr. Inst. für Wirtschaftsforschung, 2004.

[237] Fama E F, French K R. The CAPM: Theory and evidence [J]. CRSP working paper No. 550, August 2003.

[238] Feldman MP, Kelley MR. , The ex ante assessment of knowledge spillovers: Government R&D policy, economic incentives and private firm be-havior. Research Policy. 2006 Dec 31; 35 (10): 1509 –1521.

[239] Fischer E, Reuber A R. , Targeting export support to SMEs:

Owners' international experience as a segmentation basis [J]. *Small Business Economics*, 2003, 20 (1): 69 – 82.

[240] Fishman, Arthur & Rob, Rafael, An Equilibrium Model of Firm Growth and Industry Dynamics [R]. Penn Economics Department, Penn CA-RESS Working Papers. 1997.

[241] Ford J D, Slocum J W., Size, technology, environment and the structure of organizations [J]. *Academy of Management Review*, 1977, 2 (4): 561 – 575.

[242] Gale I L, Stiglitz J E., Futures Markets are Almost Always Informatnionally Inefficient [M]. Department of Economics, Princeton University, 1985.

[243] Gaver J J, Gaver K M. Additional evidence on the association between the investment opportunity set and corporate financing, dividend, and compensation policies [J]. Journal of Accounting and Economics, 1993, 16 (1 – 3): 125 – 160.

[244] Ghosh B C, Liang T W, Meng T T, et al., The key success factors, distinctive capabilities, and strategic thrusts of top SMEs in Singapore [J]. *Journal of Business Research*, 2001, 51 (3): 209 – 221.

[245] Goos, Maarten. Labour Demand, Firm Growth and the Evolution of Industries [R]. CiteSeerx, 2000.

[246] Greenwald B C, Stiglitz J E., Externalities in economies with imperfect information and incomplete markets [J]. *The Quarterly Journal of Economics*, 1986, 101 (2): 229 – 264.

[247] Greiner L E., Evolution and revolution as organizations grow [J]. *Harvard Business Review*, 1972.

[248] Guellec D, Van Pottelsberghe de la Potterie B., Does government support stimulate private R&D [J]. *OECD Economic Studies*, 1997: 95 – 122.

[249] Haire M., Psychology and the study of business: joint behavioral sciences. Social science research on business: Product and potential, 1959: 53 – 59.

[250] Hall. G., P. Hutchinson, and N. Michaelas, Determinants of the Capital Structures of European SMEs [J]. *Journal of Business Finance & Accounting*, 2004, 31 (5 – 6): 711 – 728.

[251] Hamilton, R. T. , & Shergill, G. S. , The relationship between strategy-structure fit and financial performance in New Zealand: Evidence of generality and validity with enhanced controls. Journal of Management Studies, 1992.

[252] Hansen, H. , J. Rand, and F. Tarp. "SME Growth and Survival in Vietnam: Did Direct Government Support Matter?" . Discussion Papers 04 – 13. Institute of Economics University of Copenhagen, 2004.

[253] Hellmann, T. , and J. Stiglitz, Credit and equity rationing in markets with adverse selection [J] . *European Economic Review*, 2000, 4 – 4 (2): 281 – 304.

[254] Herrera L, Ibarra E R B. , Distribution and effect of R&D subsidies_ A comparative analysis according to firm size [J] . *Intangible Capital*, 2010, 6 (2): 272 – 299.

[255] Hitt MA, Ireland RD, Hoskisson RE. , Strategic management cases: competitiveness and globalization [J]. *Cengage Learning*, 2012.

[256] Hsu F M, Horng D J, Hsueh C C. , The effect of government-sponsored R&D programmes on additionality in recipient firms in Taiwan [J]. *Technovation*, 2009, 29 (3): 204 – 217.

[257] Hussinger K. , R&D and subsidies at the firm level: An application of parametric and semiparametric two-step selection models [J]. *Journal of Applied Econometrics*, 2008, 23 (6): 729 – 747.

[258] Hyytinen A, Pajarinen M. Small business finance in Finland: A descriptive study [R]. ETLA Discussion Papers, The Research Institute of the Finnish Economy (ETLA), 2002.

[259] Hyytinen A, Väänänen L. Government funding of small and medium-sized enterprises in Finland [R]. ETLA Discussion Papers, The Research Institute of the Finnish Economy (ETLA), 2002.

[260] Jain B A, Kini O. , The Post-Issue Operating Performance of IPO Firms [J]. *The Journal of Finance*, 1994, 49 (5): 1699 – 1726.

[261] Kaivanto K, Stoneman P. , Risk shifting, technology policy and sales contingent claims: when is Launch Aid to the aerospace industry a subsidy? 2004.

[262] Kakati M. , Success criteria in high-tech new ventures [J] .

Technovation, 2003, 23 (5): 447 – 457.

[263] Kasemets, k. , R. Kriisa, and A. Reiljan, SME Support Policy in European Union and Baltic States: Principles and Problems. ERSA conference papers ersa01p13, European Regional Science Asseciation, 2001.

[264] Keynes J M. , The General Theory of Employment Interest and Money. The Collected Writings of John Maynard Keynes Vol. Ⅶ [M]. Shanghai Foreign Language Education Press, 1936.

[265] Kimberly J R. , Organizational size and the structuralist perspective: A review, critique, and proposal [J]. *Administrative Science Quarterly*, 1976: 571 – 597.

[266] Kogut B, Zander U. , Knowledge of the firm, combinative capabilities, and the replication of technology [J]. *Organization Science*, 1992, 3 (3): 383 – 397.

[267] Konings J, Xavier A. , Firm growth and survival in a transition country: Micro evidence from Slovenia [R]. LICOS Discussion Paper, 2002.

[268] Konings J. , Firm growth and ownership in transition countries [J]. *Economics Letters*, 1997, 55 (3): 413 – 418.

[269] Lach S. , Do R&D subsidies stimulate or displace private R&D? Evidence from Israel [J]. *The Journal of Industrial Economics*, 2002, 50 (4): 369 – 390.

[270] Lensink R, Steen PV, Sterken E. , Uncertainty and Growth of the Firm [J]. *Small Business Economics*, 2005 May 1; 24 (4): 381 – 391.

[271] Levitsky J. , Credit guarantee schemes for SMEs-an international review [J]. *Small Enterprise Development*, 1997, 8 (2): 4 – 17.

[272] Loughran T, Ritter J R. , The Operating Performance of Firms Conducting Seasoned Equity Offerings [J]. *The Journal of Finance*, 1997, 52 (5): 1823 – 1850.

[273] MacMillan I C, Siegel R, Narasimha P N S. , Criteria used by venture capitalists to evaluate new venture proposals [J]. *Journal of Business Venturing*, 1985, 1 (1): 119 – 128.

[274] Macpherson A, Holt R. , Knowledge, learning and small firm growth: A systematic review of the evidence [J]. *Research Policy*. 2007 Mar 31; 36 (2): 172 – 192.

[275] Marshall A. , Principles of economics: An introductory volume [M]. London: Macmillan, 1890; Marshall A. Mechanical and biological analogies in economics [J]. *Pigou*, AC (ed.), 1925.

[276] Mckinnon, Ronald I. , Money and Capital in Economic Development [R]. Washington, D. C. : The Brookings Institute, 1973.

[277] Megginson W L. Small business management: an entrepreneur's guide to success [M]. Irwin press, 1994.

[278] Motohashi K. , Use of Plant-level Micro-data for the Evaluation of SME Innovation Policy in Japan [J]. *OECD Directorate for Science*, 2002.

[279] Nichter S, Goldmark L. , Small firm growth in developing countries [J]. *World Development*, 2009, 37 (9): 1453 – 1464.

[280] North, D. , D. Smallbone, and I. Vickers, Public Sector Support for Innovating SMEs [J]. *Small Business Economics*, 2001, 16 (4): 303 – 317.

[281] Okamuro H. , Determinants of R&D activities by start-up firms: evidence from Japan [J]. *Small Business: Innovation, Problems and Strategy. Nova Science Publishers*, New York, 2009: 27 – 44.

[282] Penrose E T. , The theory of the growth ofthe firm [J]. *Sharpe*, 1959.

[283] Penrose, E. T. The Theory of the Growth of the Firm [M]. Oxford: Oxford University press, 1995.

[284] Porter ME. , Competitive strategy: Techniques for analyzing industries and competition [M]. New York. 1980: 300.

[285] Prahalad CK, Hamel G. , The core competence of the corporation. Boston (Ma). 1990: 235 – 256.

[286] Rik Donckels, Asko Miettinen. Entrepreneurship and SME research: on its way to the next millennium [M]. Ashgate, 1997.

[287] Romer, Paul M. (1986): "Increasing Returns and Long Run Growth," [J]. Journal of Political Economy, 94, 1002 – 1037.

[288] Romijn H, Albu M. , Innovation, networking and proximity: lessons from small high technology firms in the UK [J]. *Regional Studies*, 2002, 36 (1): 81 – 86.

[289] Sandberg W R, Hofer C W. , Improving new venture perform-

ance: The role of strategy, industry structure, and the entrepreneur [J]. *Journal of Business Venturing*, 1987, 2 (1): 5 – 28.

[290] SBP. The Impacts of Sector – Specific Policies and Regulations on the Growth of SMES in Eight Sectors of the South African Economy [J]. *Social Science Electronic Publishing*, 2006.

[291] Schäfer D., and O. Talavera, Small – Scale Business Survival and Inheritance: Evidence from Germany. Discussion Papers of DIW Berlin 636 [R]. German Institute for Economic Research, 2006.

[292] Schumacher EF., Small is beautiful [M]. New York: Harper & Row, 1973.

[293] Shapira P., Systems for Supporting Small Business in the United States: Insights and Challenges from State Programs in Georgia [M] // Crean empleo las Pymes?. Ministerio de Trabajo e inmigración, 2001: 137 – 156.

[294] Skoko H, Krivokapic – Skoko B, Skare M, et al., ICT adoption policy of Australian and Croatian SMEs [J]. *Managing Global Transitions*, 2006, 4 (1): 25.

[295] Stigler G J., The Division of Labor is Limited by the Extent of the Market [J]. *Journal of Political Economy*, 1951, 59 (3): 185 – 193.

[296] Stigler, George J., The economies of scale [J]. *The Journal of Law and Economics*, (1958): 54 – 71.

[297] Stiglitz J E, Weiss A., Asymmetric information in credit markets and its implications for macro-economics [J]. *Oxford Economic Papers*, 1992, 44 (4): 694 – 724.

[298] Stiglitz J E., Endogenous growth and cycles [R]. National Bureau of Economic Research, 1993.

[299] Storey, D J, New firm growth and bank financing [J]. *Small Business Economics*, 1994 (06): 139 – 150.

[300] Teece D J, Pisano G, Shuen A., Dynamic capabilities and strategic management [J]. *Strategic Management Journal*, 1997: 509 – 533.

[301] Thorsten Beck, Asli Demirguc – Kunt, Luc Laeven and Ross Levine. Finance, Firm Size, and Growth [J]. *Journal of Money, Credit and Banking*, 2008 (40): 1379 – 1405.

[302] Tzelepis D, Skuras D., The effects of regional capital subsidies on

firm performance: an empirical study [J]. *Journal of Small Business and Enterprise Development*, 2004, 11 (1): 121 – 129.

[303] Utrero González N. , Legal environment, capital structure and firm growth: international evidence from industry data [J]. 2002.

[304] Varadarajan P, Ramanujam V. , Diversification and Performance: A Reexamination using A New Two – Dimensional Conceptualization of Diversity in Firms [J]. *Academy of Management Journal*, 1987, 30 (2): 380 – 393.

[305] Warda J. , Measuring the Attractiveness of R&D Tax Incentives: Canada and Major Industrial Countries [C] Statistics Canada, The Conference Board of Canada, 1999.

[306] Weinzimmer L G, Nystrom P C, Freeman S J. , Measuring organizational growth: Issues, consequences and guidelines [J]. *Journal of Management: Official Journal of the Southern Management Association*, 1998, 24 (2): 235 – 262.

[307] Wernerfelt B, Montgomery C A. , Tobin's q and the importance of focus in firm performance [J]. *The American Economic Review*, 1988: 246 – 250.

[308] Wernerfelt, Birger. , A resource-based view of the firm [J]. *Strategic Management Journal*, 1984 (5.2): 171 – 180.

[309] Wiklund J, Davidsson P, Delmar F, et al. , Expected consequences of growth and their effect on growth willingness in different samples of small firms [J]. *Frontiers of Entrepreneurship Research*, 1997: 1 – 16.

[310] Yoon S S, Miller G. , Earnings management of seasoned equity offering firms in Korea [J]. *International Journal of Accounting*, 2002, 37 (1): 57 – 78.

[311] Zecchini S, Ventura M. , Public credit guarantees and SME finance [J]. *SSRN*, 2006.

致　　谢

　　感谢教育部人文社科规划基金项目的立项资助；感谢北京大学光华管理学院王立彦教授、首都经贸大学会计学院崔也光教授、北京工商大学商学院谢志华教授、中央财经大学会计学院孟焰教授和吴溪教授等专家在课题结项时给予的肯定与鼓励。感谢课题组成员的积极参与，您的支持对本专著的形成有着非常显著的积极影响。

　　感谢博士后合作导师贾康研究员抬爱，给了我升华自己、聆听恩师教诲的机会；感谢我的博士导师王君彩教授给予我的关怀、教导；我的硕士导师、德高望重的魏振雄教授一直关注着学生的成长，是魏老和师母教会了我如何面对人生的坦途曲折、如何做人、如何做事。师恩浩荡，学生没齿难忘！

　　感谢中央财经大学会计学院领导和同事们的鼓励与关照，感谢中央财经大学学术委员会、科研处的专家们。在我的成长过程中，他们都给了我这个天性驽钝、业绩并不突出的后学无限关爱与提携，让我能成就自己的梦想，成为一名具有良好"成长性"的、光荣的中财人。

　　感谢彭红星博士，张玉玲、李岩、王楠、岑雯奕、王曼虹、王瑞瑾、王亮、李悦嘉、董小朋、王光鹏、严亚洲等硕士提供的帮助。学生们都很优秀，我也始终以韩愈的"青出于蓝而胜于蓝"自勉，在教学相长的过程中，我总能欣慰于他们的成长与发展。

　　感谢家人对我求学的一向支持。特别感谢我善良而勤劳的母亲所给予的无私钟爱和对全家默默的奉献；母亲虽不识字，但她所明白的人生哲理远非一般人所能参悟，在儿子心目中，母亲是伟大的；母亲无怨无悔的辛劳和细心的呵护，既换来了一家人的安康，也时刻激励着我不断进取！感谢妻子方淑丽女士和女儿余越：妻子温柔贤惠、通情达理，对于我放弃优厚的待遇、选择清苦的求学之路表示充分理解并始终予以坚定支持，她未因我"好高骛远"、不安天命地四处奔波而有任何怨言，用柔弱的肩膀挑起了抚养教育女儿、赡养老人的重担；与妻同行，我平凡的人生旅途始终充溢着幸福和慰藉。我长年不在家，懂事的女儿很早就能理解支持我一次次的离家远行、总能以其自觉的行动与优异的成绩让我折服；面对她们母女，我心中总有说不尽的愧疚，实在非"谢"字所能言表！

感谢中央财经大学学术著作出版资助基金对本书出版的资助；感谢经济科学出版社王娟老师和相关编辑的关照与大力支持，使得本书得以面世。

在研究中，我参阅了大量的国内外相关文献，学者们的真知灼见使我深受教益，在此一并致谢。鉴于引文颇多，虽试图标明出处、却未必完整，敬祈见谅。囿于笔者水平和资料的局限，本书必定存在诸多问题或缺陷，敬请师长、专家、同仁不吝批评指正，但其中的观点错误概由笔者承担。

回首过往，感激满怀，实难一一述及，且留他日忆。

余应敏

2016 年 10 月 10 日（改于 2018 年 4 月 1 日）